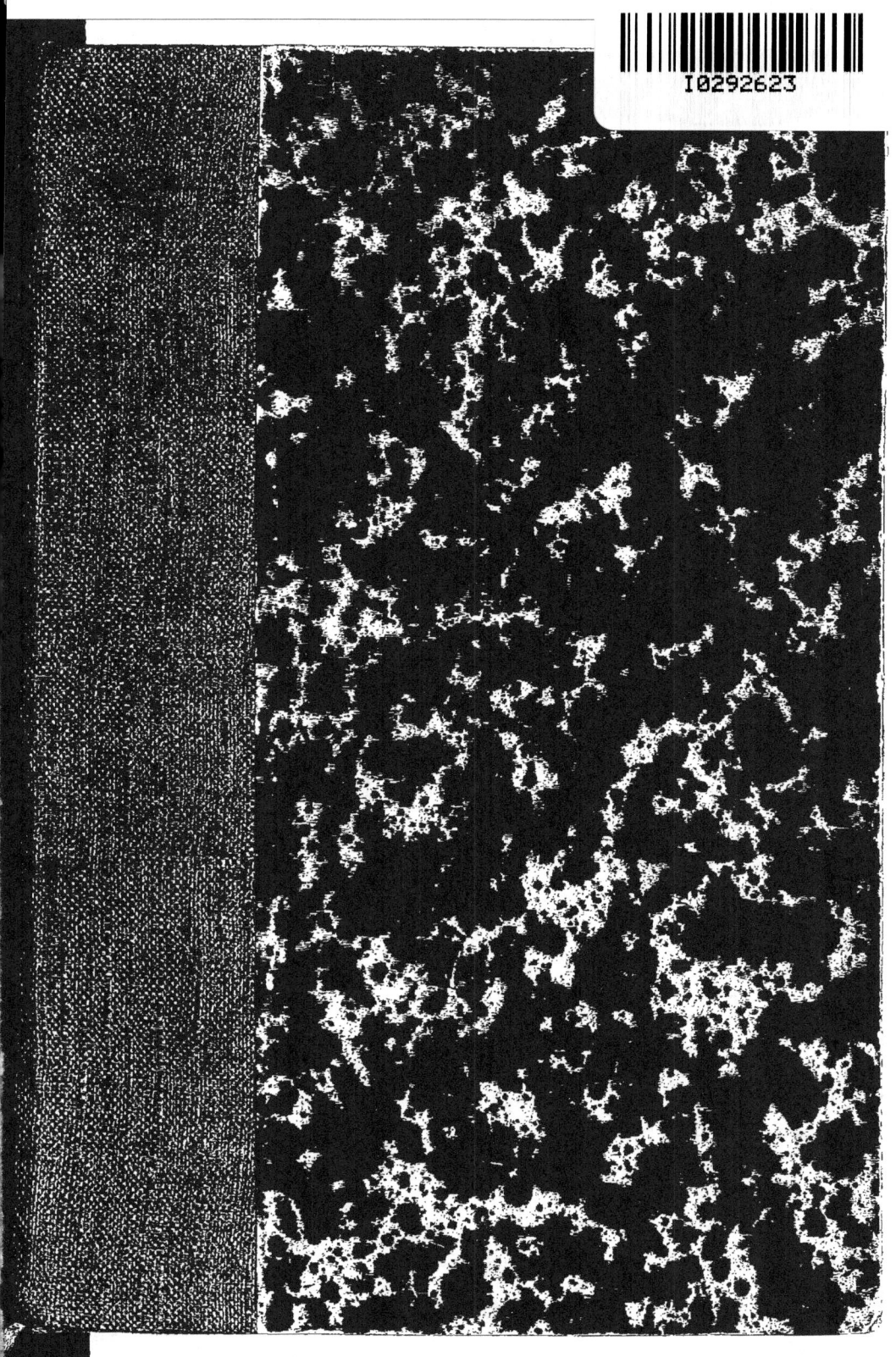

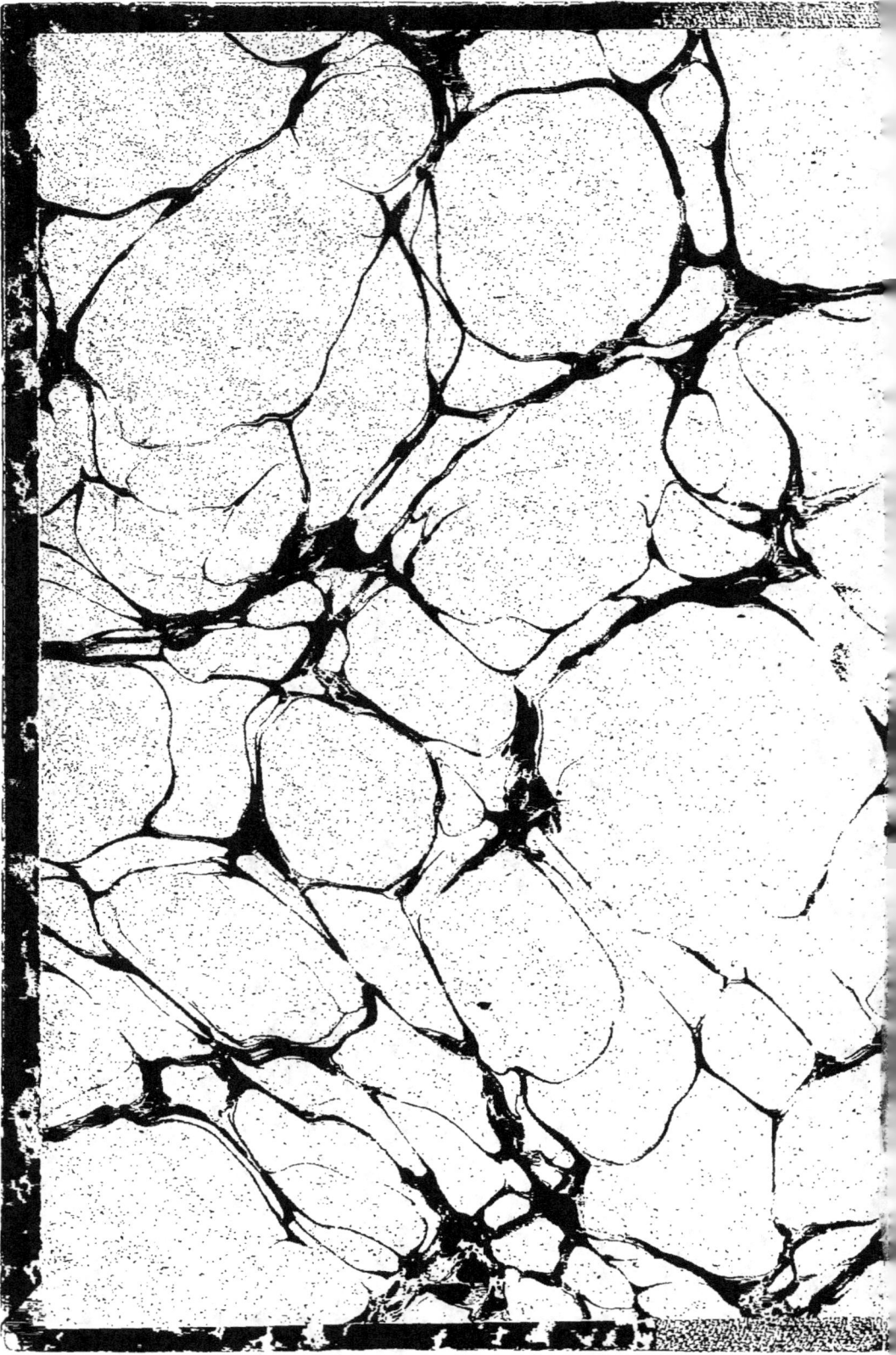

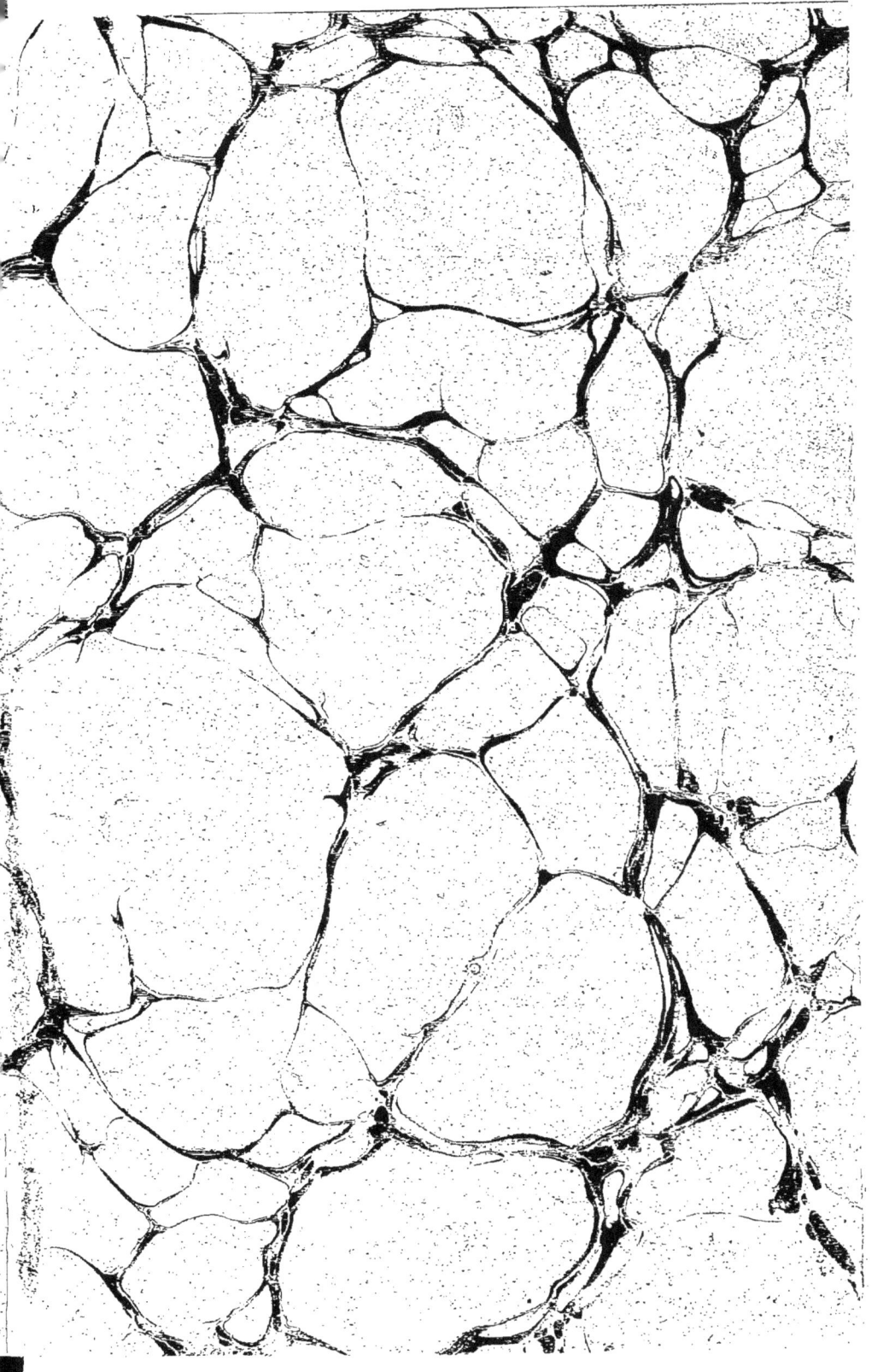

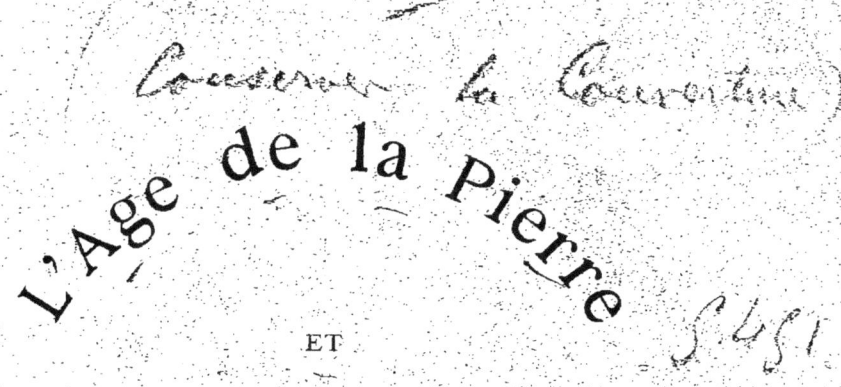

L'Age de la Pierre

ET

L'HOMME PRIMITIF

PAR

L'Abbé HAMARD

de l'Oratoire de Rennes

Ouvrage orné de plusieurs gravures

PARIS
RENÉ HATON, LIBRAIRE-ÉDITEUR
33, Rue Bonaparte, 33
1883

G 1302

L'Age de la Pierre
ET
ET L'HOMME PRIMITIF

L'Age de la Pierre

ET

L'HOMME PRIMITIF

PAR

L'Abbé HAMARD

de l'Oratoire de Rennes

Ouvrage orné de plusieurs gravures

PARIS

RENÉ HATON, LIBRAIRE-ÉDITEUR

33, Rue Bonaparte, 33

1883

PRÉFACE

Un archéologue de l'ancienne école, qui jouit en France d'une autorité légitimement acquise par ses travaux d'érudition, disait, il y a quelques années, de l'archéologie préhistorique et des temps qui en font l'objet : « L'engouement pour tout ce qui touche à cette phase mystérieuse de la vie de l'humanité prend de telles proportions qu'il y a lieu de craindre que ces études ne comptent bientôt des adeptes mal préparés et téméraires. Il faut bien le reconnaître, pour prendre brevet d'historien des âges qui n'ont pas d'histoire, il n'est pas besoin d'un lourd bagage d'érudition ; il suffit d'un peu d'imagination (1). »

Quoique prononcées dans un moment de mauvaise humeur provoquée par les extravagances de la jeune science et par le nombre et l'étendue des travaux qui déjà l'encombraient alors, au risque de l'étouffer dès son berceau, ces paroles n'en ont pas moins trouvé leur confirmation dans les faits, et elles sont aujourd'hui encore, peut-être plus que jamais, l'expression exacte de la vérité. Dans les congrès scientifiques, comme au sein des Sociétés savantes, c'est une véritable avalanche de communications relatives aux temps antérieurs à l'histoire. L'on entasse mémoires sur mémoires, non pour démontrer, — c'est chose faite depuis longtemps, aux yeux de nos archéologues, — mais pour confirmer la légitimité des principes qui servent de base à la science préhistorique, pour en déduire de nouvelles conséquences, préciser et éclairer des détails jusque-là restés dans l'ombre.

Et ce ne sont pas seulement quelques privilégiés, savants d'occasion et, on peut le dire, à

___

(1) *Rapport de M. Chabouillet sur les Lectures faites à la Sorbonne en 1877. Revue des Sociétés savantes*, 6me série, t. V, p. 405.

bon marché, qui sont admis à participer aux enseignements des maîtres en préhistoire; déjà le grand public en est saisi. Grâce à la fécondité, parfois compromettante, des vulgarisateurs de profession, les nouvelles doctrines, plus ou moins dénaturées par d'ignorants adeptes, n'ont pas tardé à pénétrer au sein des masses, et il n'est pas besoin de dire que, présentées sous le couvert de la science, l'idole du jour, elles ont rencontré trop souvent dans la crédulité populaire le plus sympathique accueil (1).

Pourtant, les erreurs, même matérielles, ne manquent pas dans ces essais de généralisation prématurée. C'est au point qu'à diverses reprises les chefs de l'école ont dû protester énergiquement (2) contre les bévues commises journellement par ces disciples plus zélés que prudents.

(1) *Il va sans dire que nous n'avons point en vue, dans ces signes, le savant et consciencieux ouvrage de M. le marquis de Nadaillac,* les Premiers Hommes et les Temps préhistoriques (2 vol. in-8°). *Les opinions de l'auteur peuvent différer des nôtres, mais son livre n'en est pas moins, par l'exposé impartial des faits, à la fois le meilleur et le plus complet qui ait été publié sur l'ensemble de la question préhistorique.*

(2) *Notamment M. Cartailhac dans les* Matériaux pour l'Histoire de l'Homme, *années 1879, p. 41 et 234; 1881, p. 455; 1882, p. 83.*

Afin d'en finir avec ces divergences compromettantes et ces altérations de l'enseignement officiel, ils n'ont pas dédaigné de descendre des hauteurs où ils planaient, entourés de leurs seuls adeptes, pour se faire à leur tour vulgarisateurs et donner à leur doctrine la promulgation qui lui manquait. Deux d'entre eux, MM. de Mortillet et Cartailhac, les principaux représentants du parti, se sont décidés à réunir, chacun de leur côté, en un volume accessible à tous, les idées qu'ils avaient semées jusque-là en divers recueils.

L'un de ces volumes vient de paraître (1).

Nous devons l'avouer, nous attendions mieux de son auteur.

Ce n'est pas que l'érudition ni la méthode fassent défaut dans le Préhistorique *de M. de Mortillet. Malheureusement, à côté de ces qualités il y a l'esprit de système qui gâte tout. Pourtant ce n'est pas là encore ce qui nous a surpris. A cet égard M. de Mortillet a fait ses preuves et l'on ne pouvait compter sur une conversion subite; mais quand on est chef d'école, quand on s'arroge l'honneur insigne de légi-*

---

(1) Le Préhistorique : Antiquité de l'Homme ; par *Gabriel de Mortillet; in-12 de 642 p.; 1883; Paris, Reinwald : 5 fr.*

férer en matière scientifique, l'on doit se respecter, respecter son public et aussi la grammaire; or, c'est là évidemment le moindre souci de M. de Mortillet. Le célèbre archéologue n'a pas jugé à propos de se départir de ce style familier, souvent incorrect, de ce ton tranchant, parfois agressif jusqu'à l'injure, qu'il affectionne dans ses polémiques journalières. Ce n'est pas ainsi que s'écrit un livre qui doit être comme le code d'une science nouvelle. Il faut chez un législateur plus de sang-froid et de dignité.

Malgré ces défauts, peut-être même à cause de ces défauts, l'ouvrage de M. de Mortillet est évidemment appelé à un succès d'actualité qui oblige à le prendre en considération. Son format modeste et la célébrité de son auteur lui assurent une diffusion considérable avec laquelle il y a lieu de compter. Dire que d'idées fausses, que de théories aventureuses, que de systèmes fantaisistes, que de préventions antireligieuses il est destiné à propager parmi les gens du monde auxquels il s'adresse serait chose impossible; car tous ne sont point à même de discerner le venin qui se glisse sous un certain étalage d'érudition et d'observations parfois judicieuses, sous les dehors trompeurs d'une franchise et d'une impartialité apparente. Il faudrait qu'à côté du mal se trouvât le remède, à côté du venin, le contre-poison, et, sous ce rapport, notre littérature scientifique est malheureusement des plus pauvres.

A ce point de vue, l'on peut dire que le présent volume vient à son heure. Assurément nous ne prétendons point qu'il fournisse une réponse à toutes les difficultés que peut soulever, dans l'esprit du lecteur chrétien, le livre de M. de Mortillet. Rédigé longtemps avant l'apparition de ce dernier, il ne saurait en être l'exacte contre-partie. Cependant, si l'on en excepte la question chronologique qui doit être l'objet d'une étude ultérieure, il est peu de points abordés par le chef de l'école préhistorique qui ne trouvent ici leur solution.

Loin de nous la pensée de présenter comme le dernier mot de la science orthodoxe ce timide essai. Et qui donc, en pareille matière, pourrait se flatter d'avoir évité toute erreur? Nous sommes si convaincu de l'imperfection de notre œuvre que nous avons hâte de solliciter, pour elle, l'indulgence du lecteur, tout en réclamant en sa faveur le bénéfice des circonstances atténuantes.

Son origine explique en partie ses défauts.

Ce livre n'était point destiné tout d'abord au grand public auquel nous osons le présenter aujourd'hui. Les trois parties qui le composent ont paru par fragments, sous des titres divers, dans la Controverse (1), *Revue jeune encore, mais déjà prospère, dont le succès a depuis longtemps dépassé les espérances de son zélé fondateur. Il a fallu tous les encouragements de nos amis et des nombreux lecteurs de cette feuille pour nous décider à réunir en volume, en les complètant quelque peu, ces articles épars. Puissent-ils, sous cette forme nouvelle, contribuer à déraciner quelques-uns de ces préjugés qui ne sont pas un moindre obstacle au progrès scientifique qu'à la foi religieuse!*

Nous ne nous faisons point d'illusion sur l'accueil qui est réservé à ce livre dans le camp des transformistes et des préhistoriens avancés. Ou bien l'on fera autour de lui la conspiration du silence, ou bien l'on essaiera de l'écraser sous une avalanche d'injures : double procédé fort en usage, parce qu'il dispense

---

(1) Cette Revue *consacrée exclusivement à l'exposé et à la réfutation des objections en matière de religion, paraît deux fois par mois, par livraisons de 64 pages in-8°.* Prix 15 fr. par an. Vitte et Perrussel, Lyon.

d'entrer dans une discussion qui pourrait devenir embarrassante.

Cette perspective ne nous effraie point. L'expérience nous a appris à faire des injures le cas qu'elles méritent, c'est-à-dire à les laisser retomber sur la tête de ceux qui les profèrent et dont elles sont, le plus souvent, l'unique argument. Néanmoins, pour éviter tout malentendu, nous devons observer faire ici que nos critiques, parfois un peu sévères, ne visent que les hommes et leurs systèmes, non la science elle-même qu'on ne saurait en aucune façon rendre responsable des extravagances qui se débitent en son nom. Nous sommes loin d'oublier qu'elle est, avec la Révélation, l'un des moyens que Dieu a mis à notre disposition pour parvenir à la possession de la somme de vérités accessibles ici-bas, et ces moyens ne sont pas si nombreux que l'on puisse en négliger aucun. Aussi, sommes-nous plein de respect pour les savants qui, passionnés pour la vérité seule, quelle qu'elle puisse être et à quelque source qu'elle soit puisée, la poursuivent de leurs investigations opiniâtres, sans arrière-pensée et avec le seul désir d'enrichir le trésor des connaissances humaines. Mais, autant nous avons d'estime et de reconnaissance pour ces sa-

vants désintéressés, autant il nous répugne de prendre au sérieux et de traiter avec égards ces hommes à systèmes, ces esprits aventureux et paradoxaux, novateurs téméraires et haineux jusqu'au fanatisme, qui, envisageant la science au travers d'un épais bandeau de préjugés antichrétiens, n'y voient et n'y cherchent autre chose qu'une arme pour démolir, s'il se pouvait, le vieil édifice des dogmes religieux, unique sauvegarde de la loi morale.

Rennes, novembre 1882.

L'AGE DE LA PIERRE ET L'HOMME PRIMITIF

PRÉLIMINAIRES

L'archéologie préhistorique à l'Exposition de 1878. — Le langage de ses représentants. — Il est du devoir des catholiques de contrôler leurs assertions. — Objet de ce travail. — Triple objection qu'il a pour but de réfuter.

Ceux de nos lecteurs qui, visitant l'Exposition universelle de 1878, ont parcouru les vastes galeries consacrées aux sciences anthropologiques, ont pu se demander ce que signifiaient, au juste, ces milliers de cailloux disposés avec art, ces crânes humains qu'une habileté perfide avait alignés de façon à faire saisir un prétendu perfectionnement, un passage graduel de la brute à l'homme civilisé. S'ils ont bien voulu s'en rapporter au dire des organisateurs de ce musée provisoire, ils ont dû apprendre qu'une science nouvelle, dont ces messieurs étaient les représentants, avait refait l'histoire de l'homme à l'aide « des méthodes rigoureuses et précises des sciences naturelles, » en s'appuyant cette fois sur des données *scientifiques* et non plus *légendaires*.

« Les objets que vous avez sous les yeux, disaient et répétaient chaque jour nos néo-savants à qui voulait les entendre, vous représentent l'outillage de notre sauvage ancêtre, alors que, s'acheminant lentement vers cet état de civilisation qu'il devait un jour atteindre, et que constate notre Exposition actuelle, il était réduit à faire arme du premier caillou qu'il trouvait à sa portée, pour défendre sa vie menacée par les féroces animaux qui l'entouraient. Tous ces casiers, contenant les produits de son industrie naissante, vous donnent une idée des étapes successives qu'il a parcourues dans son perfectionnement graduel. Dans ces silex, qui figurent au début de la série, vous avez les plus anciennes traces que l'on connaisse de l'intelligence humaine; ils proviennent des terrains tertiaires du Loir-et-Cher (Thenay), et remontent à une époque dont nous sommes séparés par des milliers de siècles. L'homme alors était entouré d'animaux absolument différents de ceux que nous voyons aujourd'hui; car la faune s'est renouvelée à diverses reprises depuis ces temps reculés. Aussi quelle grossièreté de travail dans cette première ébauche de l'industrie humaine ! Elle est telle, que l'on s'est demandé si l'être qui fabriqua et utilisa de pareils instruments, au lieu d'être l'homme en possession de sa raison, n'était pas plutôt son précurseur, un animal perfectionné, un singe, sans doute, en voie de transformation.

« Si de là, continuent nos maîtres en *préhistoire* (1), nous passons, par-dessus les temps pliocènes, à la dernière des époques géologi-

(1) Prévenons le lecteur, une fois pour toutes, que les mots *préhistoire* et *préhistorique* n'ont point, à nos yeux, et, par suite, n'auront pas dans ces pages le sens absolu que lui attribuent la plupart des adeptes de la nouvelle école archéologique. Pour nous, ils signifient ce qui est antérieur, non pas à toute histoire, — car, envisagée dans son ensemble, l'histoire remonte jusqu'à la création de l'homme, — mais à l'histoire *locale*, à celle de chaque pays pris à part. Dire, par exemple, d'un objet trouvé en France qu'il est *préhistorique*, c'est laisser entendre qu'il est antérieur aux deuxième ou troisième siècles avant notre ère, l'histoire de nos contrées ne remontant pas au-delà de cette date. — Ajoutons que beaucoup d'objets considérés comme préhistoriques sont tout simplement *étrangers* et non *antérieurs* à l'histoire même locale.

ques, à celle que l'on a appelée *quaternaire*, parce qu'elle représente la quatrième grande phase de la vie du globe, nous constatons un véritable progrès dans l'outillage de nos ancêtres. Le silex a perdu sa forme indécise pour devenir successivement, soit une hache symétriquement taillée, comme à Saint-Acheul (Somme), soit un grossier racloir ou une pointe plus ou moins fine, comme au Moustier (Dordogne), soit une pointe de lance délicatement retaillée des deux côtés, comme il en a été trouvé un grand nombre à Solutré (Saône-et-Loire).

« Jusque-là pourtant, chose remarquable, l'homme n'avait utilisé que le silex. Vers la fin seulement des temps quaternaires, il songe à faire usage des os des animaux dont il mange la chair, et il en fait des poinçons, des aiguilles, des harpons, etc. Sur les plus gros, il dessine au trait les animaux qui l'entourent, il se peint lui-même. C'est un progrès incontestable. On l'a constaté principalement dans l'industrie de la grotte de la Madeleine (Dordogne), laquelle se trouve ainsi représenter la quatrième période de l'époque quaternaire.

« Une nouvelle période, qui ouvre l'ère actuelle, nous montre l'homme polissant la pierre et fabriquant de la poterie, deux choses qu'il n'avait su faire jusque-là. Vient ensuite l'âge du bronze, seul métal connu primitivement, qui fut d'abord simplement fondu, puis martelé, et enfin l'âge du fer pendant lequel s'ouvrent les temps historiques.

« Vous voyez, — ce sont toujours les préhistoriens qui parlent — vous voyez combien d'époques se sont succédé depuis que l'homme a fait son apparition sur la terre. S'il fallait en évaluer la durée, ce ne serait pas trop de recourir à des centaines de milliers d'années. Un livre « qui a joué un trop grand rôle, la Bible, » nous parle de 6,000 ans; ce n'est qu'un point dans la vie de l'humanité, « une goutte d'eau dans l'Océan. »

« La Bible nous dit encore que l'homme est venu le dernier sur la terre. C'est une erreur aujourd'hui démontrée, puisque de nombreux animaux ont fait leur apparition depuis le milieu de l'époque tertiaire, date de la première manifestation de l'intelligence humaine. Elle se trompe également lorsqu'elle enseigne que l'homme est sorti parfait des mains du créateur. « L'âge d'or est devant nous, non der-
« rière. L'humanité a commencé petitement ;
« son histoire est une évolution, un accroisse-

« ment, une ascension. » Nous en avons la preuve dans ces produits des fouilles archéologiques que nos vitrines offrent à vos regards, dans ces outils de pierre qui, d'abord à peine ébauchés, revêtent avec le temps des formes de moins en moins imparfaites, et plus encore dans cette série de crânes qui, du type simien propre au début de l'époque quaternaire, passent graduellement au type actuel de l'homme ennobli par la civilisation. »

Tel était, en substance, et dépouillé des invectives peu aimables qui l'émaillent trop souvent, le langage que tenaient nos préhistoriens dans les galeries de leur exposition ; tel est celui qu'ils tiennent encore tous les jours aux visiteurs des nombreux musées qu'ils ont créés dans la plupart de nos grandes villes, et qu'ils répètent à satiété dans les colonnes de leurs revues ; car il faut leur rendre cette justice qu'ils mettent, à répandre leurs tristes doctrines, infiniment plus de zèle que nous n'en avons mis nous-mêmes jusqu'ici à défendre nos croyances attaquées. C'est chose déplorable à reconnaître, personne, ou presque personne, n'a fait, dès l'origine, alors qu'il eût été si utile d'intervenir, de sérieux efforts pour démasquer l'erreur et empêcher les ravages qu'elle commençait à exercer dans les intelligences.

Ce n'était pas assez de répondre par un sourire dédaigneux, une parole ironique, un simple démenti à des assertions qui se présentaient au nom et sous le couvert de la science. Le public de notre époque est plus exigeant. A une doctrine qu'il considère comme sérieuse, il veut une réponse sérieuse, une opposition motivée ; il veut de la lumière et, franchement, nous devons nous en réjouir, car nous avons tout à gagner à une discussion loyale. Le terrain de la science, des sciences préhistoriques comme des autres, est ouvert à tous, et le devoir d'un catholique est d'y entrer résolûment, puisque là est aujourd'hui le champ de bataille entre l'orthodoxie et l'incrédulité. Fermer les yeux sur des doctrines qui battent en brèche d'une façon si directe la véracité de nos Livres saints et les bases mêmes de toute religion, ce serait, aux yeux des masses qui en sont imbues, fuir le combat, se résigner à une défaite, et livrer d'avance la place à l'ennemi. Sans doute elles sont destinées à disparaître comme tout ce qui est erreur ; mais, en attendant, elles opèrent dans nos rangs de si terribles ravages qu'un chrétien, digne de ce nom, ne saurait y rester indifférent. Son devoir est de désabuser, autant qu'il le peut, les esprits prévenus, en faisant toucher du doigt l'inanité des objections que l'on oppose à nos croyances.

Est-ce à dire que tout soit à rejeter dans les déductions de l'archéologie préhistorique? Ce n'est pas à croire. Si imbu que l'on soit de l'esprit de système, il est rare que l'on puisse côtoyer longtemps les sentiers de la vérité sans en recueillir quelques parcelles. En tous cas, il y a là des faits, et des faits nombreux. L'on a pu parfois les dénaturer. On les a surtout interprétés d'une étrange façon; mais enfin ils s'imposent. Ce sont autant de données accessibles à tous, que chacun peut contrôler, et dont il peut examiner la portée. Le malheur est précisément que la masse des adeptes de l'archéologie préhistorique a trop oublié ces faits, pour s'attacher exclusivement aux théories systématiques qui en ont été déduites par les chefs de l'école. Un contrôle est utile en toute chose; il est nécessaire lorsqu'on a affaire, comme dans la circonstance, à un parti acharné contre nos croyances, qui fait arme de tout pour les saper par la base.

Notre intention n'est point d'exposer méthodiquement la nouvelle *science*, si l'on peut appeler de ce nom l'ensemble de faits contradictoires et de déductions forcées qui constituent l'archéologie préhistorique. Ce que nous nous proposons, c'est d'initier nos lecteurs, dans une simple causerie, à une question dont il ne leur est plus permis d'ignorer les principales données (1). Assez longtemps les catholiques, le clergé surtout, se sont tenus à distance de la lutte, combattant les conclusions sans se placer sur le terrain des faits. Nous nous trompons. Un membre du clergé, dont nous aurons tout à l'heure à prononcer le nom, est intervenu dès l'origine dans le débat, mais ç'a été pour fournir inconsciemment à nos adversaires de nouvelles armes. Il est résulté de cette situation que, seul ou presque seul, le parti incrédule a pu faire miroiter aux yeux du public ce grand mot de science qui fascine les masses. C'était lui laisser le beau rôle. La science, encore une fois, est pourtant du do-

---

(1) A ceux qui voudraient en faire une étude plus étendue nous conseillerons le récent et magnifique ouvrage de M. le marquis de Nadaillac, *les premiers Hommes et les Temps préhistoriques* (2 vol. in 8º). Bien qu'il n'y ait peut-être pas un chapitre de ce livre sur lequel nous n'ayons des réserves à faire, nous nous plaisons à reconnaître que rien d'aussi complet ni d'aussi impartial n'avait encore été écrit sur la matière.

maine de tous ; nos adversaires n'en ont point le monopole : il est grand temps que nous en fassions la preuve.

S'il nous fallait passer en revue tous les problèmes posés et souvent si singulièrement résolus par la nouvelle école archéologique, le présent volume n'y suffirait pas ; heureusement il en est un bon nombre qui n'intéressent en rien la doctrine catholique : nous laisserons ceux-là de côté. Quant aux autres, nous les grouperons autour des trois objections suivantes qui résument les attaques ci-dessus formulées :

1° L'apparition de l'homme sur la terre a été suivie de celle de nombreuses espèces animales : il est donc faux de dire avec la Bible qu'il a été créé le dernier.

2° L'origine simienne de l'homme est attestée par la nature des squelettes, des crânes principalement, trouvés à l'état fossile : donc il dérive de l'animal et n'a point été créé tel que nous le connaissons.

3° L'extrême grossièreté de l'homme primitif démontre l'état sauvage dans lequel il végéta à l'origine ; c'est la négation de la civilisation primitive communément enseignée.

Il resterait une quatrième objection portant

sur l'énorme antiquité que les nouveaux archéologues attribuent à notre espèce, contrairement aux chronologies déduites des Livres saints ; elle fera, s'il plaît à Dieu, l'objet d'un volume à part.

Nous diviserons celui-ci en trois parties qui correspondront à la triple accusation que nous venons de formuler. Elles auront pour titres : 1° Date géologique de l'apparition de l'homme : 2° l'homme primitif d'après les transformistes et d'après la nature de son squelette ; 3° la civilisation préhistorique.

LIVRE PREMIER

Date géologique de l'apparition de l'homme.

CHAPITRE I

L'HOMME, DERNIER ÊTRE CRÉÉ

L'homme est-il le dernier venu des habitants de la terre ? — L'apparition en nos contrées des espèces dites quaternaires peut être le résultat de simples migrations. — Il se peut aussi que ces animaux ne diffèrent pas spécifiquement de ceux de l'époque tertiaire. — En tout cas, la venue de l'homme a suivi celle des mammifères considérés comme classe d'animaux, et cela suffit pour qu'on puisse conclure à la véracité de l'écrivain sacré.

os Livres saints nous enseignent que, de tous les êtres, l'homme est sorti le dernier des mains du Créateur. Le cinquième jour, nous disent-ils, Dieu fit les oiseaux et les animaux aquatiques ; le sixième, les animaux terrestres, les mammifères spécia-

lement, et enfin l'homme, après quoi il se reposa. L'archéologie préhistorique nous affirme au contraire, par la bouche d'un certain nombre de ses adeptes, que la venue de l'homme a précédé celle d'un grand nombre d'animaux; que, par suite, il est faux de dire que Dieu n'est pas sorti de son repos après la création de notre premier père, si vraiment il est le créateur immédiat de chaque espèce.

Cette difficulté est plus apparente que réelle; on s'en convaincra facilement.

Pour en faire saisir la portée à nos lecteurs, il ne sera pas inutile de leur rappeler que l'époque *tertiaire* (1), la troisième des temps géologiques, a été elle-même divisée en trois périodes qu'on a appelées *éocène*, *miocène* et *pliocène*, suivant l'ordre chronologique. A la dernière a succédé l'époque *quaternaire*, époque d'une durée relativement très courte, qui a précédé immédiatement l'ère actuelle, si même elle ne se confond avec elle.

Les plus audacieux de nos préhistoriens se contentent de reporter à la période miocène, à

---

(1) Pour la connaissance des temps géologiques et leur concordance avec la cosmogonie biblique, voir *Géologie et Révélation*, 4ᵉ édit., 1881. — Un vol in-8° illustré. Paris, Haton, éditeur.

ses débuts, il est vrai, la date de l'apparition de l'homme. Personne, que nous sachions, n'a prétendu remonter plus haut, à la période éocène, par exemple, ni surtout aux temps antérieurs; car c'est une vérité aujourd'hui démontrée en géologie que l'homme, comparé aux autres êtres d'une façon générale, est tout nouvellement venu sur la terre. Néanmoins, si, comme on le prétend, il remontait seulement à la période miocène, c'est-à-dire à la partie moyenne des temps tertiaires, il serait très vrai de dire qu'il a paru antérieurement à beaucoup d'animaux, car presque tous ceux qui nous entourent datent de l'époque quaternaire. Il paraît même que la faune s'est renouvelée deux fois depuis la période miocène. Non-seulement les grands mammifères qui vivaient alors, le mastodonte, le dinothérium, l'anchitherium, l'amphicyon, etc., ont cédé la place à l'éléphant et au rhinocéros des temps pliocènes et quaternaires, mais ces derniers ont disparu à leur tour devant d'autres espèces congénères.

Quoiqu'il en soit, cette difficulté, en supposant qu'elle soit fondée, ne saurait nous embarrasser sérieusement, et l'on peut y répondre de plus d'une façon. D'abord, rien ne prouve que des animaux, dont nous constatons l'apparition dans nos contrées à un moment donné des temps géologiques, n'aient pas vécu ailleurs longtemps avant de s'introduire chez nous. Ces migrations ne sont plus douteuses en géologie. Un savant éminent, M. Barrande, en cite un exemple fort remarquable dans ses magistrales études sur la faune silurienne de la Bohême. Le même fait a pu se produire à toutes les époques de l'histoire du globe. Avant donc d'attribuer à une création nouvelle les changements de faunes constatés depuis les temps miocènes, il faudrait établir la non existence antérieure, en d'autres contrées, de ces espèces que l'on voit apparaître brusquement dans la nôtre.

En second lieu, il n'est pas trop téméraire de se demander si ces prétendues espèces nouvelles sont bien des *espèces*, dans le sens où Buffon et Cuvier entendaient ce terme; c'est-à-dire, si elles se rattachent à autant de souches distinctes, si elles constituent autant de *familles* isolées, dans l'acception ordinaire et non technique du mot. Si plein de respect que nous puissions être pour Cuvier et son école, nous devons avouer que ce grand naturaliste et ceux qui l'ont suivi en cela, en exagérant encore son opinion, de Blainville et de Jussieu, par exemple, nous paraissent être allés un peu loin en se prononçant pour la fixité presque absolue de l'espèce. Sans tomber dans les excès de l'école opposée, de l'école transformiste, pour laquelle il n'y a pour ainsi dire pas d'espèces, à prendre ce mot dans le sens où nous l'entendons, puisque tous les êtres qui existent et qui ont existé peuvent provenir, sinon d'un seul, du moins d'un très petit nombre d'organismes primitifs ; sans admettre quoi que ce soit de ces rêveries peu scientifiques auxquelles le nom de Darwin a donné dans ces derniers temps un immense éclat, l'on peut cependant, l'on doit même, ce nous semble, reconnaître que les êtres sont susceptibles de se modifier dans une certaine limite sous l'influence des milieux. Nous en trouvons la preuve dans notre propre espèce comme aussi dans celles qui nous touchent de plus près.

A n'envisager que les extrêmes, sans tenir compte des intermédiaires, l'on trouvera assurément qu'il y a loin du Hottentot, ou du Nègre à face presque bestiale, à l'Européen civilisé. Si nous passons à l'espèce canine, nous constaterons une plus grande distance encore du barbet au terre-neuve, du bouledogue au lévrier, et pourtant ce sont autant de variétés d'une même espèce. Si le fait n'est pas universellement admis pour l'espèce humaine, sans doute parce qu'il y a là un préjugé extrascientifique, il l'est généralement pour l'espèce canine. Or, nous le demandons, les prétendues espèces distinctes d'éléphants des temps pliocènes, quaternaires et actuels différaient-elles plus entre elles que nos races de chiens ?

Le principal caractère qui les différencie consiste dans la forme des lamelles dentaires qui sont plus ou moins sinueuses, plus ou moins larges et festonnées. L'on pouvait y attacher une certaine importance alors que l'on ne connaissait encore que de rares individus à caractères tranchés ; mais depuis que les échantillons se sont multipliés, depuis surtout que le gisement du Mont-Dol (Ille-et-Vilaine), sans doute le plus riche de France, nous a offert des centaines de molaires fossiles, force est de reconnaître que le caractère allégué n'a point la fixité nécessaire pour servir de base à une répartition en espèces ; car il diffère presque à chaque molaire et passe insensiblement d'un extrême à l'autre.

Nous pensons donc qu'on peut, sans trop de

témérité, considérer comme provenant originairement d'une même souche tous les éléphants actuels et fossiles. Il y a plus; nous admettrions volontiers qu'ils ont pour ancêtre commun le mastodonte, autre pachyderme fossile dont les naturalistes ont fait un genre à part. Sans doute les molaires mamelonnées de cet animal en font un être fort distinct de notre éléphant actuel; mais des découvertes récentes sont venues combler à cet égard l'intervalle qui les séparait l'un de l'autre. On a trouvé, paraît-il, des molaires qui présentaient à la fois les éminences coniques du mastodonte et les lamelles étroites de l'éléphant, si bien qu'on ne savait trop auquel des deux rapporter ces débris fossiles.

La faune actuelle nous offre le même phénomène. L'on a signalé, dans l'Inde, un animal dont les dents forment la transition entre l'un et l'autre type.

L'hypothèse que nous émettons, au sujet du mastodonte et des éléphants, pourrait s'appliquer également à d'autres genres de la même époque géologique, à l'hipparion, par exemple, que M. Gaudry considère comme l'ancêtre du cheval. Mais s'il en est ainsi, l'on voit combien l'espèce de la nature est différente de celle des zoologistes, et combien il faudrait étendre les limites de celle-ci pour les faire cadrer l'une et l'autre. Dans ces conditions, en effet, l'espèce pourrait équivaloir à ce que les naturalistes classificateurs appellent *famille* dans le langage de la science ; mais elle ne s'étendrait jamais au-delà de ce groupe ; car si les faits nous montrent parfois un passage naturel et insensible entre des espèces et même entre des genres différents d'une même famille, ils ne nous offrent jamais la moindre trace de transition semblable de famille à famille. « Qu'un carnassier se transforme en ruminant, ou même seulement un ovidé en bovidé, c'est ce qui ne s'est jamais vu que dans les rêves de quelques cerveaux malades, mais non dans la réalité des faits. Il n'y a pas de « sélection naturelle, » « d'action de milieu » ou « d'opération du temps, » « ce grand facteur universel, » comme prétendent les transformistes à outrance, qui produise ou puisse jamais produire de tels effets. Et l'on peut porter hardiment le défi sur ce point à l'école de M. Darwin ; car la famille est une entité supérieure à l'espèce et au genre, plus large et plus compréhensive, qui existe en réalité dans la nature. Elle y est même la plus importante ; elle constitue le type fondamental de l'organisation, le mieux tranché et le plus invariable (1). »

L'on pressent la conséquence de ce qui précède au point de vue de la question qui nous occupe. Si l'apparition d'espèces ou même de genres nouveaux, dans le sens restreint où les naturalistes entendent ces deux termes, n'implique point forcément un acte spécial du Créateur, si elle peut être le fait de l'influence modificatrice des milieux sur un type préexistant, l'on ne peut prouver que Dieu soit sorti une seule fois de son repos depuis l'époque miocène, c'est-à-dire depuis ces temps reculés auxquels les plus hardis de nos préhistoriens reportent la date de l'apparition de notre espèce ; car, chose remarquable, aucune nouvelle famille zoologique n'est venue, depuis, prendre place sur notre globe. Toutes celles qui nous entourent étaient alors déjà représentées, et pas une de plus.

Admettons toutefois avec l'école de Cuvier, encore fort nombreuse heureusement, que l'apparition d'espèces et de genres nouveaux suppose, aussi bien que celle de familles nouvelles, une intervention créatrice de Dieu : l'exactitude

(1) Lenormant, *l'Homme fossile*, dans la *Revue britannique*, mars 1873.

du récit biblique, concernant le repos divin du septième jour, n'en recevra aucune atteinte. L'ordre de l'apparition des êtres sera toujours celui que nous donnent nos Livres saints, les animaux d'abord, l'homme ensuite; car les mammifères, considérés dans leur ensemble et comme classe, datent de la période éocène, c'est-à-dire du commencement de l'époque tertiaire. Ce n'est pas seulement la période de leur apparition, c'est aussi celle de leur plus grande manifestation; car, s'il faut en juger par l'état actuel de nos connaissances géologiques, aucun temps n'a vu une plus belle collection d'animaux terrestres que le début de l'époque tertiaire. Or, tout cela est antérieur à la date la plus reculée qu'on ait osé assigner à la première apparition de l'homme. Qu'importe que quelques espèces soient venues après lui ? Ce qui caractérise chacun des jours de la Genèse, pourrait-on dire, c'est sinon l'apparition, du moins la première manifestation d'une nouvelle série d'êtres plutôt que la venue réelle de tous les individus appartenant à cette série; c'est la promulgation d'une loi nouvelle plutôt que sa mise à exécution immédiate et totale. En veut-on des exemples?

Le troisième jour de la création, celui qui,

dans notre pensée, correspond à la période primaire ou de transition des temps géologiques, vit l'apparition des végétaux terrestres ; mais ce n'est pas à dire que tous les végétaux aient alors été créés, et par le fait, si cette époque, à laquelle nous devons nos immenses dépôts houillers, fut spécialement remarquable par sa luxuriante végétation, il n'en est pas moins vrai que les époques suivantes nous montrent des espèces de plantes inconnues jusque-là.

Ce même jour, nous dit l'écrivain sacré, vit la formation des continents. Il ne suit nullement de là que tous les continents actuels datent de cette époque : la géologie démontre le contraire. A toutes les époques de l'histoire du globe, il s'est produit des soulèvements qui, en accentuant le relief du sol, ont du même coup accru la profondeur des mers et, par suite, réduit l'espace occupé par elles. Les premières terres qui émergèrent furent sans doute d'étroits îlots, mais ces îlots étaient le germe des continents futurs et c'est pour cela sans doute que Dieu, pour qui les choses à venir sont comme les présentes, vit que son œuvre était bonne, tout incomplète qu'elle fût : *et vidit Deus quod esset bonum*.

De même, l'œuvre du cinquième jour se prolonge pendant le sixième. Les découvertes paléontologiques nous montrent que, si l'époque secondaire, celle qui correspond, selon nous, au cinquième jour génésiaque, fut par excellence celle des oiseaux et des animaux aquatiques, elle ne le fut pas exclusivement. L'époque suivante, si remarquable qu'elle ait été par sa faune terrestre, vit encore apparaître quelques-uns des êtres caractéristiques des temps antérieurs. Lorsque Moïse écrit que les plantes apparurent le troisième jour, les animaux aquatiques le cinquième, les animaux terrestres le sixième, il n'entend point dire sans doute qu'aucune plante, qu'aucun animal aquatique, qu'aucun animal terrestre n'apparut en dehors des époques désignées. La géologie comme la simple raison s'opposent à ce que nous le comprenions de la sorte. Ce qu'il veut nous faire connaître, c'est le caractère dominant de chaque époque. Ainsi compris, non seulement il échappe à la critique, mais il est tellement d'accord avec nos connaissances actuelles sur l'histoire du globe, qu'un géologue qui voudrait aujourd'hui nous donner, aussi brièvement qu'il l'a fait, l'ordre d'apparition des êtres, ne procèderait pas autrement qu'il n'a procédé (1).

Si donc la science venait à démontrer un jour que la création de quelques espèces animales a suivi celle de l'homme, la véracité de l'historien sacré n'en souffrirait d'aucune façon. L'important, c'est que quelques-unes d'entre elles l'aient précédé ; or, il en est ainsi, de l'aveu même des partisans de l'homme miocène, puisque, de toutes les périodes géologiques, la plus remarquable pour sa faune terrestre est assurément la période éocène, la première des temps tertiaires. Il est donc toujours vrai de dire que les animaux ont précédé l'homme. Non seulement la loi de leur création était promulguée lorsque celui-ci est venu, mais beaucoup d'entre eux avaient fait leur apparition ; l'époque qui a été pour eux la plus brillante de l'histoire du globe venait d'expirer, et ce n'est pas, ce semble, la venue

---

(1) C'est dire à quel point les objections formulées récemment par Mgr Clifford contre la cosmogonie mosaïque sont dépourvues de valeur. Ainsi l'a compris du reste la presse catholique française qui, tout entière, a proclamé l'inanité des arguments par lesquels le savant prélat d'Outre-Manche s'efforce de démontrer que le premier chapitre de la *Genèse* n'a pas le caractère historique et ne peut aucunement nous instruire par rapport à l'ordre chronologique des œuvres de la création.

de quelques espèces nouvelles qui interrompra à proprement parler le repos divin.

La théorie que nous venons de résumer ne nous appartient point en propre; elle est celle d'un savant apologiste contemporain (1) auquel nous en laissons le mérite comme aussi la responsabilité. De pieux exégètes l'ont trouvée quelque peu téméraire. Hâtons-nous de dire qu'il n'y a nulle nécessité d'y recourir; l'on s'en convaincra en lisant le prochain chapitre.

(1) M. Jean d'Estienne, *Comment s'est formé l'univers.* p. 179-185.

CHAPITRE II

L'HOMME TERTIAIRE

La première apparition de l'homme remonte à l'époque quaternaire et l'on peut dire qu'il a été créé après tous les autres êtres. — L'homme tertiaire et la découverte de l'abbé Bourgeois à Thenay. — Silex non travaillés. — Période pliocène contestable. — Inanité des théories émises pour concilier l'homme tertiaire avec la doctrine catholique. — Conclusion.

'HOMME a vécu à l'époque dite quaternaire, sur la fin des temps géologiques, en compagnie d'espèces animales qui ont disparu de nos contrées. Trop souvent ses ossements, plus ou moins fossilisés, se sont trouvés associés aux leurs, dans les cavernes ou dans les alluvions de nos rivières, pour qu'il soit possible de contester sérieusement cette coexistence. Elle n'entraîne point du reste les conséquences qu'on s'est plu

à en déduire au point de vue chronologique ; car il serait facile de démontrer que la dernière époque géologique s'est continuée, au moins dans quelques-uns de ses caractères, jusqu'à des temps fort rapprochés des nôtres. Mais ce n'est pas ici le lieu de tenter cette démonstration.

Ce qui nous importe présentement c'est de savoir si l'homme a vécu dès l'époque tertiaire. S'il n'en est rien, les essais d'explication qui précèdent n'ont plus leur raison d'être et la difficulté à laquelle ils ont pour but de répondre cesse d'exister.

Nous n'ignorons pas que, au dire des géologues, plusieurs formes animales nouvelles ont apparu dans les temps quaternaires et même au début de l'ère actuelle ; mais la question posée précédemment se répète ici : il s'agit de savoir si ces formes n'existaient point antérieurement sur d'autres points du globe et surtout si l'on peut y voir un caractère spécifique.

A vrai dire, on l'avait cru assez généralement jusqu'ici ; mais la science contemporaine, qui n'a plus les mêmes préjugés par rapport à la fixité presque absolue des types préconisée par Cuvier, tend au contraire à réunir par un lien généalogique ces formes quelque peu différentes qu'on se contentait jadis de rattacher à un même genre, et nous pensons qu'elle a raison. En multipliant excessivement les espèces, l'on fournit des arguments aux transformistes qui n'ont pas de peine à faire toucher du doigt le passage absolument insensible qui unit deux types voisins. L'argument est sans valeur s'il s'agit de races ou de variétés; il a, au contraire, de graves conséquences, s'il s'agit d'espèces distinctes.

Rien donc n'empêche que dans les animaux actuels l'on ne voie les descendants des espèces quaternaires ; que dans l'éléphant, le rhinocéros et l'ours contemporain, par exemple, l'on ne reconnaisse le mammouth (1), le rhinocéros à narines cloisonnées et l'ours des cavernes de la dernière époque géologique. Les légères différences qu'ils présentent peuvent être considérées comme le fait des modifications climatériques; dans ces conditions, la difficulté soulevée disparaît, et il est parfaitement exact de dire que l'homme est le dernier être que le Créateur ait fait sortir de ses mains.

(1) Voir la figure ci-contre. — Les autres espèces actuelles se retrouvent toutes à l'époque quaternaire. Il n'y a donc nul motif de croire à leur création récente.

Elephas primigenius ou mammouth.

Mais est-il bien vrai que l'homme n'ait pas vécu antérieurement ?

Les faits ne permettent guère aujourd'hui d'en douter ; aussi la croyance à l'existence de l'homme dès l'époque tertiaire perd-elle tous les jours du terrain.

Il fut un temps où elle parut reposer sur des données sérieuses. L'abbé Bourgeois avait trouvé en 1863, dans les calcaires lacustres miocènes de Thenay (Loir-et-Cher), des fragments de silex qu'il prétendait avoir été taillés de main d'homme. Cette découverte favorisait trop les théories transformistes et antibibliques des principaux représentants de la nouvelle science pour qu'on n'y fît pas bon accueil. L'enthousiasme fut au comble, et l'abbé Bourgeois, en récompense de l'arme plus ou moins réelle, qu'il venait de fournir, à son insu, à nos adversaires, fut et resta jusqu'à sa mort entouré des honneurs peu enviables du parti (1).

Dès le début toutefois, beaucoup de savants, même de ceux qui avaient adopté le plus hardiment les systèmes de l'école préhistorique, ne purent se résoudre à reconnaître la taille

(1) M. l'abbé Bourgeois, supérieur du collège de Pontlevoy (Loir-et-Cher), est mort en 1878.

intentionnelle des fameux silex de Thenay; mais très peu élevèrent la voix, soit qu'il leur en coûtât de combattre des amis, soit même qu'ils se réjouissent au fond de voir se propager la croyance à une découverte qui paraissait appuyer leurs systèmes favoris. La crainte d'être désagréable à l'abbé Bourgeois en arrêta d'autres. Le supérieur du collège de Pontlevoy faisait, nous le savons par expérience, un accueil si cordial aux visiteurs de sa collection; d'un autre côté, il avait une foi si robuste dans le sérieux de sa découverte que, par crainte d'éveiller une susceptibilité trop marquée, la contradiction n'osait se produire. Par égard pour son auteur, l'on gardait sur la découverte un silence qui pouvait passer pour une acceptation. Ce que nous avançons ici n'est pas une simple conjecture; nous en avons recueilli l'aveu de la bouche de plus d'un représentant autorisé de la nouvelle science.

Aujourd'hui que l'on n'a plus la même raison de se taire, la foi à l'homme tertiaire de Thenay diminue chaque jour. Il en devait être ainsi, car les données sur lesquelles elle repose ne tiennent pas devant un contrôle sérieux. Notre intention n'est point de répéter ici ce que nous avons dit ailleurs assez longuement concernant cette question (1). Un mot suffira, nous l'espérons, pour édifier le lecteur à cet égard.

Deux questions se posent au sujet de la découverte de l'abbé Bourgeois : le terrain qui contenait ces silex est-il vraiment tertiaire et ces objets n'auraient-ils pu y être enfouis à une époque relativement récente, par suite d'un remaniement accidentel ? En second lieu, est-il certain que ces silex présentent les traces d'une taille intentionnelle ?

La première question portant sur l'authenticité des silex doit être résolue par l'affirmative. Des doutes ont pourtant été émis à cet égard par quelques critiques, et la chose se concevait à l'origine, lorsque l'on n'avait encore recueilli de silex qu'au point d'affleurement des couches tertiaires et pour ainsi dire à la surface du sol ; mais depuis que l'abbé Bourgeois en a trouvé également au fond d'un puits, qu'il a fait creuser à une profondeur où nul remaniement n'est possible, il faut bien se rendre à l'évidence et accepter le fait qu'on nous objecte. D'un autre côté, il n'est pas possible, à qui a vu les lieux, de nier qu'il ne

---

(1) *L'homme tertiaire*, dans la *Revue des questions scientifiques*, 1879.

s'agisse bien d'un terrain tertiaire des plus authentiques. La couche d'origine lacustre qui a fourni les silex est fort étendue. Elle est recouverte, d'une part, par les sables fluviatiles de l'Orléanais, de l'autre, par des dépôts marins calcaires avec ossements d'*halitherium* et autres fossiles propres à la période dite falunienne. Si ces terrains ne sont pas tertiaires, il n'en est pas en France qui méritent ce nom, car nous n'en connaissons pas de mieux caractérisés tant au point de vue paléontologique que stratigraphique.

Ce que l'on peut, ce que l'on doit contester, ce n'est pas l'authenticité des silex, c'est leur taille intentionnelle. Elle fut niée dès le début par un bon nombre d'archéologues : elle l'est aujourd'hui par la grande majorité, et vraiment nous n'en sommes pas surpris ; nous nous demandons au contraire comment l'on a pu jamais voir des outils dans ces grossiers cailloux d'une forme indécise, généralement sphérique, dont le meilleur, on l'a prouvé, est aussi incapable de servir de poinçon que de couteau. Avec un simple éclat ordinaire, une simple lame naturelle de silex, l'on pourrait au moins couper quelque chose, et nous concevons que l'homme, dépourvu d'instruments moins parfaits, en ait fait usage au besoin, par exemple, pour découper les chairs de l'animal qui servait à sa nourriture : les silex de Thenay, quoique choisis sur des centaines de mille (1),

(1) Nous tenons de M. l'abbé Bourgeois, que 100,000 au moins ont passé par ses mains, et ces 100,000 étaient eux-mêmes le résultat d'un choix opéré par ses ouvriers. Il y a lieu de s'étonner que, sur un si grand nombre, l'on n'en ait pas trouvé qui aient offert des formes plus remarquables. L'un des silex figurés ci-contre présente une

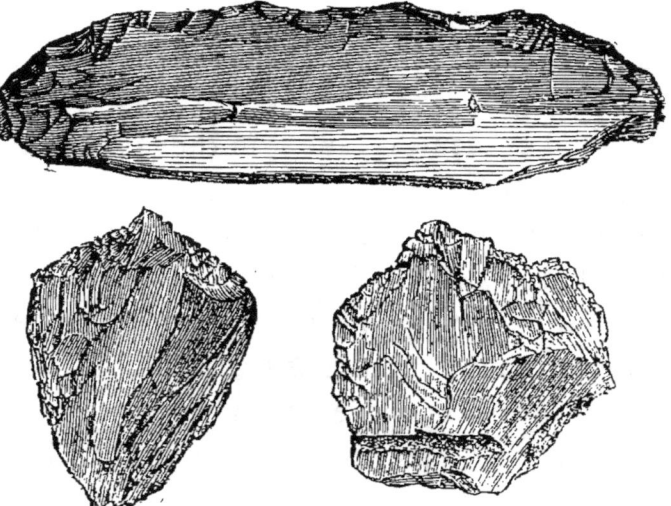

Trois silex taillés de Thenay

forme allongée exceptionnelle dans le gisement de Thenay, à tel point que l'on peut en contester l'authenticité. Ce doute ne paraîtra pas téméraire si l'on se rappelle que M. l'abbé Bourgeois n'a pas découvert en personne la plupart de ses silex, qu'ils lui ont été apportés par des ouvriers qu'il rétribuait en proportion de leur succès et qu'enfin, les silex taillés quaternaires étant communs dans la localité, il était facile de confondre les uns avec les autres.

n'ont pas même ce mérite. L'on ne pouvait, ce semble, être plus malheureux en appuyant sur un pareil fait la théorie, si invraisemblable en elle-même, de l'homme tertiaire.

Nous savons que la forme quelque peu sphérique des silex de Thenay a quelque chose d'anormal : ce n'est pas ainsi qu'éclate généralement le silex; mais il a été prouvé qu'elle tenait à une propriété spéciale du silex de cette localité. M. Alexandre Bertrand, conservateur du musée de Saint-Germain-en-Laye, a eu l'idée de soumettre à des alternatives assez brusques de température des rognons de silex provenant de Thenay. Il en a obtenu des éclats en tout semblables à ceux que l'on nous donne comme présentant les traces du travail le plus incontestable. Il a eu l'obligeance de nous mettre sous les yeux les uns et les autres, et nous n'avons pu que constater leur identité.

Si quelqu'un refusait de se rendre à ce témoignage, et qu'il lui restât quelque doute dans l'esprit, au sujet de l'origine et de la véritable nature des silex de Thenay, nous le prierions de se rendre au musée de Saint-Germain et de voir par lui-même. Nous avons rarement rencontré des personnes, non imbues des préjugés de l'école, qui n'aient haussé les épaules de dédain en présence de ces vulgaires cailloux qu'on leur dit avoir servi d'outils à l'homme, ou à un être voisin de l'homme. En vain, M. de Mortillet, le trop obligeant conservateur-adjoint du musée, s'obstine à leur faire voir de prétendus bulbes de percussion (1), des retailles que lui seul aperçoit : le visiteur se retire incrédule et nous le comprenons. On lui demande évidemment trop de foi.

Le bulbe de percussion a joué un grand rôle dans la question des silex de Thenay. Sur lui repose en grande partie la croyance à l'homme tertiaire. Or voilà que l'on commence à en contester l'origine et la portée.

La question s'est posée au Congrès d'archéologie et d'anthropologie préhistorique qui s'est tenu à Lisbonne, en 1880. Des silex, exhumés par M. Ribeiro de couches considérées par lui comme tertiaires, présentaient les mêmes bosses conchoïdales que ceux de Thenay, sans offrir, par ailleurs, plus d'indices de l'action de l'homme. Ce caractère était donc le seul qui vînt à l'appui de l'origine artificielle de ces grossiers éclats. Etait-il suffisant?

(1) L'on appelle ainsi une sorte de nodosité produite par le choc qui a fait éclater le silex.

A cette question M. Wirchow n'a pas hésité à répondre négativement. D'après le savant berlinois, certaines substances telles que le silex, le verre, la calcédoine et l'obsidienne produisent ces sortes de nodosités quand elles éclatent naturellement, « même lorsqu'elles n'ont subi aucune impression violente. » Il est donc impossible de distinguer à ce caractère un éclat naturel d'un éclat travaillé par l'homme.

Cette observation d'un savant autorisé paraît avoir frappé les membres du congrès, si affirmatifs qu'ils fussent à l'avance dans le sens contraire, et pas un n'a trouvé rien de sérieux à y objecter.

Voilà donc renversé le principal argument qu'on fit valoir pour établir l'origine artificielle des silex de Thenay!

Mais si ces silex n'ont pas été fabriqués de main d'homme, quelle est donc leur origine?

Celle de la presque totalité des éclats de ce genre. Va-t-on jusqu'à attribuer à l'industrie humaine tous ceux qui tapissent le lit de certaines rivières, les boulevards et les places publiques de nos cités, ceux mêmes qui sont répandus en si grand nombre, par millions sans doute, dans les couches marneuses de

Thenay ? Evidemment non. L'on peut ne pas connaître au juste les procédés qu'emploie la nature pour briser de la sorte les rognons siliceux que renferment, en si grande abondance, certaines formations géologiques; mais ce qui n'est pas douteux, c'est qu'elle ne soit l'auteur de ce brisement. L'expérience a du reste prouvé que la chaleur, l'action seule du soleil, pouvait produire cet effet.

Que l'on suppose des combinaisons chimiques s'opérant, avec production de chaleur, au sein des couches calcaires ou crayeuses, si riches en rognons siliceux, du centre de la France; le silex éclatera et ses débris, emportés par le premier cours d'eau qui viendra raviner le pays, iront se déposer dans de nouvelles couches sédimentaires. Il est très probable que les choses ont dû se passer de la sorte à Thenay. Ainsi s'expliqueraient et l'état de dispersion des silex, et les conditions de leur gisement, et même la trace de l'action du feu que l'on a cru observer sur quelques-uns.

Il nous semble peu utile d'insister plus longuement sur ce sujet. D'autres faits ont été invoqués, il est vrai, à l'appui de la théorie de l'homme tertiaire, de l'homme miocène surtout; mais, de l'aveu des partisans de cette théorie, ils n'ont pas l'importance de la découverte de l'abbé Bourgeois. C'est assez dire qu'ils ne méritent guère qu'on les prenne au sérieux.

Quant à l'homme pliocène, non-seulement il ne repose que sur de vagues données, mais c'est une question de savoir si la période à laquelle il emprunte son nom ne doit point être rayée des temps géologiques. Chacune des phases antérieures de l'histoire du globe est représentée dans la nature par de vastes formations nettement caractérisées, tant par la position qu'elles occupent au sein des autres couches que par les débris fossiles qu'elles renferment; la période pliocène, au contraire, n'est représentée que par de rares lambeaux de terrains sans caractères précis. Il n'en est pas un, à notre connaissance, qui ne puisse se rattacher soit à la période antérieure ou miocène, soit à la période suivante ou quaternaire. Nous ne croyons pas en effet que nulle part l'on ait trouvé superposées des couches distinctes se rapportant à ces trois âges.

L'admission dans la science d'une troisième période tertiaire n'est point fondée stratigraphiquement. Elle n'a d'autre base que le plus trompeur des caractères, le caractère paléontologique tiré de la nature des fossiles; encore est-il moins net que pour toute autre formation. Il est arrivé que dans certains dépôts relativement récents, que rien ne distinguait d'ailleurs, l'on a rencontré une proportion plus grande d'espèces actuelles que dans les terrains miocènes antérieurement connus, moindre toutefois que dans les dépôts quaternaires authentiquement constatés; l'on en a conclu qu'ils devaient aussi chronologiquement occuper un espace intermédiaire, et cet espace a été appelé du nom de période pliocène. L'on oubliait que les faunes sont loin de se renouveler partout uniformément; qu'elles peuvent persister plus longtemps dans un lieu, disparaître plus tôt dans un autre, suivant que les circonstances et les conditions climatériques sont favorables ou non à leur développement. Ne voyons-nous pas de nos jours la faune tertiaire persister en Australie, alors que d'autres contrées moins éloignées présentent encore, dans les animaux qui hantent leurs forêts, quelques-uns des traits de notre époque quaternaire?

Les dernières discussions qui ont porté sur l'homme tertiaire ont abouti à des conclusions négatives. En 1878, M. Capellini soumit au Congrès de Paris divers ossements de baleine exhumés des terrains réputés pliocènes de l'Italie et présentant des incisions qu'il disait avoir été faites de main d'homme. Tous les membres de la savante assemblée furent d'un avis contraire, y compris M. de Mortillet qui déclara y voir l'empreinte de dents de poissons (1).

L'année suivante, au Congrès de Lisbonne, un même accueil était fait, on l'a vu, aux silex présentés par M. Ribeiro.

Presque en même temps, un savant américain, Withney, se décidait à donner des renseignements depuis longtemps attendus sur un crâne humain qu'il disait avoir découvert à une grande profondeur à Calaveras, en Californie. Le terrain d'où il provenait était, prétendait-il, pliocène. Ses conclusions paraissaient sérieusement établies, et M. Desor leur donna l'appui de son autorité (2). Rien n'y fit. Les savants les mieux disposés d'habitude à accueillir ce genre de découvertes se sont mon-

---

(1) Compte-rendu du Congrès international des sciences anthropologiques tenu à Paris en 1878, p. 224-234.
(2) *L'homme pliocène de la Californie* ; Nice, 1879, in-8°
16 p.

très récalcitrants et la *République française*, dans l'une de ses Revues scientifiques, a émis des doutes très motivés sur l'âge du terrain et déclaré insuffisantes les preuves alléguées à l'appui de l'ancienneté du crâne (1).

L'inanité des arguments sur lesquels l'on a voulu étayer la théorie que nous combattons, nous paraît être la meilleure preuve que l'on puisse alléguer à l'appui du fait contraire, à savoir la non-existence de l'homme dans les temps antérieurs à l'époque quaternaire. S'il eût alors vécu, nul doute que l'on n'eût rencontré quelque part soit un vestige certain de son industrie, soit même un débris de son squelette ; car enfin il est démontré que ses os ne sont pas moins susceptibles de conservation que ceux des animaux et, puisque l'on trouve ces derniers à l'état fossile jusque dans les couches les plus anciennes, on devrait l'y rencontrer lui-même, si déjà il existait. Or nulle formation géologique n'a été plus fouillée que la formation tertiaire. Représentée principalement dans le voisinage de Paris et de Londres, servant d'emplacement même à ces deux grandes capitales du monde civilisé, elle

(1) *Revues scientifiques* publiées par la *République française*, 1881, p. 138-147.

a été, depuis cinquante ans, l'objet d'investigations passionnées de la part d'une pléiade de géologues avides d'attacher leur nom à quelque découverte; or, au milieu des débris d'une faune éteinte que ces couches recèlent en si grande abondance, il n'a été donné à personne de rencontrer la moindre parcelle du squelette humain. Cet argument, tout négatif qu'il est, nous semble infiniment plus concluant que celui qu'on invoque à l'encontre (1).

Il n'est donc nullement besoin, on le voit, de recourir aux explications que nous avons données ci-dessus, pour concilier avec la science cette donnée biblique que Dieu se reposa après la création de notre espèce. Dans l'état actuel de nos connaissances, l'homme est toujours le dernier venu des êtres; il ne date que des temps quaternaires, et, suivant toute apparence, les animaux qui nous entourent existaient déjà tous à cette époque. Le fait est prouvé pour les genres; s'il ne l'est pas pour toutes les espèces, cela peut tenir ou

---

(1) La thèse de l'abbé Bourgeois n'a jamais pu se faire accepter à l'étranger. Un naturaliste allemand d'une grande autorité, M. Fraas, ne craignait pas de dire en 1874, dans un Congrès d'anthropologistes qu'il présidait, que la question de l'homme tertiaire était « définitivement enterrée. » — *Revue scientifique,* 4 septembre 1875.

bien à ce qu'elles ont été multipliées à l'excès par les naturalistes, comme nous l'avons dit précédemment, ou bien à ce que la région qui fut le lieu de leur origine n'a pas encore été suffisamment explorée. Tout indique en effet que les animaux domestiques ont eu, comme nous, l'Asie pour berceau ; or, on peut dire que l'étude géologique de cette vaste contrée est encore à faire. L'avenir pourra dissiper nos incertitudes à cet égard, mais, pour le moment, le mieux est de nous résigner à une ignorance qui a du moins un avantage, celui de prouver que les sciences naturelles sont loin d'avoir dit leur dernier mot et révélé tous leurs secrets.

L'homme tertiaire étant un mythe, il n'y a pas lieu de prendre en sérieuse considération les essais de conciliation proposés par de savants défenseurs du dogme chrétien pour mettre d'accord ce prétendu fait scientifique avec l'enseignement catholique concernant la date de l'apparition de l'homme. L'autorité légitimement acquise dont jouissent leurs auteurs nous oblige pourtant à en dire un mot.

Certains apologistes (1) préoccupés, non sans raison, du coup que la découverte de

---

(1) En particulier M. l'abbé Fabre d'Envieu dans *les Origines de la Terre et de l'Homme*, p. 329 et suiv.

l'abbé Bourgeois semblait porter à la chronologie biblique, ont cru bien faire en attribuant les silex tertiaires à une race humaine antérieure à Adam et absolument distincte de la race actuelle. C'était ressusciter l'erreur des *Préadamites* d'Isaac de la Perreyre, avec cette différence toutefois que ce dernier admettait l'existence simultanée des deux races, tandis que, dans la nouvelle doctrine, elles ont été séparées par un intervalle d'une durée indéterminée. Au fond, ces deux systèmes sont également dénués de vraisemblance. L'on a dit du premier que c'était un « paradoxe absurde. » Sans vouloir qualifier aussi sévèrement le second, l'on peut dire au moins qu'il est absolument gratuit et dépourvu de tout fondement. Ses auteurs seraient fort embarrassés, s'il leur fallait fixer la date géologique de la disparition de leur race anté-adamique.

Dans leur pensée, sans doute, l'homme des temps quaternaires appartenait à cette première création ; or, ses caractères physiques ne le distinguent aucunement de notre espèce, et ni la géologie proprement dite ni la paléontologie ne nous permettent de saisir le moment où il aurait pu s'éteindre pour nous céder la place. La faune et la flore de l'époque quaternaire passent insensiblement à la faune et à la flore actuelles, et rien dans la nature des couches ne laisse entrevoir soit le phénomène géologique qui eût provoqué la disparition de la première race humaine, soit l'intervalle qui se fût écoulé entre cette disparition et la création d'Adam. Cette double création successive d'une même espèce paraîtra du reste peu vraisemblable, si l'on tient compte des procédés ordinaires du Créateur qui jamais ne se répète, mais sans cesse varie ses actes et perfectionne son œuvre.

D'autres catholiques, des mieux intentionnés, ont émis l'avis que les silex de Thenay étaient l'œuvre, non de l'homme, mais d'un être inconnu dont l'instinct consistait à tailler des silex, comme celui des oiseaux est de faire des nids, celui des castors de construire des huttes; en un mot, ils y ont vu le produit de l'instinct animal et non de l'intelligence humaine. Est-ce prudent? Est-ce rationnel?

Que ces honorables apologistes nous permettent de le dire, nous ne le pensons pas. Ce n'est pas prudent, parce que c'est supposer fort arbitrairement qu'il a jadis existé un être intellectuellement plus parfait que le singe, puisqu'il connaissait l'art de fabriquer des outils; parce que c'est reconnaître avec les transformistes qu'au point de vue industriel, au moins, rien d'essentiel ne sépare l'homme de la bête; en un mot, parce que c'est donner la main et fournir une arme à nos adversaires. Nous comprenons que M. de Mortillet voie dans ces prétendus instruments l'œuvre d'un être simien, précurseur de l'homme: en cela il n'est que fidèle à ses théories favorites; mais un chrétien ne peut le suivre sur ce terrain.

Ce n'est pas non plus rationnel; car une intelligence qui se traduit par la fabrication d'outils dont elle use ensuite ne nous paraît pas différer de la raison. De tous les êtres qui existent actuellement, l'homme est le seul qui se fabrique des outils, et rien ne nous autorise à croire qu'il en ait été autrement dans le passé. Il semble que ce soit là, comme le goût de la parure et du vêtement, comme l'art d'allumer le feu, un des attributs extérieurs de notre espèce. L'accorder aux animaux serait bouleverser les idées reçues concernant les caractères distinctifs de l'humanité (1).

(1) Tel est l'avis du fondateur de la science préhistorique, de Boucher de Perthes, dont M. de Mortillet doit moins que tout autre contester l'autorité. Nous lisons, en

Il se peut que l'hypothèse que nous combattons n'ait rien d'hétérodoxe; mais elle a deux défauts, selon nous; elle est dangereuse, puisqu'elle favorise le transformisme dans son application à notre espèce; elle est sans fondement, puisque l'être qu'elle prétend avoir existé n'a jamais été signalé par la science. Pour ces deux motifs nous la repoussons. Il y a plus; nous exprimerons le regret qu'un éminent orateur s'en soit fait l'écho dans la chaire de Notre-Dame de Paris. Les avantages qu'elle peut présenter, en laissant hors de cause la chronologie biblique, ne compensent point, il s'en faut, l'atteinte indirecte qu'elle porte aux fondements mêmes de l'orthodoxie chrétienne, aussi bien qu'aux vrais principes de la philosophie naturelle. Plutôt que de concéder aux partisans des doctrines transformistes le précieux argument qu'elle leur fournit, mieux vaudrait encore, si c'était nécessaire, modifier, en l'étendant, la chronologie traditionnelle.

effet, dans ses *Antiquités celtiques et antédiluviennes* (t. III, p. 435) : « Ce sont les outils et la faculté de s'en créer et de s'en servir qui, dans tous les temps, ont fait la démarcation entre l'homme et la brute. Si jamais on n'a rencontré encore une famille humaine qui n'en eut, jamais non plus on n'a vu un animal qui ait inventé un instrument ou qui ait pu utiliser celui qu'on lui présente. »

Mais la science n'exige point qu'on lui fasse cette concession. On l'a vu en ce qui concerne l'homme tertiaire; nous espérons démontrer ailleurs que les objections fondées sur l'existence de l'homme dans les temps quaternaires ne tiennent pas non plus devant un contrôle sérieux.

Conclusion. — L'objection était celle-ci: La Bible nous laisse entendre que, de tous les êtres, l'homme est sorti le dernier des mains du Créateur et que, après cet acte de sa toute-puissance, qui fut le couronnement de son œuvre, Dieu entra dans son éternel repos. Il est des géologues qui prétendent, au contraire, que notre espèce a précédé sur la terre un certain nombre d'espèces animales et que, par suite, le repos divin n'a pu commencer immédiatement après sa venue.

Nous croyons avoir montré ce qu'il faut penser de ce prétendu désaccord.

Si les silex rencontrés dans les couches tertiaires avaient vraiment une origine artificielle, comme on l'a prétendu, la difficulté serait réelle; car nous ne saurions admettre qu'ils pussent être l'œuvre soit d'une race humaine préadamique, soit d'un être intelligent différent de l'homme dont il serait le précurseur. Ce sont là des conjectures dangereuses que rien n'autorise. Il resterait à se demander si les mammifères qu'on dit avoir été créés depuis la période miocène ne descendraient point d'animaux plus anciens dont la science ignorerait l'existence ou ferait à tort des espèces distinctes. Peut-être pourrait-on dire aussi que la parole de l'Ecriture s'applique aux familles ou aux classes d'animaux et non aux espèces prises isolément.

Mais il n'est point besoin de recourir à ces suppositions. « Tous les faits relatifs à l'existence de l'homme tertiaire, nous écrivait il y a trois ans M. Alexandre Bertrand, aujourd'hui membre de l'Institut, s'évanouissent à mesure qu'on les examine de près. » Les progrès de la science ont entièrement justifié cette parole.

Or, si l'homme date seulement des temps quaternaires, peut-être même de la fin, il est vraiment le dernier être créé. Si des races nouvelles ont apparu depuis ce temps, si les animaux qui existaient alors se sont modifiés sous l'influence des milieux, tout autorise à croire que la faune ne s'est accrue d'aucune *espèce* nouvelle, c'est-à-dire d'aucun groupe d'animaux dont l'apparition eût exigé un acte spécial du Créateur.

LIVRE SECOND

*L'homme primitif d'après les transformistes
et d'après la nature de son squelette.*

CHAPITRE I

L'HOMME PRIMITIF ET LA SCIENCE FRANÇAISE

Division de la matière : doctrines et faits. — Opinions des évolutionnistes français sur l'état primitif de l'homme. — Suivant M. de Mortillet, nous serions, non les fils, mais les cousins des singes actuels.— MM. Broca et Cartailhac se contentent d'affirmer l'état sauvage des premiers hommes. — Difficultés de ce système.— MM. Hovelacque et Zaborowski, partisans décidés de l'origine simienne. — Les énormités de Mlle Clémence Royer. — Science officielle non favorable au système transformiste appliqué à l'homme. — MM. Littré et Naudin. — Noble langage de ce dernier.

'OBJECTION à laquelle nous venons de répondre est la moins grave peut-être qui ait été déduite de l'archéologie préhistorique ; aussi ne lui avons-nous consa-

cré qu'un court examen. Il en est une autre beaucoup plus répandue qui, en conséquence, exige que nous entrions, à son sujet, dans des développements plus considérables. Elle fera, à elle seule, la matière du reste de ce volume.

A la perfection primitive, perfection morale tout au moins, que la Bible attribue au premier homme, l'archéologie préhistorique oppose la barbarie la plus profonde, l'abjection la plus dégradante. Suivant elle, l'homme primitif se confondait avec la brute, et à l'appui de cette assertion elle invoque la forme presque simienne de son squelette et l'extrême grossièreté de son outillage. Nous étudierons successivement ces deux objections dans deux livres distincts.

Avant d'aborder la discussion sommaire de cette double donnée, l'on aimera sans doute à connaître d'une façon plus précise l'opinion que nous avons à combattre. Pour cela, nous laisserons la parole aux principaux représentants de l'école préhistorique, sans toutefois nous interdire certaines réflexions critiques, qui peut-être n'auraient pas l'occasion de se produire plus tard. Le lecteur y gagnera de faire connaissance avec les coryphées du parti, et la connaissance du témoin facilitera l'appréciation du témoignage.

De là deux divisions toutes naturelles : les doctrines et les faits.

A tout seigneur tout honneur. Commençons par M. de Mortillet, le chef de l'école, l'organisateur et le représentant quasi officiel de la science préhistorique.

« On nous a accusé, disait-il naguère à Paris, lors de la réunion de l'Association française pour l'avancement des sciences (1), on nous a accusé d'avoir fait l'exposition d'anthropologie dans un sens très partial, et pour la démonstration de la théorie de l'origine simienne de l'homme. Cela n'est point vrai ; nous avons mis en lumière impartialement (?) le pour et le contre de chaque question. Mais pour ce qui est de la théorie de la descendance, je la crois vraie. Et ce que l'on croit vrai, on doit le défendre hautement, ouvertement...

« Nous nous trouvons aujourd'hui fort éloignés du singe. Mais ce n'est pas nous qu'il faut comparer aux singes ; ce sont les races inférieures et les races primitives. Les caractères

---

(1) *Matériaux pour l'histoire primitive et naturelle de l'homme*, t. XIV, p. 453.

simiens de certains peuples actuels, des crânes anciens, tels que celui de Néanderthal, de la mâchoire de la Naulette, sont évidents pour les yeux les plus prévenus. M. Hovelacque a signalé au congrès d'anthropologie tous les caractères simiens des races inférieures. Toutes les fois que nous avons des communications nouvelles d'anatomie comparée, nous avons des faits nouveaux dans ce sens. Par exemple, M. Mantegazza étudie l'histoire de la troisième molaire qui chez les singes est la plus grosse. Il trouve que dans les races humaines elle est en décadence, surtout dans les races supérieures! Carl Vogt a très bien montré que les microcéphales sont un retour au passé. Dans les premières années on ne distingue pour ainsi dire pas nos enfants des orangs-outangs (1). La peau d'une tête humaine, sans crâne et racornie, telle que nous la présentent les momies des Indiens Macas, reproduit entièrement la physionomie du singe. Descendons-nous des singes anthropomorphes actuels? ce n'est pas probable; bien des raisons

---

(1) Nous ne savons s'il en est ainsi de ceux de l'auteur de cette charmante découverte; mais l'on peut au moins contester la généralité du fait. Les pères de famille qui nous lisent seront, pensons-nous, de notre avis.

s'y opposent ; mais nous procédons d'espèces éteintes. Cette origine simienne ne rabaisse pas l'homme, mais le rehausse. Il s'élèvera de plus en plus. »

S'il s'élève, pourrions-nous ajouter, le mérite n'en reviendra ni à M. de Mortillet, ni à ses tristes doctrines. Si l'homme s'est fait lui-même, si l'action créatrice n'a aucune part dans sa formation, s'il n'est qu'un singe perfectionné, il a sans doute aussi la destinée du singe, destinée toute matérielle qui ne s'étend pas au-delà de la vie présente ; et s'il en est ainsi, si l'immortalité de l'âme est un vain mot, la notion du bien et du mal, du juste et de l'injuste, un joug arbitrairement imposé à l'homme par la crédulité des âges passés, s'il n'y a nulle sanction à nos actes, nulle récompense à espérer, nul châtiment à craindre, que devient la loi morale ? Et l'homme sage n'est-il pas celui-là qui, se renfermant dans son égoïsme et vivant au jour le jour, sans préoccupation du sort, heureux ou malheureux, des gens qui l'entourent, use de tous les moyens à sa disposition, justes ou injustes, bons ou mauvais, pour accroître son bien-être matériel et s'assurer ici-bas la plus grande somme de jouissances possible ?

Dire ce que deviendrait une société élevée dans de pareils principes, ou plutôt dans l'absence de tout principe, n'est pas chose difficile. L'histoire de la décadence romaine n'est-elle pas là pour nous l'apprendre, et ne voyons-nous pas déjà autour de nous, dans nos grandes cités principalement, l'effet trop évident de ces lamentables doctrines ? (1)

M. de Mortillet reconnaît que nous ne descendons pas des singes actuels, si élevés qu'ils semblent être dans la série animale, et il faut lui savoir gré de cet aveu ; mais il nous rat-

---

(1) Chose étrange, nous trouvons chez un anthropologiste de la nouvelle école l'expression de la même idée. « Que l'on continue, dit M. Topinard (*Revue d'anthropologie*, 1877, t. III), à traîner dans la boue les sentiments de pudeur, de famille, d'honneur et de maternité, comme on le fait depuis vingt ans dans nos théâtres, de même qu'à Rome, à la veille de sa chute, et le résultat sera certain : la notion du bien et du mal ira s'éteignant. » — M. Topinard, à qui a échappé un pareil aveu, ne se dit pas qu'il aura sa part de responsabilité dans ce résultat désolant ; car, dans le même article d'où ces lignes sont extraites, il professe que la moralité n'a d'autre sauvegarde que « le gendarme et l'échafaud » et que l'immortalité de l'âme « est un désir, une croyance qui varie de zéro à l'incandescence avec l'âge, le sexe, les individus, la constitution, l'état de santé et de maladie..., l'état de plénitude ou de vacuité de l'estomac. » Ce n'est pas en matérialisant de la sorte les plus nobles aspirations de notre nature que les anthropologistes remédieront au vice de l'éducation contemporaine et constitueront la société sur des bases plus solides.

tache par un lien généalogique à une espèce éteinte, et en cela il fait preuve d'une insuffisance de connaissances qui étonnerait, si l'on ne savait d'autre part que la plume de ce savant est plus féconde qu'exacte. Non seulement l'être simien dont il veut faire notre précurseur n'a laissé nulle part de traces visibles, mais les principes mêmes du transformisme, — M. de Mortillet devrait le savoir mieux que nous, — s'opposent à ce que l'on compte le singe parmi nos ancêtres. D'après la loi dite de *caractérisation* par laquelle Darwin explique la filiation des êtres, un caractère peut se développer, mais il ne se transforme pas. En conséquence, deux types différents peuvent avoir une même origine, dériver d'un ancêtre commun chez lequel les attributs qui les différencient n'étaient pas encore accusés, mais ils ne peuvent descendre l'un de l'autre. Or, il en est ainsi de l'homme et du singe, à quelque degré de la série qu'on prenne ce dernier.

Le singe est constitué pour grimper, l'homme pour marcher. Il y a plus : le développement du cerveau suit une marche inverse chez l'un et chez l'autre. Chez l'homme, le lobe frontal se forme avant le lobe moyen ; c'est le contraire chez le singe. Admettre la possibilité d'un passage entre deux caractères aussi tranchés serait rejeter l'un des principes fondamentaux de l'hypothèse darwinienne. L'homme ne saurait donc dériver d'un singe quelconque, vivant ou fossile. Pour lui trouver un ancêtre dans la série animale, l'école transformiste est obligée de remonter, ou plutôt de descendre jusqu'au didelphe, c'est-à-dire jusqu'au dernier des mammifères. L'on voit combien d'anneaux manquent à la chaîne, et ces anneaux, la faune éteinte ne nous les fournit pas plus que la faune actuelle.

Après M. de Mortillet, il convient de nommer M. Cartailhac, le continuateur de son œuvre, le zélé directeur de la Revue officielle de l'école, des *Matériaux pour l'histoire de l'homme*.

Naturellement, M. Cartailhac s'est fait le champion des idées nouvelles; mais, soit crainte de se compromettre, soit hésitation d'esprit à cet égard, il n'a pas, et il faut l'en louer, les hardiesses de plusieurs de ses collègues en préhistoire. Il n'érige point en dogme l'origine bestiale de l'homme; mais je ne sache pas non plus qu'il l'ait jamais combattue. Il a même des paroles constamment élogieuses pour les radicaux du parti. Au contraire, qu'un profane vienne à médire de la science préhistorique, à contester, même sans viser le fond, la légitimité de quelques-unes de ses déductions, et il n'a pas assez de foudres pour exterminer ce téméraire. C'est ainsi qu'il comprend l'impartialité.

M. Cartailhac croit du reste à la sauvagerie primitive de notre espèce. Nous en avons la preuve dans les paroles suivantes, relatives à la théorie contraire, par lesquelles il termine son compte-rendu de l'*Homme préhistorique* de Lubbock. « Depuis la réponse de sir John Lubbock, dit-il, je crois que personne n'a osé défendre encore cette hypothèse (1). »

---

(1) *Matériaux pour l'hist. de l'homme*, t. VIII, p. 91. — Les paroles suivantes, attribuées par le R. P. Haté au même auteur, sont plus explicites encore. « En remontant vers le commencement des temps quaternaires, aurait dit M. Cartailhac à la société d'anthropologie, je vois l'industrie de plus en plus pauvre et l'homme devenir en même temps plus sauvage. On n'a pas trouvé une peuplade vivante aussi peu civilisée que devaient l'être les populations munies, pour toute arme et pour tout instrument, de la pierre tranchante et pointue de Saint-Acheul. Nous avons une idée des luttes *corps à corps* de ces sauvages primitifs entre eux ou contre les redoutables carnassiers... Il n'y a rien de plus primitif que cela, si ce n'est le caillou brut et l'homme armé de la pierre non travaillée. » — R. P. Haté, *les Résultats des recherches préhistoriques*, p. 27.

Le directeur des *Matériaux* se trompe. L'état sauvage de l'homme primitif continue d'être contesté, et il l'est notamment par quelqu'un dont il ne méconnaîtra pas l'autorité en matière d'anthropologie, nous voulons parler de M. de Quatrefages. L'éminent professeur du Muséum croit, il est vrai, à une certaine barbarie initiale, barbarie toute matérielle qui n'excluait nullement un état d'élévation morale et de paix sociale que l'humanité peut-être n'a plus revu ; mais il y a loin de cette condition à la sauvagerie bestiale dont l'école préhistorique tend à faire un dogme.

M. Cartailhac, il faut le reconnaître, a du moins le mérite d'une certaine réserve. Cette même qualité se retrouve, avec plus de science et de littérature, chez un autre anthropologiste, anatomiste avant tout, que la mort vient d'enlever brusquement au monde savant non moins qu'au monde politique, où il s'était malheureusement fourvoyé sur la fin de sa vie : il s'agit de M. Broca, à qui ses opinions avancées avaient naguère ouvert les portes du Sénat.

M. Broca confesse sa sympathie pour l'origine bestiale de l'homme. « Je ne suis pas, dit-il (1), de ceux qui méprisent les parvenus. Je trouve plus de gloire à monter qu'à descendre, et si j'admettais l'intervention des impressions sentimentales dans les sciences, je dirais, comme M. Claparède, que j'aimerais mieux être un singe perfectionné qu'un Adam dégénéré. Oui, s'il m'était démontré que mes humbles ancêtres furent des animaux inclinés vers la terre, des herbivores arboricoles, frères ou cousins de ceux qui furent les ancêtres des singes, loin de rougir pour mon espèce de cette généalogie et de cette parenté, je serais fier de l'évolution qu'elle a accomplie, de l'ascension continue qui l'a conduite au premier rang, des triomphes successifs qui l'ont rendue si supérieure à toutes les autres. Je me réjouirais en songeant que mes descendants, poursuivant indéfiniment l'œuvre splendide du progrès, pourraient s'élever au-dessus de moi autant que je m'élève au-dessus des singes et réaliser enfin cette promesse du serpent de la Genèse : *eritis sicut dii.* »

Malgré ces préventions favorables à l'application à notre espèce de la doctrine transformiste, Broca n'admet pas l'origine simienne de l'homme, parce que, dit-il, « cette hypothèse

(1) *Revue des cours scientifiques*, t. VII, p. 530.

ne repose jusqu'ici sur aucune preuve directe (1). » En cela, du reste, il n'est que logique ; car, poussant à l'extrême la théorie de la fixité des types, il n'admet pas même la possibilité d'un passage entre les diverses races humaines. A plus forte raison doit-il rejeter les transformations radicales que suppose l'hypothèse évolutionniste ; mais il n'en croit pas moins aux débuts misérables de l'humanité.

Dans un éloquent discours qu'il prononça à Paris pendant l'Exposition de 1878, à l'occasion de l'ouverture du Congrès international des sciences anthropologiques, il représenta l'homme primitif comme « un être faible et chétif, nu et sans armes, soutenant à peine au jour le jour son existence famélique, et ne trouvant dans le creux des rochers qu'un refuge insuffisant contre les dangers incessants qui venaient l'assaillir. Au calcul des chances ordinaires, ajoute-t-il, cet être paraissait privé de tout ce qui, dans la bataille de la vie, assure la survivance des espèces. Entouré d'ennemis nombreux et terribles, dénué de moyens d'attaque et de moyens de défense, exposé, pendant sa longue et débile enfance, à

(1) *Mémoire sur les caractères anatomiques de l'homme préhistorique*, p. 38.

toutes les agressions, à toutes les vicissitudes, il semblait voué à la destruction par une nature marâtre. Mais il possédait deux merveilleux instruments, plus parfaits en lui qu'en toute autre créature : le cerveau qui commande et la main qui exécute. A la force brutale, jusqu'alors reine du monde, il opposait l'intelligence et l'adresse, lutte grandiose où, suivant l'expression du poète, ceci devait tuer cela. Les espèces colossales des temps géologiques ont disparu : l'homme est resté ; il a vaincu tous ses rivaux, vaincu la nature elle-même, et à cette place où nous sommes, là où jadis, d'une main novice, il taillait ses premières armes dans les silex roulés par un fleuve encore innommé, il étale aujourd'hui les splendeurs de l'Exposition universelle (1) ! »

Il fallait, en effet, qu'il fût merveilleusement doué au point de vue intellectuel cet être qui, placé dans le milieu le plus défavorable, dénué des ressources de notre industrie, livré nu et désarmé à la merci des bêtes fauves qui l'entouraient, finissait néanmoins par triompher de tant d'obstacles et par s'assurer l'empire de la création. L'homme de nos jours, si haut que l'ait élevé une longue période de civilisation,

(1) *Matériaux pour l'Histoire de l'Homme*, t. XIII, p. 325.

risquerait fort, en pareil cas, de ne pas remporter la victoire. Nos adversaires qui le représentent ainsi ne s'aperçoivent pas qu'ils tombent dans la plus flagrante contradiction; car enfin une intelligence si remarquable suppose un cerveau merveilleusement conditionné. L'organe précède la fonction : eux-mêmes l'enseignent. Et il osent, après cela, nous présenter des crânes étroits et déprimés, ceux d'idiots sans doute, comme étant ceux des premiers hommes, de ces mêmes hommes qui, suivant eux, inventèrent le langage et qui, placés dans un milieu qui peut-être serait fatal à notre civilisation contemporaine, surent, par leur industrie, triompher des obstacles sans nombre dont la nature s'était plu à les entourer !

De deux choses l'une : ou l'homme primitif possédait la plénitude de sa raison, ce qui semble absolument exigé par la difficulté même des œuvres qu'on lui attribue, et dans ce cas il faut dire adieu à la théorie transformiste et se résigner à accepter le dogme de la création ; ou bien, issu d'un être inférieur, l'homme apparut sur la terre avec une intelligence imparfaite, des facultés en germe, un organe incomplet, comme l'admet forcément l'école darwiniste, et alors la conquête de son empire, après une longue série d'évolutions et de luttes, sa victoire sur des ennemis de tout genre, climat et bêtes féroces, qui semblaient se coaliser contre lui, cette marche ascensionnelle dans les conditions les plus défavorables, ce progrès continu, en dépit d'obstacles de toute nature qui semblaient devoir l'entraver, tout cela devient le plus étonnant des mystères, un miracle plus grand que celui de la création auquel l'on veut échapper.

Mais poursuivons l'examen des doctrines que nous avons commencé, et, après l'opinion des maîtres, voyons celle des disciples.

Comme il fallait s'y attendre, ceux-ci renchérissent encore sur les premiers. L'un d'eux, qui lui aussi, s'est fait un piédestal de ses opinions scientifiques ultra-radicales pour se lancer dans le mouvement politique, et dont le nom figure parmi les plus avancés du conseil municipal de Paris, M. Abel Hovelacque, nous apprend que l'homme ne diffère de ses *frères inférieurs* que par la faculté du langage articulé ; et cette faculté précieuse dont l'apparition « détermine le point d'évolution où un primate a droit au nom d'homme, » l'être si mien auquel nous devons l'existence l'acquit par lui-même, « sous l'influence de conditions heureuses, » par suite du développement progressif de ses organes (1). Avouons que, pour un animal qu'il était encore, il avait une merveilleuse intelligence. Nous avons peine à croire que le cerveau d'aucun de nos contemporains, si perfectionné qu'il soit par la sélection, puisse opérer un tel prodige. Comme le dit M. Alfred Maury, pour inventer le langage, il fallait une *puissance créatrice* (2).

D'autres, plus hardis encore, ne se contentent pas d'assigner à l'homme un précurseur ; ils en admettent autant que de races humaines. Les Malais auraient eu leur ancêtre simien brachycéphale ou à large crâne comme eux et comme l'orang-outang qui vit auprès d'eux. Quant au nègre d'Afrique à crâne allongé *(dolichocéphale)*; quant au gorille et au chimpanzé, deux singes anthropomorphes qui habitent la même contrée et qui sont également dolichocéphales, ils auraient pour ancêtre commun un animal à long crâne.

(1) Abel Hovelacque, *la Linguistique*, ch. II.
(2) *La Terre et l'Homme.* p. 415.

Il y a bien à cette théorie, spécieuse peut-être non moins que simple, un tout petit inconvénient, c'est que le fait sur lequel elle repose, savoir l'analogie de conformation des crânes chez l'homme et chez les singes d'une même région, est absolument inexact. L'orang-outang, originaire de Bornéo, y vit au milieu de Dayacks et non de Malais ; or, les Dayacks ont la tête plutôt longue que large. Quant au gorille, il est brachycéphale tout aussi bien que dolichocéphale et, par ce caractère, tout aussi distinct du nègre que de l'Européen. Mais cela n'empêche pas les partisans de cette théorie de chanter victoire. Il est curieux de les entendre célébrer en style dithyrambique leur prétendu triomphe. « Les chimères du surnaturalisme mystérieux, écrit l'un d'eux, les puissances invisibles, auxquelles on avait jusque-là recours, se sont envolées. Et nous nous trouvons en présence de faits qui se suivent et s'enchaînent selon les lois d'une nature qui nous est familière. L'homme n'est plus un être isolé dans le monde, créé miraculeusement et miraculeusement développé. Il a subi les lois qui s'imposent au reste des êtres organisés. Et si à l'heure actuelle il en paraît séparé par un abîme infranchissable, nous trouvons dans son passé immense l'explication de cet état présent (1). »

M. Broca nous avait dépeint les premiers hommes faibles et nus, chétifs et misérables. Cette qualification n'est pas du goût de notre auteur. « Ils ne furent pas, dit-il, ces êtres faibles et dénués qu'on pourrait se figurer, cherchant à suppléer par leur intelligence à l'insuffisance de leurs forces physiques. Pouvant, comme le pourraient encore certains nègres de la côte d'Afrique, étrangler un lion entre leurs deux poignets, ils ne le cédaient en rien à la férocité des animaux qui les entouraient. Et qu'on ne se récrie pas ! Car s'ils avaient, par malheur, répondu aux descriptions déclamatoires que l'on a coutume de faire sur l'homme sortant faible et nu des mains de la nature et conquérant bientôt le monde par les seuls artifices de son esprit, ce monde serait encore à conquérir et l'humanité à naître. Ce sont *(sic)* en effet à ces vieux hommes à face de singe, si longtemps inaccessibles à nos intelligences, invisibles à nos yeux, perdus dans le néant d'un passé qui n'était même pas soupçonné, *ce sont* à ces vieux hommes, point de départ de notre humanité, que nous sommes rede-

(1) Zaborowski, *l'Homme préhistorique*, p. 163.

vables des premières conquêtes qui, par un enchaînement irrésistible, nous ont conduit où nous sommes... Avec quel intérêt ne les suivrions-nous pas, ces robustes humains, vêtus de leur nudité, armés de leur force musculaire et de leur agilité, cherchant sans cesse, dans leur ardeur à vivre et à multiplier, la lutte et une proie ! (1) »

Puis, dans un tableau où il semble se complaire, mais qui pour le lecteur n'a rien de réjouissant, notre auteur nous montre ses ancêtres et les nôtres plongés dans un état « d'immonde sauvagerie..., vivant par bandes conduites par les mâles les plus forts, » se repaissant des chairs palpitantes et buvant le sang chaud des animaux qu'ils égorgeaient, s'entretuant pour se dévorer ensuite, pendant que quelques-uns d'entre eux, plus petits, « à l'aspect repoussant, la tête plate et le museau en avant, moins forts et d'autant plus cruels, vivaient dans des trous ou sous la neige, perçaient la glace pour guetter le poisson, séjournaient dans l'eau à la recherche des insectes, et rampaient toujours à l'affût de leur proie. »

Nous ne voulons point nous arrêter sur ces

(1) Zaborowski, *De l'ancienneté de l'homme, résumé populaire de la préhistoire*, t. II, p. 186.

lignes dont, il n'est pas besoin de le dire, l'imagination fait tous les frais, et dans lesquelles le bon sens n'est pas plus respecté que la grammaire ; mais il nous a paru utile de les présenter au lecteur pour lui donner une idée des doctrines avilissantes qu'une vulgarisation éhontée présente chaque jour au peuple comme le dernier mot de la science.

Il en coûte de faire de pareilles citations ; et cependant il nous faut encore avoir ce courage, sous peine de laisser dans l'ombre une personnalité importante du camp opposé. Cette fois, — nous le disons en rougissant pour son sexe et sa patrie, — il s'agit d'une femme et d'une française! Nous pouvons bien la nommer, puisque elle-même affecte de mettre en évidence sa personne et ses doctrines.

Mlle Clémence Royer, réagissant contre des traditions de famille des plus respectables qu'elle veut sans doute se faire pardonner (1), semble avoir pris à tâche de dépasser tous ses contemporains dans la hardiesse et l'extravagance des idées. De deux systèmes par ailleurs également acceptables, le meilleur à ses yeux

---

(1) Mlle Cl. Royer est née à Nantes, en 1830, d'une famille catholique et légitimiste. Elle passa ses premières années en exil et fut élevée au Sacré-Cœur.

sera toujours celui qui lui paraîtra le plus opposé au dogme chrétien. Révolutionnaire en politique, matérialiste en philosophie, affectant le mépris de toute religion, mettant de côté la pudeur naturelle à son sexe, elle traite sans scrupule les questions les plus délicates, au point de faire monter le rouge au visage de ses collègues les moins ombrageux de la société d'anthropologie.

Or, voici ce que nous trouvons, sur la question qui nous occupe, dans l'un des nombreux ouvrages dus à sa plume trop féconde.

« Il faut pour jamais reléguer parmi les mythes l'hypothèse de l'âge d'or, d'un état primitif d'innocence et d'innocuité de la race humaine, durant lequel elle n'aurait été douée que d'instincts doux et pacifiques et où, n'ayant en commun avec nous que nos sentiments les plus élevés, elle n'aurait eu aucune de nos passions violentes... Si l'homme eût été bon et doux, il eût été trop faible. Il ne pouvait trouver que dans un ensemble de passions violentes la force, l'élan nécessaire pour soutenir la longue lutte qui lui était imposée, autant contre ses congénères que contre des inférieurs jusque-là ses rivaux... Si donc nous cherchons à évoquer l'image de ce premier ancêtre de la race humaine et de son état moral et social, nous sommes conduits à nous le représenter sous les traits d'un animal anthropomorphe déjà savamment, puissamment, et même harmonieusement constitué, de grande taille, peut-être de noble, mais surtout de féroce aspect et menaçant avant d'être menacé...

« Puissante bête brute par sa force, sauvage d'instinct, peureux et féroce, redoutable aux êtres plus faibles, fugitif devant les forts, cachant sa rage ou sa faim impuissante dans de profondes cavernes ou cherchant un abri sur les rochers et les arbres, affamé de proie et proie pourchassée lui-même, sans autres armes que la branche qui, la nuit, lui a servi d'abri ou le caillou qu'il rencontre sur son chemin, sa vie dut être un long supplice de frayeurs réelles et d'alarmes vaines, de besoins non satisfaits, de joies horribles, de festins sanglants, d'orgies affreuses, selon qu'il entendait autour de son antre ou de son arbre le rugissement du lion, le rire de l'hyène, le miaulement du tigre, le grognement de l'ours ou du rhinocéros et les cris indescriptibles de l'éléphant ; ou bien que, rassuré par le silence des solitudes, il parvenait à forcer à la course quelque aurochs affaibli par l'âge, quelque chèvre alourdie par la progéniture qu'elle portait en ses flancs, ou à surprendre au nid quelque couveuse trop tendre pour sa nichée (1). »

Le tableau est complet; mais est-il vrai? A quelle source en ont été puisés les éléments? Melle Clémence Royer ne nous le dit pas, et c'est évidemment la moindre de ses préoccupations.

Suivant elle, l'homme, issu d'un être grimpeur, a conservé quelque chose du trait caractéristique de son ancêtre. « Les anthropoïdes primitifs, en devenant de plus en plus bipèdes et coureurs, n'ont point pour cela, et à aucune époque, renoncé de grimper aux arbres. Le bimane perfectionné qui est devenu l'homme y monte encore volontiers et en se jouant, comme par l'effet d'un instinct atavique. Adulte, il monte avec adresse aux mâts et aux cordages d'un vaisseau; clown ou acrobate de nos foires, on le voit parvenir, à l'aide d'un exercice soutenu, à surpasser en souplesse et en agilité ses cousins éloignés, les singes, que les sauvages, leurs parents plus proches, égalent souvent (2). »

(1) *Origine de l'homme et des sociétés*, pp. 212, 248 et 363.
(2) Mlle Cl. Royer, *ouvr. cit.*, p. 165.

La nudité partielle de la peau est l'un des attributs extérieurs de notre espèce et l'un des plus embarrassants pour l'école transformiste ; car si l'homme descend d'un animal velu, il est étrange que la sélection qui, dit-on, perfectionne graduellement le type, l'ait dépouillé du tégument pileux qui le mettait à l'abri des intempéries de l'air. Singulier perfectionnement, en effet, que celui qui eut pour résultat de laisser à l'homme le soin de se protéger lui-même contre la rigueur des saisons ! Il faut voir comment et en quels termes notre femme philosophe explique cette disparition du système pileux.

« Chez le bimane lui-même, dit-elle, cette transformation eut une tendance à s'opérer, mais demeura incomplète et circonscrite sur quelques points de son épiderme. Ce fut à cette époque sans doute que, sous l'influence de la sélection sexuelle, la chevelure couvrit son crâne d'un voile épais, que la barbe distingua l'homme de la femme, comme la crinière distingue le lion de la lionne, et que, *par une loi étrange*, les parties qui demeurèrent nues chez les autres primates et chez tous les animaux, chez l'homme se couvrirent d'un vêtement pileux. »

Voilà un aveu qu'il faut recueillir. La région dorsale est chez l'homme la moins velue : c'est le contraire chez l'animal. Mlle Royer voit dans ce fait une *loi*, étrange, il est vrai; elle ferait mieux de dire une *exception* à une loi générale, et une exception qui, à elle seule, est la condamnation de son système évolutionniste; car la sélection, à laquelle elle renvoie sans plus de détails, est absolument incapable d'en donner l'explication. — Mais laissons la poursuivre.

« Il est supposable que, chez l'homme, le concept de l'idéal spécifique (?) l'éloigna des individus chez qui tendait à apparaître la livrée pileuse des autres animaux. Il suffit que, sous l'influence de cet instinct ou peut-être d'une recherche voluptueuse, les bimanes mâles aient choisi de préférence les femelles chez lesquelles le type ancestral se conservait dans sa nudité *primitive* (?), que, réciproquement, les femelles aient fui les mâles qui s'en éloignaient le plus, que les uns ou les autres aient détruit ou abandonné ceux d'entre leurs produits chez lesquels ce type tendait à s'altérer, pour qu'à jamais la tendance à reproduire un revêtement épidermique plus ou moins abondant ait disparu de la souche humaine primitive et chez tous ses descendants (1). »

Ce sont bien des conditions et ce serait un grand hasard qu'elles se fussent toutes réalisées. Elles ont, du reste, pour point de départ un fait erroné, à savoir la nudité de l'ancêtre primitif. A quelque ordre de mammifères, singes ou dilelphes, qu'ait appartenu ce prétendu précurseur de l'homme, il devait être velu comme le sont aujourd'hui, à très peu d'exceptions près, nos animaux terrestres.

Nous nous abstiendrons de prolonger ces citations. Le lecteur, écœuré sans doute, nous en voudrait si nous le tenions plus longtemps dans ces bas-fonds de la science française. Heureusement, il faut le dire à l'honneur de notre pays, ces théories dégradantes n'ont pu encore trouver accès dans la science officielle. Nos savants les plus autorisés ne voient dans le transformisme, appliqué ou non à notre espèce, qu'une hypothèse plus ou moins plausible; dans les déductions de l'archéologie préhistorique, qu'un *roman* — l'expression a été em-

---

(1) *Origine de l'homme et des sociétés*, p. 424.

ployée (1), — une série de systèmes inventés à plaisir par des hommes d'imagination. L'on trouvera bien çà et là, dans le monde académique et universitaire, quelques professeurs imbus des idées nouvelles, un M. Contejean, par exemple, enseignant, dans un livre qui ne méritait pas cette tache, que « l'humanité s'est peu à peu élevée de la sauvagerie à la barbarie, puis à la civilisation, et qu'il faut absolument renoncer au rêve si séduisant d'un *édénisme,* pendant lequel notre espèce, sortie parfaite des mains du Créateur, a joui d'une félicité sans égale (2). » Mais c'est là une exception. La masse veut des faits et non des systèmes. Ainsi s'explique le double échec essuyé par Darwin lorsqu'il fut question de l'agréer comme membre correspondant de l'Académie des sciences. Le transformiste fit tort au savant. Il a fallu les instantes sollicitations de M. de Quatrefages, son adversaire bien connu sur le terrain des doctrines, pour que l'Académie, faisant abstraction du théoricien pour ne plus voir que le naturaliste et l'obser-

---

(1) Par M. Adrien de Longpérier, mort tout récemment (janvier 1882). « Le roman préhistorique tend à se restreindre », disait à l'Institut le savant archéologue dès 1875.
(2) *Éléments de Géologie et de Paléontologie,* p. 704.

vateur, consentît enfin à ouvrir ses portes au savant anglais (1).

Nous ne savons d'où émane l'idée, fort répandue dans un certain public, que l'un de nos académiciens récemment décédé, Littré, fut, sinon l'auteur, du moins le principal représentant du système transformiste appliqué à l'homme. Rien n'est moins exact. Sans doute, M. Littré n'était pas des nôtres. Partisan de l'évolution humaine, tant au point de vue industriel que social, il croyait à la barbarie originelle de notre espèce. Chef de l'école positiviste qui n'admet de certain que ce qui tombe sous l'observation sensible ou est mathématiquement démontré, il prenait en pitié « ceux qui ont le malheur d'avoir sur les yeux le bandeau des croyances théologiques (2). » Il n'eut pas, par suite, pour la théorie dite de la descendance, la répugnance du chrétien. Cependant, fidèle au principe de son système philosophique, il évita de se prononcer pour une doctrine qui ne résulte pas évidemment des faits. Il l'envisageait froidement, étudiant tour à tour le pour et le contre. Nous n'osons dire qu'il l'ait fait

(1) Il a été élu membre correspondant en 1878, non encore sans de vives contestations.
(2) *La science au point de vue philosophique*, p. 382.

avec une stricte impartialité et qu'il n'ait laissé percer nulle part sa sympathie pour un système qui l'eût aidé à se passer d'une intervention créatrice ; mais enfin, il eut le courage d'avouer que le darwinisme se heurtait à un obstacle sérieux dans la fixité du type spécifique que « jusqu'à présent, dit-il, nous n'avons pu réussir à changer. » Il ajoute que tant qu'une pareille mutation n'aura pas été vérifiée, « il faudra ne pas prendre la spéculation pour plus avérée qu'elle n'est (1). »

Un tel aveu est précieux à recueillir et ne justifie guère la réputation de transformiste à outrance qu'une presse mal informée a faite à son auteur.

Sera-ce de M. Charles Naudin, autre membre de l'Institut que l'on fera le patron des théories modernes relatives à l'origine de notre espèce ?

Il est vrai que M. Naudin est partisan de l'évolution. Il l'était avant Darwin ; mais il ne l'est pas à la façon du naturaliste anglais. A ses yeux, ce n'est qu'un mode de création applicable aux formes en voie de se constituer. Les modifications survenues dans l'un et l'autre règne organique n'ont point suivi la marche

(1) *Ibid.* p. 557.

lente, uniforme et constamment progressive que Darwin et ses adeptes attribuent au phénomène d'évolution et, par suite, elles n'ont point exigé la prodigieuse durée qu'on s'est plu à leur accorder arbitrairement, sans se demander si la terre et le soleil, indispensables au maintien de la vie sur notre planète, étaient capables de fournir une aussi longue carrière. « Quand un changement, même très notable, se produit, dit le savant académicien, il survient brusquement dans le passage d'une génération à l'autre, et parmi toutes les modifications spécifiques que l'observation a fait découvrir chez les plantes et chez les animaux, il n'en est pas une seule que l'on ait vu se produire par degrés, dans une série quelconque de générations (1). »

M. Naudin n'admet pas la possibilité d'une transformation d'un forme *achevée* en une autre forme quelconque, et c'est pour cela qu'il rejette comme absurde l'application à notre espèce du système transformiste. « Il est tout aussi impossible, dit-il, de concevoir le changement d'une espèce simienne en homme, même de la race la plus dégradée, que de concevoir le retour d'un adulte à l'état d'enfance, ou le changement

(1) *Revue scientifique*, 6 mars 1875.

d'attitude d'une statue de bronze dont le métal s'est refroidi. »

Plus loin, à propos de la génération spontanée qu'il appelle « la moins concevable des hypothèses, « il prononce ces belles paroles que nous tenons à reproduire parce qu'elles font honneur à la science française.

« Malgré leur antagonisme qui est plus apparent que réel, la théologie et la science convergent vers une même fin, qui est, si je ne me trompe, de résoudre le problème de la destinée humaine. Appuyée sur les données premières de la raison, sur des instincts indéfectibles, sur le sentiment et sur l'histoire, la religion nous affirme un avenir dont les conditions seront déterminées par l'usage que nous aurons fait de notre liberté. Cet avenir, quel qu'il soit, la science prétend le découvrir par ses seules ressources. Jamais elle ne perd de vue ce but suprême de ses efforts, et malgré ses hésitations et ses défaillances, malgré des chutes fréquentes sur cette voie périlleuse, il ne semble pas téméraire d'espérer qu'à mesure qu'elle deviendra plus large et plus sûre d'elle-même, elle nous donnera de plus en plus aussi la certitude de ce qui n'est encore qu'un impérieux désir de notre nature : l'immortalité de l'âme, la vie future, la justice éternelle. »

Peut-être pourrait-on reprocher à M. Naudin d'attendre de la science seule une certitude que la religion déjà nous donne. Nous préférons ne voir dans son admirable langage que la noblesse des aspirations, l'hommage rendu aux dogmes chrétiens et l'aveu d'une harmonie, malheureusement trop contestée aujourd'hui dans les régions scientifiques, entre les progrès des connaissances naturelles et les affirmations d'une doctrine révélée.

Nous ne pouvions mieux terminer que par cette citation un chapitre destiné à exposer l'attitude de la science française par rapport à la question des origines de l'homme (1).

(1) Pour connaître l'accueil fait par nos savants à la théorie darwiniste, voir l'intéressant petit livre du R. P. de Valroger, *La Genèse des Espèces*. 1873.

CHAPITRE II

L'HOMME PRIMITIF ET LA SCIENCE ANGLAISE

La science anglaise plus téméraire que la science française.— Théorie de la descendance de Darwin.— Système mitigé de Wallace. — Un mot malheureux de Huxley. — Faux raisonnement de Lyell en faveur du système évolutionniste.— Argument de Lubbock à l'appui de la même thèse.

A science officielle étrangère n'a pas gardé dans la question des origines de l'homme la réserve que nous aimons à constater chez les savants les plus autorisés de notre pays.

Des naturalistes de renom, des auteurs considérés ont pris sous leur patronage la théorie de l'évolution avec tout son cortège de conséquences lamentables. D'éminents professeurs, comme Huxley et Lyell, en Angleterre, Haeckel, Vogt, Schaafhausen et Wirchow, en Allemagne, se sont faits les propagateurs plus ou moins ardents de ces doctrines malsaines. Nous voudrions nous taire sur leur compte, mais la valeur de ces noms nous oblige à examiner un instant leurs doctrines.

En Angleterre se présente tout d'abord Darwin, le chef de l'école évolutionniste, l'auteur de *l'Origine des Espèces* (1859) et de *la Descendance de l'homme* (1871), deux ouvrages qui sont comme le code du transformisme.

Une prudente réserve, « la crainte », comme il l'a dit plus tard, « d'augmenter les préventions contre ses vues générales » l'avait tout d'abord empêché d'appliquer son système à notre espèce. L'on pouvait croire qu'il n'irait pas jusque-là ; car, malgré les assertions contraires, la logique n'entraîne point forcément cette conséquence. Même au point de vue purement physique, la distance qui sépare l'homme le plus dégradé de l'animal le mieux organisé est infiniment plus considérable que celle qui existe entre deux anneaux successifs quelconques de la série zoologique. Le fait n'est même pas contesté par les partisans les plus avancés de la théorie que nous combattons. L'homme est le seul être de la création qui constitue, non seulement un *genre*, mais tout au moins une *famille* à part. Il faudrait même en faire un *règne* spécial si l'on tenait compte de ses facultés intellectuelles et morales, de la raison qui en est le plus noble attribut.

Darwin pouvait donc, sans manquer de logique, se maintenir sur le terrain encore orthodoxe où il s'était tout d'abord placé. Il pouvait croire ou laisser croire que son système évolutionniste, dans lequel il est permis de voir un mode de création, ne s'appliquait qu'à la brute et qu'autre avait été le procédé employé par Dieu pour donner la vie à l'homme. Ne méritions-nous pas cet honneur et cette distinction ? Puisqu'il a plu au Créateur de nous départir des facultés nouvelles et de soumettre les autres habitants du globe à notre empire, il pouvait bien aussi nous accorder la faveur d'une création à part.

Le chef de l'école transformiste a jugé à propos de s'écarter de cette sage réserve. Poussé sans doute par d'ardents disciples, il a publié, en 1871, son livre sur *la Descendance de l'homme* dans lequel il confesse franchement et soutient l'origine simienne ou animale de notre espèce.

A vrai dire, Darwin n'enseigne point que l'homme descend des singes actuels et nous ne pensons pas que personne au monde, — nous parlons du monde savant, — le prétende actuellement. Lamarck est peut-être le seul naturaliste qui ait jamais professé cette doctrine ; encore n'était-ce qu'à l'état d'hypothèse. C'est donc un vice de langage, de nature à induire en erreur les gens du monde, que d'appeler théorie de l'*origine simienne* de l'homme la théorie de la descendance laborieusement développée par Darwin. Néanmoins l'expression est consacrée et peut être maintenue avec d'autant plus de raison qu'aux yeux du savant anglais l'être hypothétique qui fut l'ancêtre immédiat de l'homme, son *précurseur* comme dirait M. de Mortillet, se rattachait par ses caractères à l'ordre des singes. C'était, nous dit-il, un mammifère velu, pourvu d'une queue et d'oreilles pointues, vivant sur les arbres et habitant l'ancien monde. Il ajoute même divers détails puisés comme le reste dans son imagination paradoxale (1), par exemple, que

(1) La naïveté rivalise chez Darwin avec l'imagination. C'est ainsi que dans la crainte instinctive qu'a son enfant des bêtes féroces du jardin zoologique, il voit un effet héréditaire des dangers courus par ses ancêtres à l'état sauvage. — Des aboiements de son chien, provoqués par les

les deux sexes portaient la barbe, qu'ils avaient le pied préhensile, de grandes dents canines qui leur servaient d'armes formidables, etc.

Si l'on remonte plus haut avec Darwin dans la série de nos aïeux, l'on passe successivement de l'être simien inventé pour les besoins de la cause à quelque marsupial ou didelphe, puis de là, au travers d'une longue série d'anneaux inconnus, au reptile et au poisson, pour aboutir finalement à un animal aquatique extrêmement imparfait, muni de branchies, ayant les deux sexes réunis sur le même individu et ressemblant aux larves de nos ascidies marines.

Telle est, dans toute sa simplicité, la théorie darwiniste. Si maintenant vous cherchez la raison de sa vogue, ne la demandez point aux faits qui prétendent l'appuyer; vous chercheriez en vain un rapport entre les prémisses et la conclusion. Interrogez plutôt les adeptes du transformisme et ils vous diront : « Cette théorie est vraie, puisque seule elle permet de se passer du Créateur. » Il se trompent, car le

---

mouvements d'une ombrelle agitée par le vent, il conclut que cet animal croit aux esprits.— Nous n'en finirions pas si nous voulions citer tous les traits puérils invoqués par Darwin à l'appui de sa thèse.

transformisme, fût-il fondé, n'expliquerait pas la première manifestation vitale. Les lois mêmes qui présideraient à la transformation des espèces ne se comprendraient pas sans un législateur qui les eût établies. Mais enfin le darwinisme *aide* à se passer de Dieu et c'est là son grand mérite auprès de ses adeptes. Ils l'ont si bien compris qu'ils ont vivement reproché à son auteur de n'avoir pas complètement rayé de son livre le nom de Dieu. C'est sans doute pour leur donner satisfaction que Darwin qui, dans sa première édition avait attribué à l'action créatrice l'apparition de la vie animale, a supprimé dans les suivantes toute mention de ce genre.

L'on se tromperait cependant si l'on croyait que l'adoption des théories transformistes conduise fatalement à l'athéisme. Plusieurs de leurs adeptes ont prouvé qu'il y avait un milieu entre l'une et l'autre doctrine, en se séparant nettement à cet égard de la masse de l'école. L'un d'eux, l'émule plutôt que le disciple de Darwin, — car il faillit le devancer dans la promulgation du système auquel le savant anglais doit sa popularité, — Wallace reconnaît franchement que le passage de l'animal à l'homme est inexplicable sans l'intervention d'une intelligence supérieure. Les modifications survenues dans le monde organique inférieur, modifications qui, dans l'hypothèse, eurent pour résultat la transformation lente des espèces et leur perfectionnement graduel, avaient toutes leur raison d'être dans leur *utilité immédiate*.

Il n'est pas un caractère spécifique tant animal que végétal qui ne s'explique, suivant notre auteur, par l'avantage qu'en retira l'être qui en fut pourvu, le jour où il se manifesta chez lui pour la première fois. Une variation qui eût été nuisible ou simplement inutile au moment où elle se produisit ne serait pas une variation *naturelle*. Or, l'homme nous fournit des traits de cette nature, prétend Wallace. Le sauvage, qu'il considère comme le représentant de l'homme primitif, est muni d'un cerveau à peine inférieur en capacité à celui de l'européen civilisé et trois fois plus grand que celui du gorille dont la taille est pourtant à peu près la même. C'est chez lui chose très inutile puisqu'il l'utilise à peine. La raison d'utilité ne saurait donc expliquer ses dimensions.

Il en est de même de la nudité dorsale de l'homme. « Non seulement, dit Wallace, il n'y a pas de raison de penser que le développement des poils sur le dos eût été nuisible ou même inutile à l'homme préhistorique, mais les mœurs des sauvages actuels nous prouvent le contraire, puisqu'ils sentent le besoin de cette protection et cherchent à y suppléer de différentes manières... Il est indubitable que le dos est la partie du corps où ils souffrent le plus du froid et de l'humidité. Ce fait démontre suffisamment que ce n'est pas à cause de leur inutilité que les poils ont cessé d'y croître... La suppression absolue de ce vêtement nous démontre que l'action d'une force supérieure à la loi de la survivance des plus aptes a dû entrer en jeu pour faire sortir l'homme d'un type animal inférieur (1). »

Wallace explique de la même façon, c'est-à-dire par l'action d'une providence soucieuse des intérêts futurs de l'humanité, la perfection du pied et de la main, la structure du larynx qui permet d'émettre des sons musicaux, plusieurs facultés intellectuelles et morales qui ne concoururent en rien au bien-être matériel de l'homme primitif, celles par exemple qui ont donné naissance aux idées d'espace et de temps, d'éternité et d'infini, de bien et de mal, aux notions de nombre et de forme, au sentiment

(1) *La sélection naturelle*, par Alfred Russel Wallace, trad. de Candolle, pp. 367 et 376.

artistique. Ce sont là autant de qualités que l'homme des premiers temps, que l'homme sauvage ne pouvait chercher à acquérir, puisqu'elles ne lui étaient pour le moment d'aucun secours. La sélection naturelle ne saurait donc en expliquer l'apparition ; on ne saurait l'attribuer qu'à une intelligence supérieure qui prévoyait de quelle utilité elles seraient un jour pour le développement de l'humanité. En un mot, il y aurait eu une sélection *divine* s'appliquant à l'homme, comme il y a une sélection *humaine* ou *artificielle* dont les races animales domestiques sont l'objet. La sélection vraiment *naturelle* ne se fût appliquée qu'aux espèces sauvages.

Tel est le système de Wallace, système adopté en Angletere par tout ce que l'école transformiste compte encore d'orthodoxe. Si fortement motivées que puissent être les restrictions qu'il apporte à la théorie darwinienne, il n'y a pas à se faire d'illusion sur son sort. Il ne prévaudra jamais sur cette dernière.

« La raison d'être du darwinisme aux yeux des hommes de science, dit M. de Quatrefages, sa grande séduction auprès de tous ses partisans, c'est la prétention qu'il affiche de rattacher les origines organiques, celles de l'homme comme celles des plantes, à la seule action des causes secondes ; d'expliquer l'état actuel des êtres vivants par des lois physiques et physiologiques, comme la géologie et l'astronomie expliquent l'état actuel du monde matériel par les seules lois de la matière. En faisant intervenir une *volonté intelligente*, comme nécessaire à la réalisation de l'être humain, Wallace s'est mis en opposition avec l'essence même de la doctrine. Ainsi en ont jugé la plupart des darwinistes qui l'ont un peu traité comme un transfuge (1). »

Darwin a trouvé un disciple plus hardi sinon plus fidèle dans le professeur Huxley. Interpellé un jour par l'évêque d'Oxford, qui répudiait au nom du bon sens et de la dignité humaine la théorie de l'origine simienne, Huxley répondit dans un moment d'humeur sans doute : « Si j'avais à choisir mon père entre un singe quelconque et un homme capable d'employer son grand savoir et son éloquence facile à railler ceux qui consacrent leur vie au progrès de la vérité, je préférerais être le fils de l'humble singe. »

Malgré une sympathie si marquée pour le système darwiniste, Huxley attend pour lui

(1) De Quatrefages, *l'Espèce humaine*, p. 88.

donner son assentiment que la preuve en ait été faite. « J'adopte, dit-il, la théorie de M. Darwin sous la réserve que l'on fournira la preuve que des espèces physiologiques puissent être produites par le croisement sélectif (1). » En ce qui concerne notre espèce, il n'hésite pas à dire que pas un débris fossile ne peut être invoqué comme trait d'union entre elle et la brute. « Aucun être intermédiaire ne comble la brèche qui sépare l'homme du Troglodyte. Nier l'existence de cet abîme serait aussi blâmable qu'absurde. »

A la suite de ces noms qui sont principalement ceux de naturalistes, il en faut citer deux ou trois autres qui se rapportent avant tout à l'école préhistorique. En tête vient celui de Lyell, l'auteur de *l'Ancienneté de l'homme prouvée par la Géologie*, ouvrage assez indigeste, plus vanté qu'il n'a été lu, mais qui, grâce à la notoriété de son auteur, n'en contribua pas moins plus que tout autre à la rapide diffusion des idées modernes relatives à l'origine de notre espèce.

Il est assez difficile de discerner la pensée

(1) *La Place de l'Homme dans la Nature*, trad. franç., p. 245.

véritable de Lyell dès qu'il sort du domaine des faits pour aborder les questions de doctrine. Ceux qui ont lu ses *Principes de Géologie,* ceux surtout qui ont pu comparer les diverses éditions de ce livre savent combien elle oscille et se modifie avec les temps et pour ainsi dire avec les pages. Lyell fut un grand géologue, un chercheur intrépide, mais un médiocre philosophe. En pareille matière, il se borne généralement à reproduire les opinions diverses sans prendre manifestement parti pour l'une ou pour l'autre. Il n'est pas douteux cependant que la doctrine de l'évolution, qu'il avait d'abord combattue, n'ait été l'objet en dernier lieu de ses préférences. Volontiers même il l'appliquerait à l'homme. Il se garde, toutefois de rien affirmer à cet égard ; mais le soin qu'il met à répondre aux objections qu'on y a faites, objections motivées soit par l'absence de découvertes paléontologiques venant combler l'intervalle qui nous sépare de la brute, soit par les différences anatomiques qui feraient de notre espèce une classe à part, nous dit assez que dans sa pensée intime la théorie évolutionniste est la seule rationnelle et qu'elle est appelée à recevoir un jour sa confirmation des progrès de la science. En tout cas, il n'est nullement douteux que, pour lui, l'homme n'ait commencé par l'état sauvage (1).

Lyell rappelle à ce sujet que les auteurs classiques, Horace entre autres, croyaient aux débuts misérables de notre espèce, et il ajoute : « En se laissant guider par la paléontologie, on arrive à ce résultat d'une façon indépendante ; mais on est conduit à peu près aux mêmes conclusions que les anciens par des considérations ethnologiques qui nous sont communes avec eux, c'est-à-dire en réfléchissant aux ténèbres dont l'enfance de chaque peuple est enveloppée, et en songeant que l'histoire certaine et la chronologie sont pour ainsi dire créées d'hier. Ainsi, la première olympiade est généralement regardée comme la date la plus ancienne sur laquelle on puisse compter dans les annales de l'humanité,

---

(1) Il parle ailleurs de la nécessité où l'on est « de remplacer les charmantes rêveries auxquelles se livraient les poètes et les théologiens à propos de la position élevée que nos ancêtres occupaient dans l'échelle des êtres, par des commencements moins brillants et plus modestes, depuis que les travaux réunis des géologues et des archéologues ne nous ont plus laissé de doute sur l'ignorance et la barbarie de l'homme paléolithique. » *Principes de géologie*, trad. Ginestou, t. II, p. 632). — La géologie et l'archéologie ont prouvé l'antique barbarie de certains peuples, mais non la barbarie originelle de l'humanité.

et elle ne précède l'ère chrétienne que de 776 ans (1). »

C'est précisément, ajouterons-nous, parce que l'histoire date d'hier qu'il n'est pas nécessaire de remonter bien haut dans le passé pour se trouver en face d'événements dont elle a négligé de faire mention. A s'en tenir aux limites de la chronologie traditionnelle, l'on peut dire qu'elle a laissé dans l'ombre plus des trois quarts de la vie de l'humanité. Or, l'on sait combien sont nombreuses les œuvres des hommes qui datent du dernier quart. Les autres, celles qu'on a appelées préhistoriques parce que leur origine échappe à tout souvenir précis, sont en nombre insignifiant à côté d'elles ; il y a même lieu de s'étonner qu'elles soient si rares, représentant une espace de temps si considérable. Et pourtant c'est en s'appuyant sur une donnée de cette nature que l'on s'est cru obligé d'élargir outre mesure le cadre de la chronologie humaine !

Quant aux ténèbres qui enveloppent l'origine des peuples, personne ne les conteste et l'on conçoit que les Romains, dont les connaissances historiques étaient du reste fort

(1) Ch. Lyell, *L'ancienneté de l'homme prouvée par la géologie*, trad. franç., p. 421.

limitées, généralisant les faits de cette nature, aient attribué à l'ensemble l'origine barbare qui était seulement le cas de groupes isolés. Mais pour nous qui avons sur l'histoire des données plus étendues et plus précises, qui savons par la Bible que l'humanité n'a point débuté si misérablement, qui avons appris même à des sources profanes que l'Orient a connu de tout temps la civilisation, que les œuvres et les idées morales et religieuses de certains peuples, des Egyptiens par exemple, sont d'autant plus parfaites qu'on les suit plus haut dans le passé, nous serions inexcusables si nous nous en tenions sous ce rapport aux doctrines des écrivains classiques.

Il ne faut pas oublier du reste que ces doctrines ne furent jamais populaires dans l'antiquité. La masse d'alors croyait à l'âge d'or comme elle croit aujourd'hui à l'édénisme primitif ; mais du sein de la corruption sociale qui précéda la chute de Rome surgirent des théories rationalistes et athées qui eurent la prétention de remplacer l'antique légende. Le peuple tomba avec ses systèmes, mais la légende survécut. Les théoriciens de notre époque n'ont pas à espérer plus de bonheur. Puissent seulement leurs tristes doctrines n'être pas chez nous, comme elles le furent chez les Romains, le signe avant-coureur de notre décadence sociale !

Lyell du moins n'exclut pas le spiritualisme. Il laisse aux transformistes la liberté de croire qu'il y a eu, de temps à autre, une intervention de la divinité, ou encore de « supposer que tous les changements qui se produisent sont le résultat de l'action méthodique et constante, mais infiniment variée, de la cause intelligente et créatrice (1). »

Ailleurs, terminant une étude comparée de l'homme et du singe, il observe justement que « s'il y a quelques-uns des arguments en faveur d'une vie future qui s'appliquent aussi bien aux animaux inférieurs qu'à l'homme, ils sont loin d'être ceux qui ont le plus de poids et d'importance... Nous ne pouvons nous imaginer, ajoute-t-il, que ce monde soit un lieu d'épreuves et de souffrances morales pour aucun des animaux inférieurs, ni qu'aucun d'eux puisse trouver quelque consolation ou quelque bonheur dans une croyance à une vie future. C'est à l'homme seul qu'est donnée cette croyance si conforme à sa raison et qui satisfait si bien au sentiment religieux que la

---

(1) Charles Lyel, *op. cit.*, p. 558.

nature a enraciné dans son âme ; lui seul a cette doctrine qui tend à l'élever moralement et intellectuellement dans l'échelle de l'existence et qui porte des fruits d'un caractère si différent de ceux que produisent l'erreur et l'illusion (1). »

L'on trouverait difficilement une pareille profession de foi chez Lubbock, autre représentant de l'école préhistorique en Angleterre. Suivant Lubbock, l'homme primitif était pour le moins aussi barbare et aussi dépourvu de toute industrie que la plus infime de nos peuplades sauvages actuelles, et cela, dit-il, parce qu'une découverte, une fois faite, ne peut plus se perdre, vu que l'humanité ne rétrograde jamais et que tout progrès industriel lui est acquis pour toujours. Partant de ce principe, que démentent l'histoire et la simple expérience, il trace comme il suit l'état des premiers hommes.

« Ils n'avaient pas de poteries, car les Esquimaux, les Polynésiens, les Australiens, plusieurs peuples des deux Amériques et bien d'autres races sauvages n'en ont pas encore aujourd'hui, ou du moins n'en avaient pas jusqu'à ces derniers temps. Ils ne possédaient ni arcs ni flèches, car ces armes étaient incon-

(1) Lyell, *ibid.*, p. 549.

nues aux Australiens et aux Nouveaux-Zélandais ; pour la même raison, leurs bateaux devaient être aussi grossièrement faits que possible ; ils étaient nus et ignoraient l'art de filer ; ils ne connaissaient pas l'agriculture et n'avaient probablement d'autre animal domestique que le chien.... La fronde et le bâton de trait étaient inconnus et même, selon toute apparence, le bouclier n'était pas inventé. La lance, qui n'est qu'un prolongement du couteau, et la massue qui n'est qu'un long marteau, voilà les seules armes que laisse subsister ce genre d'argumentation. Ce sont en effet les seules qui paraissent être d'un usage naturel et commun à tous les hommes (1). »

Pour raisonner de la sorte, Lubbock est obligé de reconnaître l'unité d'origine des races humaines ; mais il est visible que cet aveu, qui le rapproche du parti orthodoxe, lui est pénible. Comme s'il craignait de se compromettre aux yeux de son propre parti, il se hâte d'ajouter que « cette unité n'est pas la même chose que la descendance d'un couple unique (2) ! »

Il est à peine besoin de dire que le raisonne-

---

(1) John Lubbock, *l'Homme préhistorique*, p. 525.
(2) Lubbock, *Condition primitive de l'homme*, dans la *Revue scientifique*, t. v, p. 239.

ment de Lubbock repose sur une donnée absolument fausse. Quand même il serait vrai qu'une découverte, une fois faite, qu'un progrès, une fois réalisé, fussent acquis à tout jamais à l'humanité prise dans son ensemble, ce qui est pour le moins contestable, ils ne le seraient pas à chaque groupe humain. Le progrès continu est absolument inadmissible, si on l'applique à toutes les races. Non-seulement il en est qui se maintiennent dans l'immobilité la plus complète, mais l'histoire nous en signale qui ont visiblement rétrogradé.

Si ces exemples de décadence sociale sont vrais pour les nations, combien ne le sont-ils pas davantage encore pour les groupes moins considérables d'individus ! Supposons qu'une famille appartenant à la nation la plus civilisée du globe vienne à être jetée, par le fait des circonstances, dans une terre inhabitée : que lui restera-t-il bientôt de sa civilisation originelle ? Obligée de subvenir à des nécessités plus pressantes, elle ne songera guère à conserver intact le dépôt artistique et industriel qu'elle a reçu de ses ancêtres, et quand même elle en aurait quelque souci, pense-t-on qu'elle aura le loisir et les connaissances nécessaires pour reconstituer une industrie dont elle utilisait jadis les riches produits, mais dont elle ignorait sans doute les difficiles procédés ?

Or, le fait que nous supposons a dû se produire fréquemment dans le cours des siècles. C'est ainsi, on peut le croire, qu'ont été peuplées à l'origine les contrées les plus distantes du foyer primitif de l'humanité.

L'argument de Lubbock porte donc absolument à faux. La perte des procédés industriels qui constituent une civilisation, si élémentaire qu'on la suppose, ne se conçoit que trop *à priori* et l'histoire est là qui nous en fournit des exemples nombreux. Pour appuyer sa thèse favorite, la sauvagerie initiale de l'homme, que le naturaliste anglais invoque des faits, s'il en trouve; mais qu'il se garde d'appeler à son aide les considérations théoriques, car elles se retournent contre lui. Et puis, est-ce là le procédé d'un savant qui prétend faire de la science *positive*, et est-ce donc à nous de le rappeler à l'observation de la méthode expérimentale que son école se plaît à préconiser :

L'Allemagne nous présentera d'une façon plus frappante encore cette inconséquence doctrinale qui a sa source dans une hostilité haineuse contre le dogme chrétien et les données traditionnelles.

CHAPITRE III

L'HOMME PRIMITIF ET LA SCIENCE ALLEMANDE

Hæckel, transformiste outré. — Sa généalogie de l'espèce humaine. — Jugement qu'en a porté Carl Vogt. — Système de ce dernier. — Violence et impieté de son langage. — Schaafausen et ses principes de classification en craniologie. — Son spiritualisme.

ULLE part la science préhistorique n'a l'humeur plus batailleuse et aussi une attitude plus franchement agressive que chez nos voisins d'Outre-Rhin.

Son représentant le plus décidé est Hæckel, professeur à Iéna.

Hæckel qui, paraît-il, n'aime pas la contradiction, a des vivacités de langage qui étonnent chez un savant de sa condition. Il met les adversaires de la théorie de la descendance au-dessous de certains animaux, au point de vue intellectuel. « Ils font souvent preuve dans leur langage, dit-il, d'un tel défaut de naturel, de clarté, de pénétration, d'une telle incohérence d'idées, qu'elle les place décidément au-dessous de ce qu'il y a d'un peu intelligent parmi les chiens, les chevaux et les éléphants. Ce qui fait le grand avantage de ces animaux, c'est qu'ils ne sont point bornés par les barrières alpestres des dogmes et des préjugés qui, dès l'enfance, jettent d'ordinaire l'esprit de l'homme dans une fausse voie; aussi n'est-il pas rare de trouver chez eux des jugements plus sains et plus naturels que chez nos semblables et particulièrement chez les savants. »

Dans un récent ouvrage (1), le même savant appelle Agassiz un « grand chevalier d'industrie », dont la pensée intime était en désaccord avec le langage, et qui dut sa réputation au talent qu'il avait de s'approprier les travaux des autres.

Il oublie que, dans son *Histoire naturelle de la création*, il avait considéré l'ouvrage d'Agassiz sur les poissons fossiles comme « tout à fait digne de prendre place à côté des travaux fondamentaux de Cuvier. » Il

(1) *But et voie de l'Embryogénie moderne.*

donne du reste, avec une franchise dont il faut lui savoir gré, la raison de sa mauvaise humeur à l'égard du célèbre naturaliste suisse. Agassiz s'était prononcé pour la permanence des types et, partant, contre la doctrine évolutionniste. « Nous n'aurions pas insisté, avoue le professeur d'Iéna, sur le manque de signification de ces doctrines insoutenables, si l'Eglise orthodoxe, ayant trouvé en Agassiz un adepte tel qu'elle n'est pas habituée à en rencontrer, ne s'était empressée de s'appuyer sur les théories de cet homme éminent. »

Non moins révolutionnaire qu'athée, Hæckel confond dans une même haine le trône et l'autel. Il lui a échappé de dire que les maladies mentales étaient héréditaires, dans une mesure exceptionnelle, chez les familles nobles et royales. Naturellement il fait exception pour la maison de Saxe.

L'on connaît l'homme ; voyons maintenant le savant.

Dans une conférence qu'il fit à Paris pendant notre exposition universelle, il y a deux ans, il résuma ainsi sa doctrine sur l'origine de notre espèce.

« L'homme est un mammifère placentalien, distinct des mammifères inférieurs, mais de même origine. Certes, l'homme ne descend d'aucun des anthropoïdes actuels ; mais si l'homme ne descend d'aucun de ces anthropoïdes, il n'en a pas moins des aïeux communs avec eux. Il n'est qu'un ramuscule du rameau des singes catarrhiniens, de ces singes que décrit Darwin ; et tout zoologiste le classera dans le même ordre que le commun ancêtre plus antique encore des singes de l'ancien et du nouveau continent... On ne peut dire à quel moment, ni au milieu de quelles conditions, les premiers êtres vivants ont apparu au fond des mers ; mais ce qui ne fait point de doute, c'est qu'ils se sont formés chimiquement, aux dépens des composés carbonés inorganiques Les monères primitives sont nées par génération spontanée dans la mer, comme les cristaux salins naissent dans les eaux-mères. Il n'existe point, en effet, d'autre alternative pour expliquer l'origine de la vie. Qui ne croit pas à la génération spontanée ou plutôt à l'évolution séculaire de la matière inorganique en matière organique, admet le miracle. » Et comme il faut avant tout échapper au miracle, il n'est pas d'impossibilités physiques, de paradoxes scientifiques qui puissent arrêter notre professeur. Il le prouve bien dans son fameux système relatif aux origines de l'humanité.

Jamais généalogie plus complète n'avait à coup sûr été produite. Pas un anneau ne manque à la chaîne des ancêtres de l'homme, et l'on n'en sera pas surpris lorsqu'on saura que le naturaliste allemand est doué d'une imagination merveilleuse qui supplée admirablement aux lacunes de la science.

Il nous montre tout d'abord la vie apparaissant à l'origine au fond des mers, par suite du groupement fortuit, dans des conditions exceptionnelles, de quelques éléments de carbone, d'oxygène, d'hydrogène et d'azote qui en se combinant formèrent des grumeaux albuminoïdes. Ce premier organisme extrêmement simple, qui n'était peut-être qu'une cellule, et que son inventeur a appelé *monère*, contenait en germe le monde végétal et animal.

Ce précieux organisme qu'il lui fallait à tout prix, Hæckel crut un moment le posséder dans une substance de nature bizarre qu'on avait retirée du fond de l'Océan et qu'on baptisa du nom de *Bathybius* (être vivant du fond des mers). On connaît les infortunes de ce fameux *Bathybius*. Dans cette substance gélatineuse qu'on disait organisée, un chimiste anglais, Buchanan, a reconnu une dissolution de sulfate de chaux dans de l'eau de mer et Huxley lui-même à déclaré le précieux organisme définitivement enterré (1). Cette déconvenue n'a pas empêché Hæckel d'adhérer plus fortement que jamais à son système. C'était tout simplement un anneau de plus à ajouter à la chaîne ; son imagination avait pourvu à bien d'autres lacunes.

Le professeur d'Iéna a recours à une série de vingt-deux tranformations pour expliquer le passage de la *monère* à l'homme, et chacune de ces transformations est représentée par un être vivant ou fossile, réel ou imaginaire. Dans cette dernière catégorie il faut ranger, outre la monère, point de départ de la série, les *Sozoures,* animaux qui eussent été pourvus de branchies dans leur jeune âge seulement, et qui prennent place au 14ᵉ degré de l'échelle ; les *Protamniotes* et les *Promammaliens* qui occupent les deux degrés suivants et achèvent la transformation des poissons en animaux terrestres ; enfin, au vingt-unième degré, *l'homme-singe* lui-même, le prédécesseur immédiat de l'homme actuel.

(1) Voir la *Controverse* du 16 janvier 1881, p. 213, et aussi la *Revue des questions scientifiques,* janvier 1878 et janvier 1880.

Pour que rien ne manque au système, Hæckel prend la peine d'indiquer à laquelle des époques géologiques correspond chacun de ses types plus ou moins imaginaires. Les humbles et très hypothétiques monères, « nos aïeux mono-cellulaires, » suivant son expression, datent de l'époque laurentienne. Viennent ensuite, après les vers : le premier vertébré, l'*amphioxus*, qui représente le neuvième anneau de la chaîne ; les poissons, « nos ancêtres siluriens, » comme il affecte de les appeler (1); les marsupiaux qui apparaissent à l'époque jurassique et occupent le dix-septième degré de la série ; les *lémuriens* qui occupent le dix-huitième, marquent les débuts de l'époque tertiaire et tirent leur nom d'un continent non moins imaginaire que le reste, la Lémurie, dont Madagascar, Ceylan et les îles de la Sonde seraient un reste. Puis nous avons, au dix-neuvième degré, un pithécien ou singe à queue ; au vingtième, c'est-à-dire vers le milieu des temps tertiaires, un singe sans queue, un anthropomorphe, le même sans doute qui tailla et utilisa les fameux silex de Thenay ; au vingt-unième, un pithécanthrope ou homme-singe ; enfin au vingt-deuxième, au commen-

(1) *Revue scientifique*, année 1877, t. I, p. 1026.

cement de l'époque quaternaire, l'homme pourvu du langage et des principaux attributs qui le distinguent actuellement, quoiqu'il fût encore dans un état d'infériorité relative.

L'on pense bien que Hæckel n'a garde de fournir la preuve de ce qu'il avance. Toute son argumentation se réduit, il est obligé de l'avouer, à une considération théorique, à une simple raison de convenance : il faut échapper au miracle de la création. Et voilà ce qu'on nous présente au nom de la science expérimentale !

Il faut le dire toutefois, pour être juste envers son parti, Hæckel a été sévèrement jugé par les siens. L'un des plus ardents, Carl Vogt, de Genève, rendant compte de ce qu'il appelle son « gros livre » l'*Anthropogénie*, qualifie son darwinisme d'exagéré, et il ajoute : « Si M. de Quatrefages dit trop modestement : je ne sais pas, M. Hæckel au contraire sait tout. Pour ce dernier rien n'est obscur ; tout est prouvé d'une manière évidente. Depuis la monère amorphe jusqu'à l'homme parlant, toutes les étapes sont déterminées par induction, comptées au nombre de vingt ou vingt-deux et toutes ces phases placées dans les âges géologiques correspondants. Rien n'y manque. Malheureusement cet arbre généalogique si complet, si bien agencé, montre un seul petit défaut, semblable à celui du cheval de Roland; la réalité lui fait complètement défaut, comme la vie au cheval du paladin. Tous les échelons sont constitués par des êtres imaginaires dont on n'a jamais trouvé de traces, mais qui néanmoins doivent être considérés comme entièrement réels. Si on ne les a pas trouvés on les trouvera plus tard, ou bien ils étaient constitués de manière à ne pouvoir se conserver dans les couches de la terre (1). »

Ce sont de sages paroles; mais le système de Vogt vaut-il mieux que celui qu'il critique?

Suivant ce dernier, l'homme dériverait des annélides ou des vers et n'aurait point passé par les ascidies et l'amphioxus, comme le prétend le professeur d'Iéna. Il va plus loin, et dans son *Mémoire sur les microcéphales ou hommes-singes*, couronné par la Société d'anthropologie, il nie qu'aucune espèce de singes actuels puisse être considérée comme représentant l'une des phases par lesquelles a passé l'humanité en voie de formation. Il faut remonter plus haut, selon lui, pour trouver

(1) Carl Vogt, *l'Origine de l'homme : Revue scientifique* 1877, p. 1057.

l'ancêtre commun des Primates, famille dans laquelle il range l'homme.

Cet aveu si catégorique n'empêche pas le professeur genevois de prôner à l'occasion l'origine simienne de notre espèce et, qui plus est, de s'en faire gloire, vu « qu'il vaut mieux, dit-il quelque part, être un singe perfectionné qu'un Adam dégénéré. » Polygéniste non moins que partisan du système évolutionniste, il se demande si l'on ne pourrait pas « des singes américains faire dériver les races humaines d'Amérique; des singes africains, les nègres, et des singes d'Asie, les Nigrites. » C'est se contredire doublement puisque, dans une autre étude, il nie la descendance du singe, et que, poussant à ses extrêmes limites, en sa qualité de transformiste, la variabilité des types, il peut, moins que personne, déclarer impossible le passage d'une race humaine à la voisine. Mais l'avantage de s'écarter sur tous les points des doctrines orthodoxes justifie, paraît-il, toutes les contradictions.

La violence de langage de notre naturaliste égale chez lui la hardiesse des idées. Les savants qui ont eu le malheur de contester la justesse de ses vues savent en quel termes se traduit sa colère. Mais il semble qu'il en veuille à Dieu plus encore qu'aux hommes ses adversaires. Nous n'oserions reproduire le langage impie qu'il affectionne. En voici toutefois un échantillon suffisant pour édifier le lecteur : « Il faut, dit-il, mettre sans plus de façon le créateur à la porte et ne plus laisser la moindre place à l'action d'un tel être. »

Ailleurs il énonce la même idée en un style moins blasphématoire. « Comme tous les organismes existant aujourd'hui sur la terre, dit-il, l'homme ne peut être le résultat d'un acte de création isolé. Le type homme a passé par des phénomènes de transformations analogues à ceux qu'ont subis ces organismes et ses ancêtres ensevelis dans les couches de la terre et si différents de lui pour la conformation. L'homme s'est formé peu à peu, il s'est développé à mesure, il a acquis successivement les caractères qui le distinguent de l'animal et en font l'*homme*; il a transmis et transmet encore ces caractères à ses descendants, qui ont, à leur tour, l'obligation de les développer et de les transmettre à leurs héritiers. En examinant les crânes anciens, nous sommes frappés par certains caractères, tels que le développement des arcs sourciliers, la proéminence des mâchoires, etc., qui sont communs à *tous* (!) ces crânes; nous voyons ces caractères disparaître peu à peu, le front s'élever, le crâne devenir plus large et plus voûté, tandis que la face rentre sous cette voûte plus spacieuse. Nous voyons en un mot ces caractères d'infériorité s'effacer les uns après les autres pour faire place à la belle forme du type humain idéal (1). »

L'on verra bientôt que l'infériorité physique des crânes attribués à tort ou à raison à l'homme primitif n'est point si marquée ni si universelle que le prétend M. Vogt. Le trop fameux naturaliste aura sans doute pensé qu'on le croirait sur parole, et c'est malheureusement ce qui arrive presque toujours. Mais n'anticipons pas sur l'étude des faits.

« Nous savons, disait en 1878, au Congrès des anthropologistes allemands réunis à Kiel, un autre transformiste d'Outre-Rhin. M. Schaafhausen, nous savons que l'homme tel qu'il existe aujourd'hui n'a pas été créé dans une perfection originelle qu'il aurait perdue par la suite, mais qu'au contraire il nous apparaît toujours plus grossier et plus bes-

---

(1) Discours sur les *Résultats des recherches préhistoriques*, publié par les *Materiaux sur l'histoire de l'homme*, t. VI, p. 19.

tial à mesure que nous remontons en arrière (1). »

Ce professeur est tellement convaincu de la vérité de sa doctrine que, pour lui, « un crâne qui ne porte pas des traits d'une organisation inférieure, ne peut pas être considéré comme provenant de l'homme primitif, *quoiqu'il soit trouvé parmi les os fossiles d'espèces éteintes.* »

C'est un principe fort commode, puisqu'il permet de récuser l'authenticité de tout débris osseux qui ne présenterait pas le caractère bestial exigé par la théorie. Aussi, nos darwinistes, qu'ils en fassent ou non l'aveu, ne manquent pas tous les jours d'en faire l'application. C'est lui qui a présidé au classement des collections crâniologiques de nos musées. Un crâne, quelles que soient du reste les conditions de gisement, ne peut avoir appartenu à l'homme primitif s'il se distingue par sa capacité ou par la noblesse de ses formes. Au contraire, il est nécessairement ancien s'il rappelle, de près ou de loin, le type simien. En un mot, ce n'est plus la nature du gisement qui décide de l'âge de l'objet trouvé, c'est la forme de cet objet qui, en déterminant son âge à lui-

(1) *Revue d'anthropologie*, année 1879, p. 556.

même, fixe en même temps la date de la couche qui le recélait.

Un procédé analogue avait été employé en géologie. Certains paléontologistes, que leurs adversaires ont représentés malicieusement comme étant sans cesse à la recherche de *la petite bête*, en étaient venus à déduire exclusivement l'âge d'un terrain des fossiles qu'il renfermait, dédaignant tout autre caractère. C'était pousser trop loin l'importance du caractère paléontologique, et, ce qui était plus grave, c'était délaisser contre toute raison l'autre caractère, dit stratigraphique, celui qui se tire de l'ordre de superposition des couches. Mais enfin, ils pouvaient invoquer des faits nombreux à l'appui de leur doctrine. Ils savaient que les géologues qui les avaient précédés avaient toujours, dans les mêmes couches ou dans les couches que la stratigraphie prouvait être du même âge, rencontré à peu près les mêmes fossiles.

L'on comprend donc qu'ils en soient venus à adopter le procédé tout empirique qui consiste à déduire l'identité du terrain de l'identité de la faune. Mais nos archéologues peuvent-ils justifier de la sorte leur principe de classification ? Avant de recourir au même procédé, avant d'en venir à rapporter *à priori* aux hommes primitifs les crânes d'un type inférieur dont l'origine est inconnue, ont-ils commencé par établir sur d'autres preuves, sur les conditions de gisement par exemple, l'ancienneté des crânes analogues antérieurement découverts ? En d'autres termes, les crânes que l'on a tout lieu de considérer comme les plus anciens, ceux entre autres qui ont été trouvés en compagnie d'ossements d'animaux depuis longtemps disparus ou dans des terrains franchement quaternaires, présentent-ils *tous* au moins quelques-uns de ces traits qui rappellent le type simien ?

A ces questions, M. Schaafhausen est obligé de répondre lui-même négativement. « Je crois, dit-il, qu'il est prématuré de parler des races des temps préhistoriques les plus reculés, car nous ne possédons que quelques crânes pour la plupart incomplets (1). »

Mais notre professeur n'a pas besoin de faits pour appuyer sa doctrine, tant elle lui semble évidente. *A priori,* il décide que le premier être vivant n'a pu naître que « par une série

(1) Schaafhausen, *l'Anthropologie et l'Ethnologie préhistorique:* discours prononcé au congrès des anthropologistes allemands, à Wiesbaden, en 1874 — Dans la *Revue scientifique,* t. XIII, p. 1066.

de métamorphoses infinies (1). » *A priori*, il affirme que « la formation de l'homme est l'œuvre du temps, et d'un temps très long... » Il n'était pas besoin, ajoute-t-il, de l'écrit de Darwin pour faire reconnaître que la seule explication possible de l'origine de l'homme se trouve dans un développement graduel (2). » Toujours *a priori*, ou du moins en invoquant des faits qui, fussent-ils vrais, n'auraient point cette portée, il se prononce contre l'unité d'origine des races humaines. « Les plus anciennes traces de l'homme, découvertes dans ces derniers temps, révèlent déjà, dit-il, des différences si profondes d'avec le type de la race, que ces mêmes différences indiquent bien plutôt une origine multiple. A l'appui de cette opinion viennent encore certaines ressemblances des singes de l'Asie et de l'Afrique avec les diverses races d'hommes qui peuplent ces deux contrées (3). »

(1) *Le développement de l'homme* ; Revue scientifique, t. XI, p. 704.
(2) Schaafhausen, *loc. cit.*
(3) Id., *les Questions anthropologiques de notre temps*; discours prononcé au congrès de Francfort-sur-le-Mein ; — Revue des Cours scientifiques, t. V, p. 771. — Il est à peine besoin de rappeler que le second fait invoqué par le naturaliste allemand, savoir l'existence d'une certaine analogie entre les hommes et les singes d'un même pays, a été

Comme Vogt, M. Schaafhausen est donc à la fois hétérogéniste, transformiste et polygéniste ; mais, chose étrange, contrairement au professeur de Genève dont on connaît le langage impie non moins que paradoxal, et tout en épousant toutes les théories dont la science athée a coutume de vouloir s'étayer, notre naturaliste est déiste et spiritualiste ! Il croit en Dieu, mais en un Dieu tout passif, qui jamais n'intervient dans le cours régulier des choses et qui, du sein de son immobilité, abandonne la création des êtres et de l'homme même « à l'activité des forces naturelles. » C'est à se demander ce qui lui reste à faire. Et pourtant notre auteur ajoute : Si la science a supprimé de l'histoire spirituelle et morale de l'humanité les interventions de Dieu, « le monde ne cesse pas pour cela d'être un ouvrage attestant la divine Providence. Si, dès l'origine de la pensée, l'homme eut des instincts religieux, la plus parfaite culture humaine ne peut pas exister sans religion. Quelques savants ont compromis la dignité des sciences natu-

---

formellement contesté par M. de Quatrefages. Quant au premier, notre connaissance du type crânien de l'homme primitif est actuellement trop imparfaite pour qu'il soit permis d'en rien déduire de positif par rapport à la race. L'auteur oublie qu'il en a lui-même fait l'aveu.

relles en affirmant que Dieu dans la nature, et l'âme dans l'homme, sont des conceptions surannées et superflues, des infirmités du cerveau dont un penseur résolu doit se guérir... La science de la nature n'a jamais prétendu que la matière seule eût une existence réelle. La conscience qui est au fond de toute activité intellectuelle est pour elle aussi un fait; mais elle rétablit la matière dédaignée dans ses véritables droits et montre que l'activité spirituelle est liée à des conditions matérielles (1). »

Dans un précédent congrès anthropologique, M. Schaafhausen, qui est en Allemagne le conférencier ordinaire de ces sortes de réunions, comme naguère M. Broca en France, avait déjà insisté sur ce point que l'anthropologie « n'est point en contradiction avec la morale. Elle ne conteste, disait-il, ni l'esprit dans l'homme, ni Dieu dans la nature. Elle n'a nullement la prétention de ravir à l'homme cette consolation qu'il trouve dans la foi à l'immortalité de son âme (2). » Aussi il en veut aux théologiens de ce qu'ils « s'enflam-

---

(1) *Le développement de l'homme; Revue scientifique*, t. XI, p. 704-705.
(2) *Revue des cours scientifiques*, t. V, p. 776.

ment et se courroucent contre les résultats obtenus par la science de la nature. »

Il va même jusqu'à leur proposer l'exemple de saint Augustin, suivant lequel « c'est une pensée trop puérile de croire que Dieu ait formé l'homme de la boue de la terre en se servant de mains corporelles, ou qu'il l'ait animé d'un souffle sortant réellement de son gosier et de ses lèvres (1). »

Le savant naturaliste se trompe étrangement s'il conclut de là que saint Augustin fut un précurseur de Darwin et d'Hæckel. En parlant de la sorte le saint docteur n'avait qu'une chose en vue, protester contre l'anthropomorphisme, c'est-à-dire contre la doctrine alors en vogue qui attribuait à Dieu des formes humaines. Ce qu'il a dit, il n'y a pas un théologien de nos jours qui ne fût prêt à le répéter, sans que pour cela il cessât le moins du monde de croire à la création directe de notre espèce.

Arrêtons ici cette revue des opinions antibibliques ou athées de la science anthropologique contemporaine concernant les origines de notre espèce. Il nous faudrait la prolonger en quelque sorte indéfiniment, si des maîtres nous passions

(1) *De Genes.* lib. VI, c. 12 et lib. VII, c. 1 et 17.

aux disciples, du haut enseignement universitaire à la vulgarisation banale des savants de bas-étage ; mais le lecteur nous en voudrait si nous le tenions plus longtemps dans ces régions infimes de la science. Les extraits que nous avons mis sous ses yeux lui permettent assez, du reste, de juger des théories attristantes de notre époque.

Maintenant qu'il connaît les doctrines, voyons les faits d'archéologie préhistorique sur lesquels on a coutume de les appuyer, et, tout d'abord, étudions le squelette de l'homme primitif.

CHAPITRE IV

LE CRANE DE NÉANDERTHAL ET LES RACES FOSSILES

L'homme fossile. — Ce qui nous en reste. — Crâne de Néanderthal. — Sa nature. — Races fossiles de M. de Quatrefages. — Réserves motivées à leur sujet. — Opinion de M. Joly. — Les premiers hommes furent-ils dolichocéphales ? — Antiquité contestable du crâne de Néanderthal. — Sa capacité. — Action réciproque du cerveau sur l'intelligence et de l'intelligence sur le cerveau.

ONGTEMPS l'on a pu se demander s'il était vrai de dire que l'homme existât à l'état fossile.

La difficulté de la question tenait sans doute à l'absence de découvertes concluantes, mais elle tenait aussi aux sens divers que l'on attachait au mot *fossile*. La signification de ce terme est aujourd'hui plus précise, sans pourtant être encore absolument fixée ; car il s'en faut que les géologues s'entendent à cet égard. Admettre la réalité de l'homme fossile, c'est dire que notre espèce a vécu à l'une des époques géologiques qui ont précédé l'ère actuelle, ou encore, car c'est tout un, c'est reconnaître qu'elle a été contemporaine d'animaux aujourd'hui disparus de nos contrées, et qu'elle a été témoin de phénomènes naturels que les conditions climatériques de notre temps ne comportent plus.

Ainsi posée et comprise, la question exige une solution affirmative. Il n'est plus permis d'en douter, l'homme a vécu en compagnie des grands animaux, — ours des cavernes, éléphant, rhinocéros et renne, — qui ont précédé dans nos contrées la faune actuelle. Il y a été le témoin et sans doute souvent la victime de grandes inondations qu'attestent d'énormes dépôts fluviatiles, que les crues les plus excessives de nos cours d'eau seraient aujourd'hui impuissantes à former. Or, puisqu'il est convenu qu'à ces divers caractères, puisés à la fois dans la faune et le climat, l'on reconnaît l'époque quaternaire, il faut donc conclure que l'homme a vécu antérieurement à l'ère actuelle, en d'autres termes, que ses débris retrouvés dans des conditions qui supposent un ordre de choses différent de celui que nous avons sous les yeux, méritent vraiment d'être appelés fossiles.

Avouer cette coexistence de notre espèce et des grands mammifères quaternaires, ce n'est point, quoi qu'on en dise, sortir des bornes de la chronologie traditionnelle ; mais ce n'est pas le lieu d'insister sur ce point.

Les objets exhumés du sol, qui attestent le fait de l'existence de l'homme pendant la dernière époque géologique sont, ou bien des produits de son industrie, — armes, outils ou ustensiles de diverse nature, — ou bien des portions de son squelette. Comme il ne s'agit point ici de mettre ce fait en évidence, mais bien d'établir ce que fut physiquement l'homme primitif, nous laisserons provisoirement de côté la première série de découvertes pour ne nous attacher qu'à la seconde. Voyons donc si les ossements humains fossiles, à quelque partie du squelette qu'ils appartiennent, justifient, au moins dans une certaine mesure, l'accusation de bestialité portée par un grand nombre de transformistes contre les premiers habitants de nos contrées.

Les partisans de l'origine simienne ont fait grand bruit de la découverte de quelques crânes d'un type extraordinaire, sinon inférieur, enfouis çà et là dans les conditions comme dans les régions les plus diverses. Ils oublient de nous dire que les débris osseux, sur lesquels ils s'efforcent d'étayer leur théorie, constituent l'infime minorité, la dixième partie peut-être de ceux qui ont été exhumés des couches quaternaires, et qu'ils ne sont ni les plus authentiques, ni, suivant toute apparence, les plus anciens. Mais il importe de les étudier plus en détail.

L'un des plus célèbres de ces crânes est sans contredit celui de Néanderthal, car il a été l'objet d'une multitude de mémoires où les opinions les plus diverses ont été exprimées.

Il fut trouvé en 1856 sur les bords du Rhin, près de Dusseldorf, dans une caverne qui a son ouverture sur le flanc d'une colline escarpée, à 18 mètres au-dessus de la Düssel. Le squelette auquel il se rattachait gisait étendu à deux pieds de profondeur au sein d'une argile compacte.

Quelques anatomistes de Bonn auxquels ces ossements furent présentés se demandèrent au premier abord s'ils avaient affaire à des restes humains, tellement le crâne présentait un aspect étrange. Sa forme allongée (1), son

(1) Cette forme allongée d'avant en arrière, constitue ce que les anthropologistes appellent la *dolichocéphalie* (tête longue) par opposition à la *brachycéphalie* (tête courte)

peu d'élévation et surtout l'énorme saillie des arcades sourcilières contrastaient en effet avec le type ordinaire. Et pourtant le reste du squelette était bien celui de l'homme, et même de l'homme européen, au témoignage de M. Hamy (1).

Le crâne lui-même avait une capacité qui ne

constituée par un crâne dont le diamètre transversal est presque égal au diamètre antéro-postérieur. D'après la règle admise par Broca et aujourd'hui généralement adoptée, pour qu'il y ait brachycéphalie proprement dite il faut que la largeur du crâne représente au moins les 83 centièmes de sa longueur; pour qu'il y ait dolichocéphalie il faut que ce chiffre, appelé *indice céphalique,* soit inférieur à 75. Les huit degrés intermédiaires représentent, de 75 à 78, les sous-dolichocéphales ; de 78 à 80, les mésaticéphales, et de 80 à 83, les sous-brachycéphales. L'on peut dans la pratique se contenter des deux premières divisions et considérer, d'une façon générale, comme brachycéphales à des degrés divers, tous les crânes dont la largeur excède les 4/5 (80 pour 100) de la longeur, et comme dolichocéphales ceux dont l'indice céphalique est inférieur à ce chiffre.

Le crâne de Néanderthal a pour indice 72 ; sous ce rapport il est supérieur à la moyenne de quelques peuples actuels, tels que les Esquimaux du Groënland, les Néo-Calédoniens et les Australiens, en supposant que la largeur du crâne soit un signe de supériorité, ce qui est contestable ; car s'il est vrai que toutes races dolichocéphales contemporaines occupent des degrés peu élevés dans l'échelle sociale, il est également vrai de dire que certains peuples remarquables par leur brachycéphalie, tels que les Lapons et les Finnois, ne leur sont guère supérieurs en civilisation. (Voir le tableau des indices céphaliques dans *l'Anthropologie* de M. Topinard).

(1) Hamy, *Précis de paléotonlogie humaine,* page 262.

permettait pas de se méprendre sur sa véritable nature. Elle était de 1220 centimètres cubes, alors que le plus vaste crâne de singe mesuré jusqu'ici ne contenait que 535 centimètres. C'était une différence de plus du double. Sous ce rapport le crâne de Néanderthal équivaut à peu près à la moyenne des crânes actuels, dont la capacité s'étend, paraît-il, de 800 à 1800 centimètres cubes (1).

(1) « Le crâne d'Européen bien portant, le plus vaste qu'on ait encore mesuré, avait, dit Huxley, une capacité de 1781 centimètres cubes ; le plus restreint, environ 859 ; mais M. le professeur Schaafhausen dit que quelques crânes d'Hindous n'ont qu'une capacité de 718 centimètres cubes... Le crâne de Néanderthal se trouve donc, par sa capacité, être à peu près une moyenne entre les extrêmes humains. » (Cité dans l'édition française de *l'Ancienneté de l'homme* de Lyell, page 93). — Les chiffres varient avec les anthropologistes. Suivant M. Topinard, « la capacité cérébrale la plus forte que nous connaissons est de 1900 centimètres cubes chez un Parisien, et la plus faible de 1095 chez un Adaman. » Encore ce dernier cas, peut-être pathologique, doit-il être cité sous toute réserve. (*L'Anthropologie*, p. 246). — De son côté le docteur Lebon, s'appuyant soit sur ses observations personnelles soit sur celles de Broca, nous apprend que sur 100 Parisiens modernes il y en a 5 dont le crâne dépasse 1800 centimètres ; mais s'il en est qui, à ce point de vue, s'élèvent très haut, il en est aussi qui descendent très bas ; car la moyenne des crânes masculins de la capitale n'est, au dire du même auteur, que de 1559 centimètres cubes et celle des crânes féminins que de 1337. Ce dernier chiffre n'a rien de flatteur pour les Parisiennes ; car, s'il faut s'en rapporter au tableau dressé en 1878, par M. Broca, il ne laisse derrière elles qu'un très

Sa forme est du reste moins anormale qu'on ne l'avait cru tout d'abord. On l'a retrouvée sur un grand nombre de crânes appartenant aux âges historiques ou même à notre époque. On a cité notamment ceux de Robert Bruce, le héros écossais, de S. Mansuy, évêque de Toul au IVe siècle, de Kay-Lykke, personnage danois qui joua un certain rôle, il y a deux siècles, dans la politique de son pays (1), du fils du maréchal Grouchy, mort récemment, du docteur Buffalini, l'une des célébrités médicales de l'Italie. C'est assez dire que cette forme, réputée bestiale et simienne, n'exclut point l'intelligence.

Il ne nous appartient pas de rechercher à quelle race se rattachait l'homme de Néanderthal. M. Pruner-Bey, s'appuyant sur une analogie de conformation avec certains crânes

petit nombre de peuplades sauvages, telles que les Hottentots, les nègres nubiens et les Parias de l'Inde. La moyenne des Australiens serait de 1347, celle des Nègres occidentaux de 1423, celle des Néo-Calédoniens de 1460, celle même des Polynésiennes de 1381 centimètres cubes, encore supérieure à celle des dames les plus civilisées de notre époque. (V. de Nadaillac, *Les premiers hommes et les temps préhistoriques*, II. p. 271-278, et le tableau de l'Appendice).

(1) Chose remarquable, le crâne de ce même personnage avait une capacité de 1250 c., à peine supérieure à celle du crâne de Néanderthal.

trouvés sous des dolmens ou des tumulus, le considérait comme celtique et cet avis était adopté, en 1867, par M. de Quatrefages dans son célèbre *Rapport sur les progrès de l'Anthropologie*. Le savant naturaliste professe aujourd'hui une autre opinion ; dans son récent ouvrage intitulé *l'Espèce humaine*, il rattache l'homme de Néanderthal à une race fossile, dite de Canstadt, qu'il considère comme la plus ancienne des races humaines, et qui ne serait plus représentée parmi nous que par de rares individus réapparaissant de temps à autre, en vertu de la loi *d'atavisme* (1).

L'on nous permettra de ne point accepter sans réserve l'opinion de l'éminent professeur du Muséum. Personne, nous voulons bien le croire, n'est plus autorisé que lui à se faire entendre dans la question ; car personne n'a étudié plus longuement, et avec autant de science, les débris humains fossiles ; sa publication des *Crania ethnica* est là pour l'attester. Mais est-il vraisemblable qu'il y ait eu, dès

---

(1) L'on appelle *atavisme* une tendance des êtres modifiés par le temps et les circonstances à revenir à leur type originel. C'est ainsi que des nègres il naît parfois des enfants blancs, tandis que la réciproque n'est pas vraie. M. de Quatrefages prouve de la sorte que le premier homme fut blanc et non pas noir

l'époque quaternaire, c'est-à-dire dès la première apparition de l'homme dans nos contrées, autant de races nettement distinctes qu'il l'enseigne ? En admettant qu'il en ait été ainsi, sont-ce les rares ossements recueillis çà et là qui pourraient nous en instruire ?

La conformation crânienne varie trop chez chacun des peuples contemporains pour qu'on puisse attacher à ce caractère une grande importance dans le classement des divers groupes qui constituent la famille humaine ; et ce qui prouve qu'il en fut de même à toutes les époques, c'est l'extrême variété que l'on constate à ce point de vue chez les crânes préhistoriques, c'est l'embarras même qu'éprouve M. de Quatrefages à les classer d'une façon naturelle et méthodique. Les divergences si nombreuses qu'ils présentent l'ont déjà conduit à constituer six races ; encore y a-t-il passage insensible de l'une à l'autre ; si bien que, logiquement, il devrait, ce semble, admettre à peu près autant de races qu'il a entre les mains d'échantillons fossiles.

Mieux vaudrait reconnaître que le caractère sur lequel il s'appuie, savoir la conformation du crâne, n'a point la permanence suffisante pour servir, à lui seul, de base à une classification naturelle de la famille humaine. Si nombreuses qu'aient été les mensurations de cette nature prises sur les vivants, dans ces dernières années, les anthropologistes contemporains n'ont pu s'entendre encore complètement sur la configuration crânienne qui est censée caractériser chacun des peuples actuels. C'est ainsi, pour n'en citer qu'un exemple, que tour à tour ils nous ont représenté les Basques comme brachycéphales ou dolichocéphales (1), c'est-à-dire comme ayant la tête courte ou allongée. S'ils ne sont pas d'accord sur les races vivantes qu'il leur est si facile d'étudier, comment pourraient-ils l'être sur les races fossiles représentées par un si petit nombre de débris?

Un savant libre-penseur, dont la science indépendante ne contestera pas l'autorité, disait, il y a quelques années, avec une franchise dont il faut lui savoir gré : « On ne peut s'empêcher de sourire quand on voit avec quelle imperturbable assurance certains anthropologistes déclarent, en mettant le doigt sur tel ou tel crâne plus ou moins fossile, que ce crâne appartient à un individu de race ibérienne, celtique, protoceltique, phénicienne, romaine, etc., etc ; comme si les caractères crânios co-

(1) Voir ci-dessus la note 1 de la page 90.

piques de ces diverses races étaient assez précis et assez bien conçus pour que, dans l'état actuel de la science, on puisse prononcer à coup sûr de semblables oracles. On dit que les augures de l'antiquité ne pouvaient se regarder sans rire. Je m'étonne que certains anatomistes de notre époque ne fassent pas comme les augures. Ah ! si les hommes de l'âge de pierre ou de bronze pouvaient tout à coup revenir à la vie sous l'invocation de nos modernes Saüls, que de sanglants démentis ne donneraient-ils pas à leurs jugements si sûrs en apparence ! Que de mystifications scientifiques ne constateraient-ils pas dans nos livres les plus en vogue et les plus estimés ! (1). »

Ces paroles, pour être vieilles de douze ans, n'ont rien perdu de leur à-propos et sont toujours bonnes à méditer. Nous connaissons trop la prudente réserve et la science profonde de M. de Quatrefages pour songer un instant à lui en faire l'application ; mais nous n'en croyons pas moins que l'éminent professeur outrepasse la portée des faits pour donner dans le système, lorsque de la simple forme d'un crâne il déduit la race de l'individu auquel il

(1) Joly, *Crâniologie ethnique*; Revue scientifique. T. v, p. 369.

appartient, et jusqu'à l'âge géologique des couches qui le recèlent. Des observations multipliées ont prouvé que toutes les formes coexistent dans un même peuple, dans une même cité et souvent dans une même famille. L'une peut prédominer, mais toutes se rencontrent. Ce serait donc s'exposer à de graves erreurs que de juger de l'ensemble par quelques individus isolés. Pour obtenir une moyenne qui puisse inspirer quelque confiance, il faut un nombre d'observations que les races disparues ne peuvent nous fournir.

Nous nous reprocherions toutefois d'inspirer au lecteur un scepticisme exagéré concernant les recherches anthropologiques de ces derniers temps et la légitimité de leurs déductions. L'on peut par exemple conjecturer avec quelque fondement que le premier habitant de nos contrées fut dolichocéphale.

Pourtant, l'opinion contraire a longtemps prévalu. Retzius, savant suédois, qui en était l'auteur, considérait les Basques comme un reste de cette population primitive, et en cela, peut-être, il n'avait pas tort ; mais il les croyait brachycéphales, comme les Lapons et les Finnois, auxquels il attribuait une même origine, et là était l'erreur.

Alors que les Lapons et les Finnois ont été maintenus dans le groupe des populations nettement brachycéphales, il a été reconnu par Broca, à la suite d'observations répétées, que les Basques espagnols, sinon ceux de France, étaient légèrement dolichocéphales. Ils ont pour indice 77,62. D'autre part, Retzius s'appuyait sur la conformation de certains crânes exhumés des dolmens ou des tourbières de l'époque de la pierre polie et aujourd'hui considérés comme relativement récents. De nouvelles découvertes, opérées dans des terrains plus anciens et, selon toute apparence, vraiment quaternaires, paraissent établir au contraire que le type primitif fut le type dolichocéphale.

A cette catégorie se rattache le crâne de Néanderthal, dont l'indice céphalique, 72, ne laisse derrière lui, au point de vue de l'étroitesse, qu'un petit nombre de populations actuelles appartenant aux degrés infimes de l'humanité.

Celui-ci, toutefois, s'il était seul, serait incapable d'ébranler la théorie appuyée sur l'autorité de Retzius; car rien n'est moins établi que son ancienneté. Il gisait, on l'a vu, à deux pieds de profondeur, régulièrement allongé au milieu de la caverne et dans une position qui peut faire croire à une sépulture ordinaire. Aussi il n'est pas d'hypothèses que l'on n'ait émises au sujet de son âge.

Si, d'un côté, le professeur Fuhlrott a parlé de deux ou trois cent mille ans, de l'autre, le docteur Mayer, de Bonn, y a vu le crâne d'un cosaque tué en 1814. Quoi qu'il en soit, sa date reste incertaine, et pour le vieillir outre mesure, comme ils l'ont fait, les partisans du transformisme, dont il paraît servir la cause, n'ont d'autre raison à faire valoir que sa forme même ; or cette forme, on l'a dit, est de toutes les époques et se retrouve chez nos contemporains.

L'on a parlé, il est vrai, d'ossements de mammifères quaternaires, d'éléphants, par exemple, trouvés à six kilomètres de là, dans un lehm de même nature que celui qui enveloppait le fameux squelette. L'on n'a point ajouté que, sur un autre point, l'on avait rencontré dans la même argile des objets en pierre polie, ce qui ne tend pas précisément à vieillir cette formation.

Peu importe son âge, après tout, si, comme il n'est pas improbable, nous avons affaire à une sépulture ordinaire et non à un enfouissement accidentel, si une fosse a été creusée pour y déposer le cadavre. Chacun inhume ses morts dans le terrain qu'il a à sa portée, fût-il primitif. Or que penserait-on d'un géologue futur qui, dans le cours de ses explorations, dérobant à la tombe où il gisait depuis des siècles le squelette décomposé d'un de nos contemporains, s'en irait proclamant que l'homme est aussi ancien que le globe, puisqu'il l'a trouvé dans les plus lointaines formations?

Mais, hâtons-nous de le dire, le crâne de Néanderthal, eût-il toute l'antiquité qu'on se plaît à lui attribuer, ne servirait en rien la cause de nos adversaires. Sans doute il est l'un des plus disgracieux que l'on connaisse ; mais les exemples cités plus haut montrent assez que sa forme n'est point incompatible avec une intelligence développée. Quant à sa capacité, elle n'est guère inférieure à la moyenne des crânes féminins de notre pays. Or, bien que cette règle comporte de nombreuses exceptions, on peut dire, en thèse générale, que la capacité crânienne est en rapport presque constant avec l'intelligence. Les races dont le cerveau est le plus développé sont aussi celles qui occupent le degré le plus élevé dans l'échelle de l'humanité. Il résulte d'un tableau dressé par Broca, et qui a figuré à l'exposition anthropologique de 1878, que chez la race caucasique les crânes mesurent en moyenne 1500 à 1600 centimètres cubes et davantage, tandis que chez la race mongolique ils dépassent à peine 1500, et n'arrivent même pas à 1400 chez la majeure partie de la race éthiopique, de beaucoup la moins civilisée des trois.

Si de l'ensemble l'on descend au détail, les mêmes phénomènes s'observent. Les crânes des grands hommes qui ont pu être mesurés offraient une capacité considérable : celui de Pétrarque cubait 1602 centimètres ; celui de Descartes 1700; celui de Volta 1865, et celui de Lafontaine 1950 (1). L'on trouvera peut-être que la progression n'est pas ce qu'elle devrait être eu égard au génie de ces personnages. Cela prouve tout simplement que notre règle n'est pas sans exception et que d'autres éléments que les dimensions du crâne détermi-

---

(1) L'on peut, au moins dans une certaine mesure, assimiler le poids du cerveau à son volume; or, sur 347 cerveaux relevés par Broca sur le tableau général de Wagner, ceux de Cuvier et de Byron viennent les deux premiers avec un poids 1830 et de 1807 grammes, alors que la moyenne, en nombre rond, est de 1400 grammes chez l'homme et de 1250 grammes chez la femme.

nent l'étendue d'une intelligence. Il y en a d'autres preuves.

De nos jours nous constatons une capacité crânienne plus considérable chez les Auvergnats et chez les Bretons que chez les Parisiens ; elle est, à ne prendre que les hommes, de 1598 cent. cubes chez les Auvergnats, de 1599 cent. chez les Bretons-Gallots et de 1564 centimètres chez les Bas-Bretons, alors que chez les Parisiens modernes elle n'est que de 1558 centimètres cubes. Chez les femmes la différence est plus grande encore : elle s'étend de 1445, moyenne des Auvergnates, à 1337, moyenne des Parisiennes.

Faut-il conclure de ces chiffres que les populations de l'Auvergne et de la Bretagne sont plus intelligentes que celles de la capitale de la France ? — Il nous siérait moins qu'à tout autre de répondre à cette question par l'affirmative. Mais s'il en est autrement, si l'on tient à attribuer aux Parisiens le premier rang, alors il faut du moins reconnaître que la capacité du crâne, pas plus que sa forme, n'influe pas seule sur l'intelligence humaine et que, à côté d'elle, au-dessus d'elle, il y a un je ne sais quoi, une *force*, comme l'a dit Gratiolet, « qui vit dans le cerveau et qui ne peut être mesurée que par ses manifestations. » Dans le muscle même, observe M. de Quatrefages, il y a autre chose que le volume et la forme ; l'expérience l'atteste. Bien souvent l'on voit l'énergie de l'appareil compenser ce qui lui manque sous le rapport de la masse. Ce n'est pas assurément tomber dans un spiritualisme exagéré que d'admettre qu'il en est de même pour le cerveau et que derrière l'élément matériel, seul accessible à nos sens, se cache une inconnue qui doit aussi entrer en ligne de compte (1).

Sans doute, les dimensions et la forme du cerveau ont leur importance, puisque cet organe est l'instrument de l'âme humaine et que la perfection de l'œuvre dépend de la perfection de l'instrument non moins que de l'habileté de l'ouvrier, mais il ne faudrait pas non plus s'exagérer leur influence. Le cerveau ne fait pas l'intelligence ; il serait moins inexact de dire, en retournant les termes de cette proposition, que l'intelligence fait le cerveau. Il paraît démontré que des travaux intellectuels, des études prolongées ont pour résultat d'accroître le volume de cet organe ; aussi a-t-on observé que la soudure des divers os, dont

(1) De Quatrefages, l'*Espèce humaine*, chap. XXXI.

l'ensemble constitue le crâne, s'effectue beaucoup plus tard chez les hommes adonnés à l'étude que chez les artisans, sans doute parce que l'augmentation de la substance cérébrale ne permet pas à l'ossification de se produire.

Le crâne de Néanderthal, à l'occasion duquel nous avons fait cette digression, n'a pas il est vrai, à beaucoup près, la capacité des crânes dont il vient d'être question ; mais il est au moins égal, sous ce rapport, à un grand nombre de crânes appartenant aux races inférieures, aux Hindous et aux Australiens, par exemple, et c'en est assez pour nous rassurer sur sa véritable nature. Rien n'autorise à l'attribuer à un être intermédiaire entre l'homme et le singe ; rien même n'exige qu'on y voie le crâne d'un idiot, comme on l'a prétendu. Il faut le reconnaître avec M. de Quatrefages, l'individu auquel il appartient a pu posséder toutes les qualités morales et intellectuelles compatibles avec son état social (1).

Nous aurons à déduire une même conclusion des autres pièces fossiles qu'il nous reste à étudier.

(1) *L'Espèce humaine*, ch. XXVI, p. 231.

CHAPITRE V

Les races fossiles

Mâchoire de la Naulette. — Prétendus caractères simiens qu'elle présente. — Jugement de Pruner-Bey. — Crâne d'Engis réhabilité par Lubbock, Huxley et Lyell. — Antiquité du crâne de Canstadt contestée par Virchow. — Même incertitude à l'égard des crânes de Brux et d'Eguisheim. — Squelette nouvellement découvert à Bollwiller. — Squelettes de Stœngenœs (Suède) : leur âge et leur nature.

A mâchoire de la Naulette n'a pas rencontré dans le camp des transformistes une moindre faveur que le crâne de Néanderthal (1).

Elle a été trouvée en 1862, en Belgique, non loin de Dinant, dans une vaste caverne,

---

(1) De Mortillet, *Matériaux pour l'histoire de l'homme*, t. II, p. 486 ; — Hamy, *Paléontologie humaine*, p. 231 ; — Zaborowski, *l'Homme préhistorique*, p. 61 ; — Pozzy, *La terre et le récit biblique de la création*, p. 388 ; etc.

dite *Trou de la Naulette*, à 25 mètres au-dessus de la Lesse, petite rivière qui se jette dans la Meuse. M. Dupont, chargé par le gouvernement belge d'explorer les grottes si nombreuses dans cette région, la rencontra à plusieurs mètres de profondeur, au-dessous de dix couches alternatives d'argile et de stalagmite (1), dans des conditions qui, cette fois, présentent de sérieuses garanties d'authenticité, car elle était associée à de nombreux ossements de mammouths, de rhinocéros, de rennes, de cerfs, de chamois, de sangliers, de loups, de renards, de blaireaux, de chauves-souris et de marmottes. Cet ensemble désigne l'époque quaternaire.

Les cinq lits de stalagmites, qui alternent avec autant de couches argilo-graveleuses, attestent eux-mêmes l'absence de remaniement, en même temps qu'une certaine antiquité, bien

---

(1) L'on appelle de ce nom une sorte de croûte calcaire, généralement de forme conique, résultant du suintement plus ou moins lent et régulier des gouttes d'eau qui, tombant de la voûte et des parois de certaines excavations souterraines, déposent sur le sol des cavernes le carbonate de chaux dont elles étaient imprégnées. Les *stalactites* ont la même origine et constituent comme des aiguilles qui pendent de la voûte et quelquefois rejoignent les stalagmites, de façon à former de véritables piliers.

Les grottes des Pyrénées en fournissent de beaux exemples.

que leur formation, souvent des plus rapides et, en tout cas, très irrégulière, ne puisse d'aucune façon servir de chronomètre.

Il ne restait guère de la mâchoire qu'un fragment, consistant principalement dans la partie antérieure. Les branches montantes, les condyles et les apophyses coronoïdes faisaient défaut, ainsi que toutes les dents. L'on ne douta pas cependant qu'il ne s'agît d'un maxillaire humain. L'on avait, du reste, trouvé à côté un cubitus (1) humain ayant appartenu à un individu de petite taille, et un fragment d'os percé sans doute par l'homme.

On alla plus loin. Avec un peu de bonne volonté l'on crut reconnaître des caractères simiens sur cette mâchoire informe. Le menton faisait défaut comme chez le singe, ce qui devait entraîner un prognathisme accentué, c'est-à-dire une saillie ou proéminence des mâchoires d'un aspect tout bestial. D'autre part, s'il faut en juger par l'étendue relative des alvéoles, les canines étaient énormes et les molaires, au lieu d'aller décroissant de la première à la dernière, comme la chose a lieu chez nous, augmentaient au contraire de volume d'avant en arrière, comme on le remarque chez le singe.

(1) Le plus gros des os de l'avant-bras.

L'on a même observé que l'apophyse géni, saillie osseuse située à la partie interne de la mâchoire et sur laquelle s'insèrent les muscles de la langue, faisait défaut sur l'échantillon de la Naulette, et l'on en a conclu, un peu précipitamment sans doute, que la race à laquelle appartenait l'homme de la Naulette ne possédait pas même le langage articulé ou du moins ne le possédait qu'à l'état rudimentaire (1).

Pour appuyer des assertions aussi graves, il faudrait, on le conçoit, autre chose qu'un fragment isolé de mâchoire. Il faudrait une série de pièces se complétant l'une l'autre, et le maxillaire de la Naulette est le seul qui ait été trouvé avec ces caractères. N'est-ce pas le cas d'invoquer l'axiome: *Testis unus, testis nullus*, surtout lorsqu'il est d'autres *témoins*, je veux dire d'autres mâchoires, d'une date non moins reculée, qui déposent dans un sens contraire ? En pareille matière, ce qu'il faut considérer c'est l'ensemble et non le détail; car, alors comme aujourd'hui, il y avait sans doute des conformations extraordinaires qui rentrent dans le domaine de la pathologie et dont la généralisation entraînerait les plus graves erreurs.

(1) L'apophyse géni est si peu indispensable pour l'articulation de la voix que les oiseaux parleurs en sont dépourvus.

Il s'en faut, du reste, que tous les anatomistes aient porté sur la mâchoire en question le jugement que nous venons de résumer. « Cette pièce intéressante à tant d'égards, a dit Pruner-Bey, n'offre rien qui nous autorise à rabaisser l'être humain dont elle faisait partie au-dessous de l'Australien, du Boschiman, etc. C'est tout à fait le contraire, comme l'a démontré si catégoriquement M. Duhousset par les calques pris sur le maxillaire de différentes races (1). »

L'on peut s'en tenir à cette appréciation d'un savant dont la compétence en matière d'anatomie comparée, ne sera, pensons-nous, contestée par personne.

Si l'on veut étudier dans l'ordre de leur valeur ou de l'importance qui leur a été attribuée, les arguments de l'école transformiste, il faut, après les débris humains de Néanderthal et de la Naulette, citer ceux d'Engis (2).

Connu dès 1833, longtemps avant tous les

---

(1) *Congrès international d'anthropologie*, Paris, 1867; p. 352.

(2) Lyell, *l'Ancienneté de l'homme*; Trad. franç. pp. 73, 75. 88, 99; — Hamy, *op. cit.*, p. 281; Huxley, *De la place de l'homme dans la nature*; trad. franç. p. 259 et suiv. — scientifique, 2 déc. 1876; etc.

autres, le crâne d'Engis fut dans l'origine le principal appui de la théorie d'après laquelle l'humanité eût débuté par un état voisin de l'état bestial. Il fut découvert par le docteur Schmerling dans une caverne, aujourd'hui détruite, située à trois kilomètres au sud-ouest de Liège, sur la rive gauche de la Meuse. Il était enfoui sous une croûte stalagmitique à 1^m 50 de profondeur, au milieu d'ossements nombreux appartenant soit à des espèces éteintes, telles que mammouth, rhinocéros, hyène des cavernes, renne, etc., soit aux espèces actuelles, telles que le cheval, le cerf, le loup, le renard et le castor. Il n'est pas inutile d'en faire l'observation ; car si les premières constituent, à n'en pouvoir douter, la faune quaternaire, la présence des autres rattache cette faune à l'époque actuelle et montre qu'elle pourrait bien n'être séparée de nous que par un faible intervalle.

Son étroitesse très réelle, son état incomplet et fragmentaire et peut-être aussi des préjugés inavoués, firent que tout d'abord l'on attribua le crâne d'Engis à une race inférieure. Les uns y virent le type nègre, les autres le type australien. Ce n'est qu'à la suite de longues discussions que l'on s'est entendu assez universellement pour le faire rentrer dans un groupe supérieur.

Un juge peu suspect, John Lubbock, nous dit que, pour la forme tout au moins, le crâne d'Engis pourrait être celui d'un Européen moderne (1).

Huxley, que l'on soupçonnera encore moins, répète la même assertion en d'autres termes. « Ses dimensions, dit-il, correspondent bien à celles de quelques crânes européens, et il n'y a certainement aucun signe de dégradation dans aucune des parties de sa structure. C'est, en somme, un beau type moyen qui peut tout aussi bien avoir été celui d'un philosophe qu'avoir servi de réceptacle à la pensée inculte de quelque sauvage (2). »

Charles Lyell confesse également que le crâne d'Engis, « *malgré son ancienneté incontestée, se rapproche du type le plus élevé, du type caucasique;* » et il ne cache pas l'étonnement que lui cause cette sorte de contradiction entre le fait et la théorie. Provisoirement, il s'incline devant le fait au détriment de la théorie. Il laisse échapper même cette réflexion,

---

(1) *L'Homme préhistorique* : trad. franç. p. 307
(2) Cité par M. Pozzy, *op. cit.*: p. 577.

bonne à recueillir : « Rappelons-nous, dit-il, que jusqu'à présent aucune preuve géologique certaine ne nous autorise à croire que l'apparition de ce que nous appelons les races inférieures de l'espèce humaine ait toujours précédé, dans l'ordre chronologique, celle des races plus élevées (1). »

Malgré tout ce que ces aveux ont de significatif, il est encore des esprits prévenus qui, négligeant dans le crâne d'Engis les caractères qui l'ennoblissent, par exemple sa capacité considérable pour un cerveau féminin, et sa hauteur de beaucoup supérieure à la moyenne, n'y voient ou ne veulent y voir que son étroitesse frontale et sa dolichocéphalie encore plus prononcée, il est vrai, que sur celui de Néanderthal, puisque son indice céphalique est à peine 71. C'est ainsi que M. Carl Vogt le rapproche du crâne de Néanderthal dont pourtant, au dire de Huxley, « il diffère si profondément que l'on pourrait fort bien l'attribuer à une race distincte. »

MM. de Quatrefages et Hamy le rapprochent avec plus de raison des crânes de Cro-Magnon dont il sera question plus loin. L'on peut se

---

(1) *L'ancienneté de l'homme*, p. 99.

demander toutefois s'il y a lieu de les réunir, malgré la distance qui les sépare, en une même race autre que celle de Néandertal. Encore une fois, n'est-ce point attacher trop d'importance à une simple analogie de conformation, fût-elle indiscutable ?

Avant de quitter la caverne d'Engis, il faut dire que, non loin du fameux crâne et dans les mêmes conditions de gisement, furent trouvés d'autres débris humains se rattachant à deux squelettes, notamment deux mâchoires sur lesquelles on ne constate ni le prognathisme ni les autres caractères d'infériorité relevés, avec une satisfaction si marquée, sur la mâchoire de la Naulette. C'est une preuve entre beaucoup d'autres que le cas de cette dernière n'était qu'accidentel.

Les autres débris humains, dont la théorie de la *descendance* s'est efforcée de tirer parti, sont 1°: à l'étranger, les crânes de Canstadt (Wurtemberg), de Brux (Bohême), d'Eguisheim (Alsace), d'Olmo (Italie), de Stœngenæs (Suède) et de Forbes Quarry, près Gibraltar (Espagne); 2° en France, ceux de Grenelle et de Clichy, à Paris, celui de la Denise (Haute-Loire) et la mâchoire d'Arcy-sur-Cure (Yonne). Au dire de M. de Quatrefages, ils constituent avec les précédents, moins le crâne d'Engis, les seuls représentants d'une race fossile, dite de Canstadt, race ancienne et infime entre toutes, dont les traits principaux seraient un prognathisme accentué, des arcades sourcilières saillantes, des os épais, un crâne long et plat, double particularité que l'on désigne dans le langage technique sous les deux noms de dolichocéphalie ou de platycéphalie ou seulement sous le nom quelque peu barbare de *dolichoplatycéphalie*. Un examen rapide de ces divers débris nous permettra de contrôler sommairement la théorie de M. de Quatrefages, au double point de vue de l'uniformité des caractères et de l'antiquité des pièces sur lesquelles elle repose.

Canstadt, qui a donné son nom à la première des races admises par le savant naturaliste, est un petit village voisin de Stuttgard, dans le Wurtemberg. Le crâne, devenu fameux, qui en provient, fut découvert en 1701, sur l'emplacement d'un oppidum romain, au sein, paraît-il, d'une couche argileuse très-riche en débris de mammouth ; mais il fut alors dédaigné. C'est seulement en 1835 qu'on l'a examiné un peu sérieusement, en l'invoquant comme une preuve de la coexistence de l'homme et des espèces éteintes.

Son étude a été reprise par M. de Quatrefages qui le décrit fort au long dans ses *Crania ethnica*. Ses caractères se résument dans les suivants : arcades sourcilières accentuées, moins toutefois que dans la pièce de Néanderthal ; voûte crânienne remarquablement basse ; dolichocéphalie prononcée, mais impossible à déterminer par suite de l'état incomplet du crâne ; épaisseur considérable des os. L'absence de la mâchoire ne permet pas de savoir si l'homme de Canstadt avait le prognathisme attribué à la race dont il est le type.

L'ancienneté de cette pièce paraissait incontestable, lorsque MM. Hœlder et Wirchow [1] sont venus émettre des doutes à cet égard. Nous ignorons les raisons sur lesquelles ces deux savants appuient leur incrédulité ; mais, *a priori*, il est bien permis de se demander si une découverte qui date de près de deux siècles, c'est-à-dire d'une époque où personne assurément n'en soupçonnait l'importance, est entourée de garanties suffisantes pour

---

(1) Wirchow, *le Peuples primitifs de l'Europe* ; Revue scientifique, t. XIV, p. 12.

qu'on puisse en faire la base d'une théorie nouvelle.

Un autre crâne, qui, pour la forme, tient le milieu entre ceux de Néanderthal et de Canstadt a été trouvé, en 1873, à Brux, en Bohême. Il provient d'une couche argileuse, appelée *loess* que l'on considère comme se rattachant aux alluvions les plus anciennes.

Nous admettons la réalité des caractères physiques de ce crâne dont un moulage a été déposé au Muséum de Paris, mais il reste à se demander si l'on peut y voir un caractère de race, s'ils n'auraient point une origine anormale et pathologique.

Cette question a été, en 1873, l'objet d'une intéressante discussion à la Société anthropologique de Vienne (1). M. Luschan, l'un des membres de cette savante assemblée, qui en avait fait une étude des plus consciencieuses, se prononça pour l'origine pathologique et se refusa à voir dans ce crâne, aussi bien que dans celui de Néanderthal, un type préhistorique. Pour lui comme pour Wirchow, la dolichocéphalie exagérée de ces deux crânes serait l'effet d'une synostose de la suture sagittale, affection qui les eût arrêtés dans leur

(1) *Revue scientifique*, t. XII, p. 357.

développement. Il voit des preuves d'un état pathologique dans les autres parties du squelette, notamment dans les tibias qui sont plus aplatis encore que chez le singe. Le même savant conteste l'extrême ancienneté attribuée à ces débris et les considère comme contemporains d'une hache en pierre polie du plus beau travail, trouvée à quelques pieds de l'endroit où ils gisaient.

Un autre membre s'est prononcé, il est vrai, dans un sens tout opposé sur chacun de ces points, mais sans appuyer son opinion sur aucune preuve décisive; de sorte que la question reste toujours pendante. S'il est vrai que la dolichocéphalie prononcée et l'étroitesse du crâne de Brux sont des caractères de race et non des altérations accidentelles provenant d'un arrêt de développement, l'on peut du moins se demander si les couches argileuses qui le recélaient sont vraiment quaternaires; car l'on ne dit pas qu'au même lieu et à la même profondeur l'on ait trouvé, comme à Engis et à la Naulette, en Belgique, des ossements d'espèces éteintes.

Un crâne analogue au précédent pour la conformation a été trouvé en 1865 par le docteur Faudel, à Eguisheim, près de Colmar

(Alsace). Il fut retiré du lehm alpin où il gisait à 2^{m}50 de profondeur, à côté, paraît-il, d'ossements ayant appartenu au mammouth, à un grand cerf, au cheval et à un bœuf.

S'il n'y a pas eu enfouissement postérieur, comme rien ne porte à le croire dans les conditions de gisement, c'est bien à l'homme quaternaire que nous avons affaire. Il faut dire, toutefois, que l'année précédente le même docteur Faudel avait découvert dans cette même formation, et à une profondeur de 70 mètres, trois squelettes dont l'un avait été enseveli avec un vase en argile noire, recouvert d'une pierre calcaire sur la poitrine. A côté l'on trouva d'autres vases de même nature et une hache en schiste poli (1); cette circonstance, absolument contraire à la théorie qui refuse aux temps quaternaires la connaissance de la poterie, l'usage de la pierre polie et la pratique des inhumations régulières, ne tend point assurément à vieillir le dépôt argileux qui recélait l'homme d'Eguisheim. Il faut en conclure, ou qu'il ne remonte point à l'époque reculée qu'on lui assigne, ou que la science préhistorique se trompe dans ses

(1) De Nadaillac, *Les Premiers hommes et les Temps préhistoriques*. t. I, p. 156.

hypothèses les plus fondamentales ; double alternative quelque peu gênante, il faut l'avouer, pour les théoriciens de la nouvelle école.

Quant au crâne découvert, autant qu'on peut en juger par les deux fragments, — un frontal et un pariétal, — qui en restent, il se rapproche sensiblement de celui de Néanderthal. Si les traits qui le caractérisent sont généralement moins accentués que sur ce dernier, en revanche la platycéphalie, je veux dire l'aplatissement de la voûte crânienne, y est plus considérable encore.

La Société d'Anthropologie de Paris a été saisie en 1880 d'une trouvaille que nous devons rapprocher de la précédente parce qu'elle a été faite également dans le lehm quaternaire de la vallée du Rhin et non loin d'Eguisheim. Il s'agit d'un squelette humain découvert à Bollwiller (1).

On l'a rattaché très arbitrairement à la race de Canstadt. Rien ne justifie ce classement, au dire de M. Topinard. Les formes crâniennes sont, nous dit-il, très différentes et les particularités que présentent les os longs feraient songer plutôt à l'homme de la pierre polie.

(1) *Bull. de la Soc. d'Anthropologie*, t. III, 3e série, p. 569. —*Revue d'Anthropologie*, 1880, 2. fascicule

Les conditions de gisement donnent lieu aussi à de sérieuses difficultés. Le terrain n'offre pas trace de remaniement, et pourtant l'on a trouvé mêlées à ces ossements des poteries diverses dont les unes paraissent néolithiques, — ou de la pierre polie — et les autres gallo-romaines. C'est chose pour le moins étrange dans une formation universellement considérée comme quaternaire.

Aux yeux de M. Mortillet, une pareille rencontre est la preuve que le terrain a été remanié, en dépit des apparences contraires. Pour nous qui croyons moins aux prétendues lois de *l'archéo-géologie*, — tel est le nom un peu barbare que les préhistoriens donnent aujourd'hui à leur science, — nous nous demandons pourquoi un terrain, par ailleurs nettement caractérisé, cesserait d'être quaternaire pour contenir des poteries. Ce n'est pas le seul cas où l'on ait constaté l'association de ces produits d'industrie humaine avec les débris d'une faune éteinte ou émigrée.

César nous dit expressément que le renne, animal quaternaire suivant les géologues, vivait encore de son temps dans les forêts voisines du Rhin. (1) La présence de ses restes dans un

(1) *Etudes critiques d'archéologie préhistorique*, p.182-186.

terrain ne prouve donc point que ce terrain soit géologiquement fort ancien. L'on ne saurait même être très surpris de les trouver associés à des objets gallo-romains ; ce serait une confirmation par l'archéologie d'une induction fondée sur une donnée historique.

La nouvelle école scientifique peut, a son gré, rejeter ou admettre l'authenticité du squelette de Bollwiller : nous nous accommodons également de l'une et de l'autre opinion. Dans le premier cas, en effet, elle confesse que les traces des remaniements dont un terrain a été l'objet peuvent s'effacer entièrement et elle ôte ainsi toute valeur à ses affirmations relatives à l'âge des autres débris fossiles, du crâne d'Eguisheim entre autres. Soutenir au contraire que le terrain est intact, c'est ébranler les bases fondamentales de l'archéologie préhistorique, c'est dire que l'époque quaternaire a connu la céramique, c'est avouer que deux crânes peuvent être contemporains sans présenter les mêmes formes, c'est faire plus que tout cela, c'est reconnaître que les temps géologiques se sont prolongés jusqu'à l'époque romaine.

Nous doutons que la science préhistorique

se tire à son honneur de ce dilemme. Heureusement il lui reste une ressource. celle de faire le silence sur une découverte gênante. C'est son procédé ordinaire et elle ne manquera pas d'y recourir.

L'on a prétendu retrouver les traits de la race de Canstadt sur les crânes de deux squelettes découverts, il y a quarante ans peut-être, par M. Nilsson, à Stœngenœs, dans le Bohüslan (Suède). Là encore, en effet, il y a dolichocéphalie et dépression du crâne ; mais l'on y chercherait en vain les autres caractères. Il se trouve précisément que les arcades sourcilières sont fort peu saillantes. Quant à la capacité crânienne, elle est « sensiblement supérieure, dit M. Hamy (1), à celle des crânes actuels, et ce fait qui n'est pas isolé, ajoute cet anthropologiste, constitue l'une des objections les plus sérieuses que l'on puisse opposer aux doctrines transformistes. » M. Hamy observe il est vrai qu'elle est surtout considérable en arrière, « ce qui est généralement considéré comme un caractère d'infériorité relative. »

L'ancienneté du crâne n'est pas moins contestable que son infériorité physique.

(1) *Précis de Paléontologie humaine*, p. 130

Ces deux squelettes furent trouvés à 89 centimètres de profondeur, dans un banc coquillier d'origine marine, qui aujourd'hui domine de 30 mètres environ le niveau de la mer. Or, l'on suppose que leur enfouissement date de l'époque où ce banc était en voie de formation sous les eaux. Leur âge serait donc celui de la couche marine elle-même. Mais pour que cet argument eût quelque valeur il faudrait commencer par établir qu'un enfouissement si peu profond n'est point postérieur à l'émersion du lit coquillier. Nilsson nous dit, il est vrai, n'avoir point observé de traces de remaniement, mais ces traces sont souvent assez imperceptibles pour échapper aux plus clairvoyants.

Admettons, toutefois, la contemporanéité parfaite des squelettes et du terrain qui les recèlait; que pourra-t-on en conclure? Lyell a observé que la côte de Suède s'élève en moyenne d'un mètre par siècle, et l'on sait qu'il n'avait pas une tendance à exagérer en pareille matière. Or, un mètre par siècle nous donne 3,000 ans pour un relèvement de 30 mètres. Ce n'est pas encore un chiffre très considérable.

Rien ne prouve, du reste, que ce relèvement se soit effectué avec la lenteur qu'on lui attribue. S'il y a des soulèvements lents, il y a aussi des soulèvements brusques. Lyell lui-même ne le conteste pas; il considère même comme *évidente*, au moins pour la Norwège, — et la Gothie, où se trouve Stœngenœs, est limitrophe de la Norwège — « l'élévation subite du sol à plusieurs époques successives (1). » Il est donc impossible de se faire une idée quelque peu précise de l'âge de la formation marine. Elle seule peut nous éclairer à cet égard; or, ce qu'elle nous révèle ne tend nullement à la vieillir, car l'on y trouve ces mêmes coquilles qui vivent actuellement dans la mer voisine.

C'est donc, on le voit, sans nulle raison que l'on a rapporté aux époques quaternaire ou même tertiaire l'homme de Stœngenœs. Nilsson en fait l'aveu. « Rien ne nous autorise à décider si les squelettes appartiennent ou non à la période de la pierre. (2) » Géologiquement parlant, ils appartiennent à l'ère actuelle.

(1) Ch. Lyell, *Principes de Géologie*, trad. Ginestou, t. II. p. 251.
(2) Nilsson, *les Habitants primitifs de la Scandinavie*, p. 155.

CHAPITRE VI

LES RACES FOSSILES (suite).

Crâne de l'Olmo. — Est-il déformé? — Crâne de Gibraltar. — Squelettes de Clichy et de Grenelle. — Ossements de Denise. — Date des dernières éruptions volcaniques en France. — Mâchoire d'Arcy-sur-Cure. — Coup d'œil sur les autres races. — Squelettes de Cro-Magnon. — Les deux races de Furfooz. — Races de Grenelle et de la Truchère. — Nulle infériorité physique dans l'ensemble des types les plus anciens. — Conclusion.

i de la presqu'île scandinave nous passons en Italie, nous y trouverons un autre crâne qui, lui aussi, a été rapporté à la race de Canstadt. L'on verra s'il le mérite.

Son antiquité paraît du moins assez solidement établie. Il a été trouvé en 1863 par M. Cocchi, dans la tranchée de l'Olmo, près d'Arezzo, à 15 mètres de profondeur au sein de marnes bleues compactes, d'origine lacustre, que surmontaient trois dépôts successifs de graviers, d'alluvions anciennes et d'alluvions récentes. L'on découvrit dans la même couche des fragments de charbon ainsi qu'un silex assez élégamment taillé en forme de pointe de lance ou de flèche et, plus tard, à deux ou trois mètres de l'endroit où gisait le crâne, une défense d'éléphant (*El. primigenius*) et une mâchoire inférieure de cheval. Bien que cette formation ait été rattachée par quelques auteurs aux temps pliocènes ou à la fin des temps tertiaires, il n'est pas douteux, au dire de M. Cocchi, qu'elle ne soit quaternaire. La présence du mammouth en fait foi.

C'est une question de savoir si le crâne qui en provient présente un seul des caractères de la race dite de Canstadt à laquelle il a été très arbitrairement rattaché. M. Hamy croit pourtant qu'il est très dolichocéphale, contrairement à MM. Cocchi et Vogt qui lui reconnaissent une brachycéphalie prononcée dont l'indice eût été 86,5 suivant l'un, 85 suivant l'autre.

Une divergence aussi considérable s'explique par ce fait que MM. Cocchi et Vogt ont mesuré le crâne dans son état actuel, tandis que

M. Hamy, qui le croit déformé sous des influences posthumes, lui restitue sa forme supposée naturelle. Cette déformation est-elle réelle et la restitution proposée rétablit-elle vraiment le crâne dans son état primitif ? C'est une question difficile à résoudre, mais qui peut au moins faire naître des doutes.

A ce propos, une réflexion se présente d'elle-même à l'esprit. Si les déformations de cette nature sont possibles, et il est difficile d'en douter, quel fond peut-on faire sur la conformation des quelques crânes fossiles que nous possédons, surtout lorsque cette conformation s'écarte en sens divers du type ordinaire ? Peut-on sérieusement asseoir une théorie sur des données aussi peu solides ? Et si l'on a recours à la supposition d'une altération posthume lorsqu'on a affaire à un crâne qui affecte de près ou de loin la forme actuelle, pourquoi ne le fait-on pas lorsqu'il s'agit de crânes qui s'en éloignent par certains indices d'infériorité apparente ?

Quoi qu'il en soit de la dolichocéphalie du crâne de l'Olmo, de l'aveu de M. Hamy, il diffère du type de Canstadt par ses autres caractères. Sa région frontale, loin d'être déprimée et comme fuyante est relativement élevée. Le front est large et les arcades sourcilières sont à peine indiquées (1).

En présence de semblables divergences, l'on se demande ce qui peut justifier l'attribution de ce crâne à la race de Canstadt. Si les races comportent de pareilles variations, il est inutile de faire appel au caractère crâniologique pour en fixer les limites.

L'Espagne fournit aussi son élément à la race de Canstadt. Une tête trouvée à Forbes Quarry, près de Gibraltar, reproduit, suivant M. de Quatrefages, tous les traits de ce type préhistorique. (Voir la fig. ci-contre). Il faut dire que pour quelques-uns, pour ceux de la face par exemple, la comparaison est assez difficile; car de toutes les têtes fossiles rangées dans ce groupe, celle-ci est la seule qui nous ait été conservée à peu près complète, la seule dont nous ayons à la fois la mâchoire et le crâne.

Rien n'empêche, toutefois, que l'on n'admette la ressemblance complète de ce type avec ceux de Néanderthal et de Canstadt; mais il restera à prouver leur contemporanéité, et ce sera chose plus difficile ; car, M. de Quatrefages en

---

(1) Hamy, *op. cit.*, p. 208. « C'est un beau crâne, » a dit Carl Vogt lui-même.

fait l'aveu (1), l'âge du crâne de Gibraltar n'a pas été déterminé. Sa forme ne nous dit rien à cet égard : l'on a vu qu'elle était de tous les temps.

Il nous reste à dire un mot des trois ou

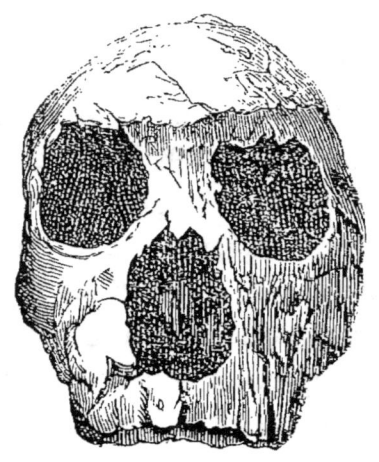

Tête de Forbes Quarry (Gibraltar).

quatre squelettes ou fragments de squelettes trouvés en France qui ont été rapportés au type de Canstadt.

La seule ville de Paris nous fournit deux découvertes de cette nature. La première fut

1. *L'Espèce humaine*, p. 227. *Crania Ethnica*, p. 41

faite en 1868 dans une sablière située à 70 mètres environ de la barrière de Clichy. Une voûte crânienne et quelques portions du squelette furent trouvées à 5 mètres 45 de profondeur dans un petit lit rougeâtre que surmontaient quatre couches superposées : le *diluvium gris*, des argiles jaunâtres sablonneuses appelées *loess inférieur*, le *diluvium rouge* et la terre végétale. Au même niveau l'on avait précédemment rencontré et l'on rencontre encore des débris d'éléphant (mammouth), de rhinocéros, de cheval, de bœuf et de cerf. Nul vestige de remaniement n'apparaissait et, de l'avis de tous, les ossements portaient les traces de la plus haute antiquité.

Quant aux caractères anatomiques ils étaient les suivants : crâne très allongé d'avant en arrière (dolichocéphale) ; front bas et étroit ; épaisseur des os du crâne considérable (14 millim.) ; sutures très simples ; tibia très aplati (platycnémique) ; ligne âpre du fémur très développée, contrairement à ce qu'on remarque chez les races inférieures. Tous ces caractères, excepté le dernier, justifient l'attribution de l'homme de Clichy à la race de Canstadt. L'on ignore toutefois si la mâchoire était saillante et les arcades sourcilières, développées, comme l'exige la théorie.

Vers la même époque l'on trouva dans les graviers quaternaires de Grenelle trois squelettes dont l'un est considéré comme masculin et les deux autres comme féminins. Eux aussi présentent des caractères d'infériorité. La dolichocéphalie est très prononcée, la mâchoire quelque peu saillante, le tibia platycnémique. En revanche, la capacité crânienne dépasse la moyenne actuelle, le front est élevé, l'angle facial développé, la taille considérable, l'humérus relativement long par rapport au radius et le fémur a sa ligne âpre très saillante : autant de particularités qui distinguent aujourd'hui les races supérieures.

Il faut renoncer à trouver là encore le trait d'union si longtemps et si vainement cherché entre l'homme et le singe. Pourtant l'occasion était belle, car cette découverte se présentait avec tous les gages d'authenticité et d'ancienneté désirables. Les squelettes gisaient dans des couches régulièrement stratifiées dont l'origine quaternaire était attestée par la présence de nombreux mammifères appartenant à des espèces éteintes ou émigrées, telles que le mammouth et le renne. La superposition de ces deux animaux est ici des plus nettes, ce qui prouve une fois de plus que l'un a précédé l'autre (1).

Il s'en faut que l'antiquité des ossements humains de Denise soit entourée de garanties aussi sérieuses.

Ils furent trouvés en 1844 dans le voisinage du Puy (Haute-Loire), au pied sud-ouest de la montagne à laquelle ils doivent leur nom. Ils étaient comme enchâssés dans une brèche volcanique, mélange de limon, de scories et de laves.

Il semblait assez naturel de conclure de ce simple fait que l'homme avait habité la contrée antérieurement aux dernières éruptions volcaniques qui s'y étaient produites et qu'attestaient encore de nombreuses coulées de

(1) S'il faut s'en rapporter à une communication faite par M. Hamy au Congrès d'anthropologie et d'archéologie préhistorique de Stockolm (1874), l'étude des dépôts quaternaires serait plus instructive encore. A 7 mètres de profondeur l'on aurait rencontré *l'Elephas antiquus*, à 5 mètres l'hippopotame, à 3 mètres le mammouth et à 2 mètres le renne. Si la succession est aussi nettement indiquée qu'on le dit, l'on aurait là un excellent chronomètre relatif des temps quaternaires ; mais il y a lieu de craindre qu'il n'en soit pas ainsi. Dans son *Précis de Paléontologie humaine* (p. 248), M. Hamy lui-même ne distingue plus que deux groupes dans la faune de Grenelle, encore le mammouth est-il commun à l'un et à l'autre.

lave, non moins que des cratères d'une forme impossible à méconnaître. Telle fut aussi l'opinion généralement admise. Pourtant de bonne heure des doutes furent émis à cet égard par de savants géologues ; c'est ainsi qu'en 1859, MM. Hébert et Lartet, deux juges compétents assurément, à la suite d'un examen attentif des ossements et du lieu de provenance, « crurent reconnaître, nous dit M. de Quatrefages, les traces d'une sépulture postérieure à la formation des tufs volcaniques sur le point où les ossements ont été recueillis (1) »

Le célèbre géologue anglais Lyell, qui se rendit la même année sur les lieux, avoue lui-même n'avoir pu « trouver *in situ* aucun morceau exactement semblable à la pierre du musée du Puy » dans laquelle étaient empâtés les ossements (2).

Il ne semble pas que depuis ce temps aucun fait nouveau soit venu confirmer l'authenticité des ossements et pourtant elle n'est guère contestée aujourd'hui. C'est qu'elle n'a pas, au point de vue chronologique, les conséquences qu'on lui attribuait tout d'abord. Sous

(1) *Journal des savants*. 1871.
(2) *L'ancienneté de l'homme*, trad. franç. : p. 216.

prétexte que sur le versant opposé de la montagne, l'on avait découvert, également enchâssés dans des formations volcaniques, des ossements de mastodontes et d'autres mammifères généralement rapportés aux temps pliocènes, l'on considérait comme tertiaire le tuf qui les enveloppait, et les conséquences de cette persuasion étaient assez graves pour motiver la défiance à l'endroit de l'authenticité des débris humains.

Aujourd'hui l'on ne doute plus que le tuf en question ne soit beaucoup plus récent. Les laves vomies par l'ancien volcan auquel il doit son origine recouvrent en effet des alluvions quaternaires et l'on a remarqué que la Borne, petite rivière jusqu'aux rives de laquelle elles se sont étendues, n'a pas depuis ce temps sensiblement creusé ni élargi son lit. Tout concourt du reste à établir que de tous les volcans éteints de la France, la Denise est peut-être celui qui a été le plus récemment en activité.

S'il en est ainsi, ses dernières éruptions pourraient bien n'être pas antérieures à l'ère chrétienne. Un mot trop peu remarqué de Sidoine Apollinaire contient en effet une allusion évidente, ce semble, à des éruptions volcaniques qui de son temps, c'est-à-dire au cinquième siècle, eussent désolé la contrée qu'il habitait. Sidoine était, on le sait, évêque de Clermont. Or, écrivant à saint Mamert, archevêque de Vienne, pour le féliciter d'avoir institué les Rogations, il range parmi les calamités diverses, telles que les tremblements de terre, qui ont motivé cette mesure, *des feux revêtant souvent l'apparence de flammes qui ensevelissaient les sommets des collines sous une montagne de cendres* (1). Il était difficile de s'exprimer plus clairement en langage poétique.

Or, il se trouve que la Denise est précisément à peu près à égale distance de Clermont et de Vienne. Rien de plus naturel et en même temps de plus conforme à la science que de lui attribuer les éruptions qui répandaient alors la consternation dans le pays.

L'antiquité de l'homme de Denise étant ainsi réduite à sa juste valeur, il importe peu que ses caractères physiques soient ou non

---

(1) « Modo scenae incenium publicorum crebris terrae motibus concutiebantur; nunc ignes saepe flammati caducas culminum cristas superjecto favillarum monte tumulabant. » — *Sidonii Apollinaris opera*, Lib. VII. Epist. 1.

ceux de la race de Canstadt ; ou plutôt, si cette ressemblance est réelle, comme nous voulons le croire, c'est une nouvelle raison de contester l'importance ethnographique qu'on lui attribue.

Nous avons dit précédemment que la mâchoire de la Naulette était unique en son genre et qu'une conformation aussi exceptionnelle ne pouvait être généralisée au point d'en faire l'attribut caractéristique d'une race fossile. En voici pourtant une autre sur laquelle l'on a prétendu retrouver les mêmes traits, atténués toutefois (1).

Cette seconde mâchoire a été trouvée en 1859 par M. de Vibraye dans la Grotte des Fées, située à une petite distance d'Arcy-sur-Cure (Yonne). Elle gisait au milieu de débris d'ours et d'hyènes des cavernes, de *rhinocéros tichorhinus* et d'autres animaux caractéristiques de la faune quaternaire. Bien qu'elle ait été trouvée en l'absence de M. de Vibraye, il n'y a guère lieu de révoquer en doute son authenticité, surtout aujourd'hui que le fait de la contemporanéité de l'homme et des espèces éteintes n'est plus contesté. Quant à

---

(1) *Bull. de la soc. géolog. de France* ; 2ᵐᵉ série, t. XVII, p. 462 ; — Hamy, *op. cit.*, p. 235.

ses caractères physiques, s'ils rappellent, comme on l'a dit, ceux de la pièce de la Naulette, c'est à coup sûr de fort loin. Ici, en effet, la saillie mentonnière est nettement accusée, le prognathisme à peine apparent, les canines peu saillantes et les molaires ne vont plus en augmentant de grosseur d'avant en arrière comme précédemment. Pour retrouver dans cette mâchoire les caractères de la première, il faut toute la force du préjugé d'après lequel l'homme primitif ne saurait avoir été un être semblable à nous.

Nous avons passé en revue tous les débris humains fossiles dont M. de Quatrefages a fait sa race de Canstadt. Il n'en est qu'un très petit nombre, on l'a vu, trois ou quatre peut-être, dont l'antiquité soit sérieusement établie; encore est-il permis de se demander si le fait sur lequel elle repose, je veux dire leur association avec des ossements d'espèces éteintes, est une garantie suffisante. Il est reconnu, en effet, que les courants diluviens qui ont contribué au remplissage des cavernes, ont pu, ont dû même fréquemment y introduire des matériaux et des débris se rattachant à des époques fort différentes. Quoiqu'il en soit, ces matériaux et ces débris sont au moins antérieurs aux phénomènes qui les ont associés et c'est déjà une preuve d'antiquité dont il importe de tenir compte.

Or, nous n'avons point trouvé dans leur ensemble ces indices d'infériorité qui, nous dit-on, feraient penser au singe. Aussi M. de Quatrefages, qui pourtant en fait une race à part, à la fois inférieure et antérieure aux autres, ne néglige-t-il aucune occasion de protester contre cette accusation de bestialité portée contre ce type primitif- « L'homme quaternaire, dit-il quelque part, est toujours homme dans l'acception entière du mot. Toutes les fois que ses restes ont permis d'en juger, on a retrouvé chez lui le pied, la main qui caractérisent notre espèce ; la colonne vertébrale a montré la double courbure à laquelle Lawrence attachait une si haute importance et dont Serres faisait l'attribut du règne humain tel qu'il l'entendait. Plus on étudie et plus on s'assure que chaque os du squelette, depuis le plus volumineux jusqu'au plus petit, porte avec lui, dans sa forme et ses proportions, un certificat d'origine impossible à méconnaitre (1). »

Pour donner au lecteur une idée exacte du

(1) *L'Espèce humaine,* p. 220.

type humain primitif, il faudrait évidemment décrire jusqu'au dernier, au moins dans la mesure où nous l'avons fait pour la race dite de Canstadt, les squelettes ou fragments de squelettes exhumés des dépôts quaternaires ; mais ce travail nous entraînerait dans des redites fatigantes et nous ferait sortir du cadre restreint que nous nous sommes tracé. Notre but unique était de montrer que les quelques crânes et mâchoires sans cesse invoqués pour établir l'origine bestiale de l'homme n'ont point à cet égard la portée qu'on leur attribue. Or, comme tous, à l'exception du seul crâne d'Engis, sont rattachés à la race de Canstadt, notre rôle se borne naturellement à l'étude des débris humains attribués à cette race.

Nous ne nous dissimulons pas que ce procédé, en quelque sorte tout négatif, en renseignant incomplètement le lecteur, peut avoir un inconvénient assez grave. Cette insistance sur les types les plus dégradés des temps quaternaires, même lorsqu'elle a pour but de relever les traits de noblesse qu'on s'était refusé à y voir, n'aurait-elle point au contraire pour résultat de laisser dans l'esprit une impression fâcheuse concernant l'état physique des premiers hommes ? Il suffit qu'une généralisation aussi injuste soit possible pour que, avant de conclure, nous essayions de la prévenir en jetant un rapide coup d'œil sur les autres races.

Les débris humains dont il a été question ci-dessus ne représentent, il est bon de s'en souvenir, que la minime partie de ceux qui ont été trouvés dans les terrains quaternaires. Cela est si vrai que, avec ce qui reste, M. de Quatrefages a trouvé le moyen de constituer cinq autres races, dont les titres à une haute antiquité ne sont généralement pas moins incontestables, quoi qu'on en dise, que ceux de la première. Or, l'on ne trouve plus ici les indices d'infériorité précédemment observés, ou s'il en existe encore, il sont associés à des traits tellement marqués de supériorité intellectuelle et physique, que l'ensemble peut être comparé avantageusement au type actuel. Ne pouvant entrer dans le détail d'une description qui deviendrait fastidieuse, nous nous contenterons d'énumérer rapidement, d'après M. de Quatrefages lui-même, les principaux caractères de chacune de ces races.

La première, celle que l'on nous donne comme la plus ancienne après celle de Canstadt, a pour type trois squelettes trouvés en

1868 sous l'abri de Cro-Magnon, dans la commune de Tayac (Dordogne), lors de la construction du chemin de fer de Limoges à Agen. C'est elle qui paraît avoir joué le plus grand rôle dans les temps quaternaires, au moins

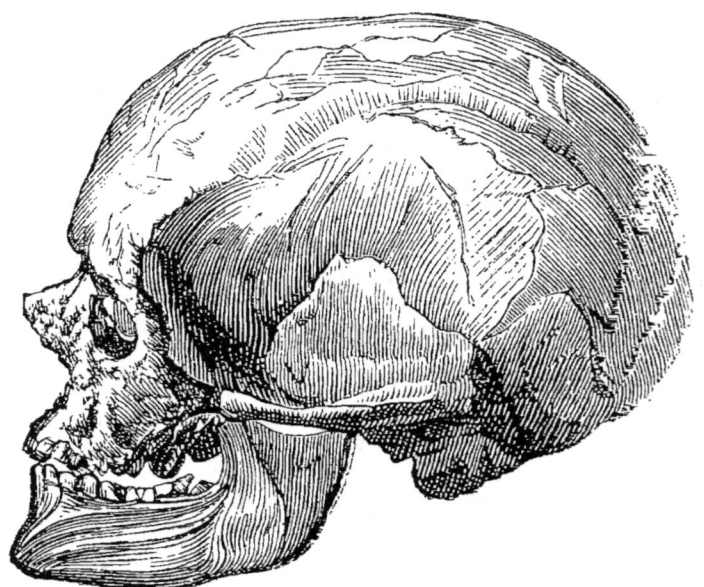

Tête de Cro-Magnon (Dordogne).

dans le sud-ouest de la France, car c'est à elle que se rapportent la plupart des ossements humains trouvés dans ces contrées, principalement sur les bords de la Vézère. Or voici quels sont, en résumé, les caractères qui la distinguent.

Ici encore le crâne est long par rapport à sa largeur ; mais ce trait de dolichocéphalie est à peu près le seul qui rapproche la race de Cro-Magnon de celle de Canstadt.

La taille est beaucoup plus élevée et atteint en moyenne 1 mètre 80. Les os sont épais et solides; la ligne âpre du fémur atteint une grosseur exceptionnelle ; le menton est avancé; la saillie de l'arcade sourcilière a disparu et, ce qui est plus important, le front est large et droit, la voûte du crâne élevée, et sa capacité généralement supérieure à la moyenne actuelle. Chez le vieillard de Cro-Magnon elle est de 1590 centimètres cubes. « Ainsi, observe M. de Quatrefages, chez ce sauvage des temps quaternaires, qui a lutté contre le mammouth avec ses armes de pierre, nous trouvons réunis tous les caractères crâniologiques généralement regardés comme les signes d'un grand développement intellectuel (1). »

Les deux races qui viennent ensuite tirent leur nom de Furfooz, localité belge où se trouve la grotte qui en a fourni les principaux types. Cette grotte, dite Trou du Frontal, livra à son explorateur, M. Dupont, des fragments de seize squelettes, au nombre desquels

(1) De Quatrefages, *op. cit.*, p. 233.

trois crânes seulement. Tous les trois diffèrent entre eux. Les deux plus intacts sont devenus pour MM. de Quatrefages et Hamy les types de deux races nouvelles dont nous n'avons point à examiner ici la raison d'être. (1). L'un d'eux est mésaticéphale, avec un indice céphalique de 79. Il annonce un front bas et fuyant, une faible capacité, une face droite sans prognathisme. L'autre squelette est sous-brachycéphale avec un indice de 81. Il offre un prognathisme très accentué, mais il a le front plus élevé et une capacité crânienne plus considérable que le précédent. Chez l'un et l'autre, la taille est petite. Notons aussi que la perforation olécrânienne de l'humérus (2), qui se rencontre chez un vingtième à peine des Français actuels, se présente chez près d'un tiers des

---

(1) Le troisième crâne, autant qu'on a pu en juger par ce qui en restait, était dolichocéphale et se rapportait au type de Cro-Magnon. Ainsi chaque crâne représenterait sa race! L'on rencontre un peu partout le même mélange. M. de Nadaillac en cite de nombreux exemples dans son récent et magnifique ouvrage : *Les premiers hommes et les Temps préhistoriques* (t. II, p. 289).

(2) L'*olécrane*, éminence qui constitue la saillie du coude et appartient à l'os cubitus, s'insère pendant l'extension du bras dans une cavité dite *olécrânienne*, qui se présente sur la face postérieure et à la base de l'humérus. L'observation a démontré que la perforation de cette cavité n'était nullement un caractère d'infériorité.

individus rapportés aux deux races de Furfooz.

En somme, ce type est inférieur à celui de Cro-Magnon ; mais l'on n'en saurait rien déduire contre l'homme primitif, car l'antiquité des os de Furfooz ne paraît pas considérable. La grotte du Frontal où ils étaient amassés, servit sans doute de lieu de sépulture à une peuplade qui vivait dans le voisinage à une époque où les grands mammifères quaternaires avaient déjà disparu de la contrée. Parmi les nombreux débris d'animaux trouvés en avant de la grotte, l'on n'a, en effet, découvert aucun ossement se rapportant aux espèces contemporaines du mammouth.

Restent les races de Grenelle et de la Truchère.

Toutes les deux auraient eu la mâchoire légèrement saillante, mais ce caractère est presque le seul qui leur soit commun. La première était de petite taille, comme celle de Furfooz, et elle avait pour indice céphalique 83, ce qui la place au dernier degré des brachycéphales. La seconde occupe à cet égard un rang plus élevé avec son indice de 84, 32. Chez l'homme de Grenelle la perforation de l'humérus se rencontre presque aussi fréquemment que chez celui de Furfooz.

La même observation n'a pu être faite pour la race de la Truchère, qui n'est représentée que par une seule tête trouvée en 1868, dans la localité de ce nom (Saône-et-Loire), sur les bords de la Seille. Cette tête, par sa brachycéphalie prononcée et la longueur de la face, contraste avec le type de Cro-Magnon, dont le crâne est long et la face remarquablement courte. Etait-ce bien la peine, toutefois, de créer une race nouvelle pour y faire entrer une pièce unique dont la conformation, si exceptionnelle qu'elle soit, n'est pas plus inexplicable que les mille et une anomalies analogues observées chez les peuples contemporains?

Conclusion. — L'on doit deviner à ce très rapide aperçu que nos ancêtres, ou pour parler avec plus d'exactitude, nos prédécesseurs de l'époque quaternaire ne furent point ces hommes à face bestiale qu'exige la théorie transformiste appliquée à notre espèce. Des cinq races dont nous venons d'énumérer les traits principaux, celles de Furfooz et de Grenelle sont peut-être les moins belles; mais ce sont précisément celles qui comptent le plus de représentants dans nos populations actuelles. La race de Cro-Magnon, la plus nombreuse aux temps quaternaires, fut remarquable entre toutes par la vaste capacité de son crâne : or, on l'a vu, s'il est un élément matériel qui doive être pris en considération lorsqu'il s'agit d'apprécier l'étendue de l'intelligence humaine, c'est à coup sûr dans le volume du cerveau, plutôt que dans sa forme, qu'il faut l'aller chercher.

D'autre part, ce serait une erreur de croire que la race de Canstadt ait seule le privilège d'une haute antiquité. L'on a vu que, parmi les crânes ou mâchoires qui lui sont attribués, trois ou quatre seulement avaient été trouvés dans des conditions qui ne permettaient point de révoquer en doute leur origine quaternaire. Mais les ossements d'Engis, de Cro-Magnon, de Menton (Alpes-Maritimes) et de Bruniquel (Tarn-et-Garonne) gisaient également en association intime avec les restes du mammouth et des autres mammifères contemporains. Le crâne d'Engis, par exemple, a été trouvé à peu de distance de la mâchoire de la Naulette et dans des condition exactement semblables, avec les débris d'une faune identique. Quelle apparence y a-t-il que ces deux portions de squelette représentent deux époques distinctes séparées par une série de siècles?

Outre ces quelques stations qui représentent

plus spécialement le type de Cro-Magnon, que d'autres ne pourrions-nous pas pas citer parmi celles qui nous ont offert la même association d'ossements humains et de débris d'espèces éteintes sans nous offrir en même temps ce type avili qu'on a voulu voir à la Naulette et dans la vallée du Néander! Il nous suffit de signaler, pour la France, les gisements de Solutré (Saône-et-Loire), de Grenelle (près Paris), de Louverné (près Laval), d'Aurignac (Haute-Garonne), celui enfin de Moulin-Quignon (près d'Abbeville), dont la fameuse mâchoire se présente toujours à nous comme le plus ancien débris de l'espèce humaine.

L'étranger, si nous l'interrogions, nous montrerait la même association dans ses grottes de Gaylenreuth (Allemagne), de Victoria, de Kent's hole et de Paviland (Angleterre), etc. Pour être complet, il nous faudrait sans doute décrire ces ossements qui se présentent à nous avec des gages d'antiquité si incontestables ; mais n'est-ce pas montrer suffisamment la noblesse et la régularité de leurs formes que d'observer que les partisans de l'origine simienne de notre espèce, bien loin de les invoquer à l'appui de leur thèse favorite, se sont efforcés au contraire de répandre des doutes sur l'authenticité de plusieurs. C'est ainsi qu'ils ont dit de la mâchoire de Moulin-Quignon que « sa conformation fait douter qu'elle ait pu appartenir à la première époque quaternaire (1) ; » des hommes de Cro-Magnon, « qu'ils pourraient bien n'être que de la fin des temps quaternaires ou du commencement de la période néolithique ; » des nombreux squelettes d'Aurignac, dont la découverte fut pourtant considérée comme la plus sûre garantie de la coexistence de l'homme et des espèces éteintes, qu'ils datent seulement de l'époque de la pierre polie. A leur yeux, il n'y a de véritablement anciens que ceux qui offrent les caractères voulus par la théorie.

L'on comprendra que ce *criterium* ne puisse nous satisfaire. A défaut d'autres indices plus concluants, nous continuerons à juger de l'âge d'un squelette par l'ensemble de la faune à laquelle il était associé. Or, et c'est là notre conclusion, à s'en tenir à ce caractère, l'homme des premiers temps ne fut point sensiblement inférieur à l'homme actuel puisque, de tous les débris qui en sont restés intimement associés à ceux du mammouth et des autres espèces éteintes, un seul, la mâchoire de la Naulette se présente à

(1) Zaborowski, *l'Homme préhistorique*, p. 52 et 106.

nous avec des indices sérieux d'infériorité physique. Serait-il rationnel, de juger de l'ensemble par un cas exceptionnel, peut être pathologique, contre lequel s'élève la masse des autres ?

Assurément il n'entre point dans notre pensée de faire de l'homme fossile un être supérieur à nous. Ses œuvres de pierre et d'os, si parfaites qu'elles soient, protesteraient contre une pareille exagération ; mais, il convient de se le rappeler, l'homme dont il est ici question et qui a fait l'objet des études de nos anthropologistes n'est point, à proprement parler, l'homme primitif.

C'est un fait, attesté par la tradition comme par toutes les branches de connaissances humaines, que notre espèce a eu pour berceau unique l'Asie et probablement ce plateau central borné au nord et au sud par l'Altaï et l'Himalaya, où se rencontrent, au dire de M. de Quatrefages, toutes les langues et tous les types. Si l'on veut avoir quelque chance de se trouver en face du type originel, c'est là qu'il faut fouiller le sol et non dans nos contrées occidentales dont les plus anciennes populations, si haut qu'elles remontent dans les ténèbres du passé, avaient eu le temps de perdre leur culture primitive et de modifier leurs traits dans le cours de leurs longues et pénibles migrations. Les recherches qui ont pour objet l'homme fossile européen sont sans doute intéressantes au point de vue de l'histoire locale, à laquelles elles ajoutent une page inespérée, mais elles n'éclairent que d'une façon très insuffisante les débuts de l'humanité même.

Avant de rien conclure à cet égard, sachons attendre que le sol asiatique, vierge encore d'investigations de cette nature, nous ait livré, à son tour, quelques-uns des secrets qui dérobent aux yeux de la science les origines de ses populations. Peut-être retrouvera-t-on là aussi les traces d'un état social inférieur. Il ne nous répugne point d'admettre que l'homme primitif ignorât les procédés de l'industrie contemporaine et les conquêtes de la civilisation matérielle.

A ce point de vue, il fut un barbare, malgré la somme assurément considérable de connaissances morales et de vérités doctrinales qui lui fut départie par le Créateur ; mais, s'il fut barbare, il ne fut point sauvage, car alors il ne fût pas sorti des langes de son enfance. Jamais, de l'aveu de M. Renan, l'on n'a vu une peuplade sauvage se civiliser elle-même. Si la sauvagerie et la barbarie ont des traits communs, elles en ont aussi qui les distinguent. L'une se refuse à tout progrès ; l'autre enfante la civilisation. Elles se ressemblent comme le nain ressemble à l'enfant par la taille : l'un grandit, l'autre reste stationnaire. L'homme primitif a grandi : donc il n'était pas sauvage.

LIVRE III

La civilisation primitive.

CHAPITRE I

OBSERVATIONS PRÉLIMINAIRES

Objection puisée dans la grossièreté de l'industrie primitive. — Ne pas confondre l'homme préhistorique ou quaternaire avec l'homme primitif. — Est-il vrai qu'un peuple ne rétrograde jamais? — Exemples de décadence sociale. — Un peuple peut-il sortir par lui-même de l'état sauvage? — L'âge d'or de la tradition. — La Bible ne nie point un certain progrès. — Etat primitif d'Adam. — Origine de la vie sauvage.

ANS le livre précédent, nous avons dû, pour ne pas nous étendre indéfiniment et dans la crainte d'engendrer de la confusion, laisser dans l'ombre un côté important de la question, savoir l'état primitif

de l'homme tel qu'il nous est révélé par les plus anciens débris de son industrie. C'est là un point capital sur lequel il est nécessaire de revenir ; car si la forme et la capacité des crânes nous fournissent de précieux indices des facultés intellectuelles des races antérieures, les armes et les outils qu'elles nous ont laissés ne nous parlent pas moins éloquemment de leurs mœurs, de leur génie industriel, de leur culture artistique, en un mot de leur degré de civilisation.

Les archéologues de l'école préhistorique l'ont compris. Lorsqu'ils se proposent de démontrer que l'homme a débuté par l'état sauvage, leur premier soin n'est pas, généralement, de nous montrer une série de crânes dont la forme et les dimensions suivraient un progrès constant, en rapport avec les données chronologiques. Le procédé est trop délicat, l'argument sujet à trop d'objections, — nous croyons en avoir fourni la preuve, — pour qu'on puisse en user journellement. Il est beaucoup plus simple de conduire le profane qu'il s'agit de convaincre dans une salle de nos musées dits préhistoriques et là de lui présenter ces séries de cailloux grossièrement ébauchés, ces éclats de silex, ces pierres aiguisées, ces coquilles percées dont l'ensemble constitue, assure-t-on, le mobilier *complet* d'une même époque.

Il ne vient guère à l'idée du visiteur d'émettre un doute sur l'authenticité de ces objets, non plus que sur la légitimité des déductions auxquelles ils servent de base. Tout cela est présenté au nom et sous le couvert de la science : comment ne se soumettrait-il pas à la grande divinité du jour ? Pour lui, la preuve est faite : le premier homme fut un sauvage et il faut décidément renoncer à cet *édénisme* primitif qu'une tradition trompeuse plaçait à l'origine de l'humanité.

Cette conclusion est trop d'accord avec ses préjugés pour qu'il songe un instant à en contester la valeur. N'a-t-il pas puisé dans les ouvrages à la mode ce principe évolutionniste que l'homme a dû, comme tous les êtres vivants, comme la nature entière, suivre une progression sans cesse ascendante ? Le maître de l'école positiviste, dont le tardif retour n'a point fait oublier les perfides doctrines, Littré n'a-t-il pas dit que « l'âge de la pierre est un stage qu'il faut nécessairement faire (1) ? » une phase indispensable de la vie de l'humanité ?

(1) *La science au point de vue philosophique,* p. 180.

que, « bien loin d'être supérieurs, en intelligence et en moralité, (les premiers hommes) ouvraient péniblement les sillons de la moralité et de l'intelligence (1)? »

Pour n'être pas sous l'influence de pareils préjugés, nos lecteurs n'en sont pas moins en droit de nous demander jusqu'à quel point les faits viennent confirmer ces vues spéculatives de la philosophie contemporaine, et c'est pour les édifier à cet égard que nous résumerons, en quelques pages, les rares données positives que l'on doit aux découvertes récentes d'archéologie préhistorique; mais auparavant il convient de rappeler, pour prévenir toute erreur, que l'homme, dont les restes altérés et la grossière industrie font l'objet de la nouvelle science, n'est point, quoi qu'on en dise et en dépit du nom qu'on se plaît à lui donner, l'homme *primitif*, celui-là qui le premier représenta l'espèce humaine et duquel descendent toutes les races dispersées sur la surface du globe. Si fortes que soient les préventions antireligieuses de certains savants, il n'en est aucun, pensons-nous, qui aille jusqu'à placer sérieusement en Europe le berceau de l'humanité. Ce privilège est généralement réservé à

(1) *Ibid.*, p. 184.

l'Asie, à ce plateau central surtout, où se trouvent confondus tous les types humains (1).

Il est assez d'usage d'appliquer l'épithète d'*autochtones* ou d'*indigènes* à ces populations quaternaires absolument étrangères à l'histoire, dont l'archéologie préhistorique nous a révélé l'existence ; mais il nous paraît que, dans la pensée de ceux qui les emploient, ces termes impliquent moins une affirmation d'origine locale qu'un aveu d'ignorance à cet égard. L'homme quaternaire tel que nous le connaissons n'est évidemment qu'un rameau détaché de sa tige, un rejeton dégénéré dont l'infériorité, si réelle qu'elle puisse être, n'entraîne aucunement celle de l'arbre qui lui donna naissance.

Prétendra-t-on, avec Lubbock, que tout

---

(1) M. de Quatrefages (*l'Espèce humaine*, p. 130-135), indique la région située au nord et au nord-ouest de l'Himalaya. L'on y rencontre en effet les trois races, blanche, nègre et jaune, avec prédominance de cette dernière, laquelle représenterait plus spécialement, au dire du même savant, le type primitif. Chose plus significative encore, les trois groupes de langues monosyllabiques, agglutinatives et à flexion, se réunissent autour du même massif central de façon à constituer comme un trait d'union entre les dialectes les plus divers parlés dans des pays fort éloignés. Il ne faut pas oublier non plus que nos animaux domestiques, ainsi que plusieurs de nos céréales et de nos arbres à fruit, paraissent être des importations asiatiques.

progrès réalisé par l'homme l'est pour toujours et pour tous ses descendants ? que l'industrie humaine n'a jamais rétrogradé ? que toute conquête de la civilisation sur la barbarie, constitue comme un bien inaliénable qui ne saurait disparaître ?

S'il en était ainsi pour l'humanité prise dans son ensemble, s'il était vrai que la masse progressât continuellement et que tout progrès industriel pût être considéré comme définitivement acquis, ce qui est contestable, assez de faits prouvent au moins qu'il en est autrement des peuples et des pays, pris isolément. L'histoire nous offre un grand nombre d'exemples de décadence sociale, tandis qu'elle ne nous montre pas un seul peuple se civilisant par lui-même et sans secours étranger. Il suffit de jeter les yeux sur l'Asie-Mineure, sur l'Assyrie, sur l'Égypte même, pour se convaincre qu'une civilisation est susceptible de disparaître. L'histoire est là qui l'atteste.

Quant aux autres régions plus barbares encore, sur le passé desquelles nous ne possédons aucun document écrit, elles offrent souvent dans leurs monuments et leurs traditions des traces frappantes d'un ancien état social, supérieur à celui qu'on y observe de nos jours. Les terres de l'Océanie sont pleines d'édifices en ruines que leurs habitants eussent été incapables d'ériger avec les grossiers outils dont ils disposaient, il y a seulement quelques années. Les navigateurs qui les premiers visitèrent l'archipel des îles Marquises, celui des Sandwich, l'île de Pâques et celle de Tahiti furent frappés du contraste que présentaient, avec la grossière industrie des indigènes, certains monuments remarquables par leurs proportions colossales ou par le fini du travail (1).

Le langage généralement assez complexe des peuplades sauvages, quelques-unes de leurs institutions qu'on dirait empruntées aux nations civilisées de notre temps, des procédés industriels qui ne sont plus en rapport avec leur état social, par exemple l'usage et la fabrication du fer, métal si répandu chez les nègres africains, tout indique que la plupart des tribus aujourd'hui plongées dans la plus hideuse sauvagerie, ont joui jadis d'une civilisation relative, qu'elles possédaient en commun avec les autres groupes humains.

L'on sait, d'autre part, combien de monuments grandioses, de tertres immenses, de sépultures et de fortifications diverses, les pre-

(1) James Southall, *The recent origin of man*, p. 399.

miers Espagnols qui pénétrèrent en Amérique rencontrèrent çà et là en divers points du Nouveau-Monde. Tout cela n'avait pu être érigé, ce semble, par la population misérable contre laquelle ils eurent à lutter. Evidemment c'était l'œuvre de sociétés antérieures mieux organisées et plus policées, ce qui prouve que là aussi il y avait eu décadence.

L'abbé Brasseur de Bourbourg a décrit la civilisation dont jouirent le Mexique et l'Amérique centrale pendant la période la plus obscure de notre moyen-âge (1). Les explorations récentes dont ces contrées ont été l'objet n'ont fait que confirmer ce premier témoignage. Les ruines y abondent, couvertes d'inscriptions et de sculptures, et, ce qui est infiniment précieux, elles commencent à révéler leurs secrets. Un voyageur français, M. Charnay, qui, à diverses reprises, a exploré le Mexique depuis 1854, nous a montré dans les Toltèques un peuple savant, lettré, bâtisseur et bâtisseur remarquable, car il employait les matériaux les plus divers dans ses édifices. De cette culture intellectuelle, de cette industrie

(1) *Histoire des nations civilisées du Mexique et de l'Amérique centrale avant Christophe Colomb*, 1857, 4 vol. in-8°.

prospère, il ne restait guère qu'un souvenir lors de la conquête espagnole (1).

L'on connaît des exemples peut-être plus frappants encore de décadence sociale. Prichard cite des tribus africaines qui, pillées par leurs voisins et contraintes de s'enfuir dans le désert, ont passé de la vie pastorale à l'état sauvage. En présence de faits de cette nature, que penser de la prétendue impossibilité où serait un peuple de perdre les conquêtes de la civilisation dont il aurait été une fois investi ?

Ce qui est certain, au contraire, nous le répétons, et M. Renan en fait l'aveu (2), c'est que jamais l'on n'a vu une peuplade sortir par elle-même de l'état sauvage.

A cette objection depuis longtemps formulée, Lubbock croit répondre victorieusement (3) en nous montrant des traces de progrès chez divers peuples, par exemple chez les Tahitiens qui, lors de la découverte de leur île, venaient, dit-on, de renoncer au cannibalisme; chez les

---

(1) *Revue scientifique*, août 1881, p. 187. — Voir dans la même revue (t. XVIII, p. 533-535) les intéressantes et sages observations que fait, sur le sujet que nous examinons, un transformiste anglais, Richard Wallace.

(2) *Histoire des langues sémitiques*, p. 495.

(3) *L'homme préhistorique*, p. 388 ; — *La condition primitive de l'homme* ; Revue des cours scientifiques, t. V, p. 233.

Bachapins qui venaient d'introduire chez eux l'art de travailler le fer lorsque Burchell les visita; chez les Mexicains qui, six ans avant la venue de Christophe Colomb, avaient construit leur plus vaste temple; chez certains Indiens d'Amérique qui avaient modifié et perfectionné leurs canots; mais tous ces faits s'expliquent ou par une importation étrangère ou par une civilisation antérieure ou par un emprunt à des peuples voisins plus avancés.

Il n'y a point là, en tout cas, de passage évident d'une barbarie complète à une réelle civilisation. Non seulement le véritable sauvage est incapable de progresser par lui-même, mais il ne peut subir, sans danger pour son existence, le contact d'un état social supérieur. La civilisation le tue : nous en avons de trop nombreux exemples. L'homme ne progresse qu'autant qu'il est arrivé à un certain degré de développement; encore faut-il pour hâter ses progrès l'approche ou l'immixtion d'un peuple plus avancé. « La civilisation, » a-t-on dit avec non moins de vérité que d'élégance, « est un flambeau qui ne s'allume qu'au contact d'un foyer préexistant (1). »

(1) L'abbé de Broglie, *Origine de l'homme; Correspondant,* 1879.

Si le principe proposé par Lubbock était fondé, il serait très facile de se faire une idée du degré de civilisation, ou plutôt de barbarie, des premiers hommes. Il n'y aurait qu'à jeter les yeux autour de soi et à voir ce que sont actuellement ou, du moins, ce qu'étaient, quand on les découvrit, les peuplades qui occupent le dernier degré de l'échelle sociale. Si misérables qu'elles aient pu être, l'homme primitif l'était plus encore, puisque aucun des avantages dont il a joui n'a pu se perdre. L'on saurait de la sorte qu'il n'avait point de poterie, car les Esquimaux, les Polynésiens, les Australiens et plusieurs autres races sauvages n'en possédaient pas quand on pénétra pour la première fois dans leurs pays. Il n'avait non plus, au moins dès le début, ni arcs, ni flèches, car ces armes étaient inconnues aux Australiens et aux Néo-Zélandais. Il était nu, ignorait l'agriculture et peut-être l'usage du fer, il ne possédait que de grossiers canots et n'avait d'autre animal domestique que le chien, car l'on a vu des peuplades qui en étaient à ce degré de misère. Une lance, une massue, voilà quelles étaient ses seules armes (1).

Si telle avait été la condition primitive de

(1) Lubbock, *L'Homme préhistorique*, p. 536.

l'homme, l'on pourrait se demander comment il se fait qu'un être aussi faible, jeté nu et sans armes au milieu d'animaux gigantesques et redoutables que notre âge ne connaît plus, n'ait pas succombé en face des mille dangers qu'il courait. Pour parer à ce manque de protection que la nature lui avait refusée, il lui eût fallu une intelligence au moins égale à celle des plus sagaces de nos contemporains, et l'on prétend qu'il se distinguait à peine de la brute ! Nous défions l'école évolutionniste de sortir de ce cercle vicieux où elle s'est enfermée elle-même.

Il y a nécessité de le reconnaître : si l'homme a triomphé, c'est qu'il avait pour suppléer à sa faiblesse physique les ressources de son génie ; c'est qu'il n'était point cet être misérable dont l'intelligence ne dépassait guère, au dire de la théorie transformiste, celle des brutes qui l'entouraient. Les découvertes de l'archéologie préhistorique ne peuvent rien contre ce simple argument.

Des traditions qu'on retrouve chez les peuples les plus divers, à quelque race qu'ils appartiennent, font allusion à un état d'innocence et de bonheur par lequel l'humanité aurait débuté. Il n'est pas besoin de rappeler les vers d'Hésiode, où se trouve dépeint l'âge d'or de la mythologie grecque (1). Ce que l'on sait moins, c'est que l'Égypte elle-même eut sa période analogue dans le règne du dieu Râ.

« Le règne de cette dynastie divine, dit M. Maspéro, était regardé par les Égyptiens des temps postérieurs comme un âge d'or auquel ils ne songeaient jamais sans envie : pour dire d'une chose qu'elle était supérieure à tout ce qu'on pouvait imaginer, ils affirmaient « ne pas en avoir vu la pareille depuis le règne du dieu Râ » (2).

Une tradition aussi universelle, qu'on retrouve chez les représentants des trois grandes familles humaines, doit avoir sa source dans un fait réel antérieur à la dispersion des races.

Il est vrai que, à l'encontre de ces données

(1) « Quand les hommes et les dieux furent nés, du temps que Saturne régnait sur la voûte éthérée, les immortels donnèrent aux hommes l'âge d'or. Sans chagrins, sans inquiétudes, exempts de travaux et de douleurs, ils vivaient comme des dieux ; les infirmités compagnes de la vieillesse leur étaient inconnues ; partageant, même dans l'âge le plus avancé, les plaisirs de la jeunesse, leur mort n'était qu'un doux sommeil ; une terre féconde leur fournissait d'elle-même des fruits délicieux ; l'abondance ne laissait aucun prétexte à l'envie ; les soins paisibles, volontaires, par lesquels ils pourvoyaient à leurs besoins, écartaient l'ennui de l'oisive jouissance. « *Œuvres et jours*, v. 96 et suivants.

(2) *Histoire ancienne des peuples de l'Orient*, p. 38.

traditionnelles, nous avons les assertions contraires de Lucrèce et d'Horace relatant un état de choses dans lequel l'homme n'aurait eu d'autre instrument de défense que ses ongles et ses dents, les pierres du chemin et les branches arrachées aux arbres (1); mais il n'y a point là, à proprement parler, de contradiction. Si le tableau que nous présentent les poètes latins n'est point un effet de leur imagination ou un emprunt fait aux systèmes philosophiques du jour, il faut y voir une allusion non à l'état primitif de l'homme, lequel fut, du reste, de courte durée, mais à un état ultérieur dont les diverses mythologies païennes n'ont point non plus oublié de faire mention. Les mêmes traditions, qui nous parlent d'un âge d'or, nous disent, en effet, qu'il fut suivi d'une prompte déchéance; et, comme ce dernier état a été le plus durable, il est tout naturel que l'archéologie nous en révèle principalement les traces.

Ici toutefois il convient de signaler une différence profonde entre les données bibliques et celles du paganisme. Ces dernières laissent entendre que la déchéance qui frappa à l'ori-

(1) Lucrèce, *De natura rerum*, lib. V, v. 1282 ; Horace, *Satires*, 1, 3.

gine l'humanité s'effectua lentement, de façon à se continuer jusqu'à l'ère actuelle. Après l'âge d'or vient l'âge d'argent ; après celui-ci l'âge d'airain et enfin l'âge de fer dans lequel nous vivons ; c'est une décadence perpétuelle.

La doctrine qui découle des faits consignés dans la Bible est plus consolante et aussi mieux en rapport avec l'état actuel des connaissances humaines. Après la chute vient le relèvement qui s'effectue avec lenteur, mais qui n'a pour ainsi dire pas de terme. Sans doute il ne s'applique pas à tous les groupes humains ; il est des rameaux détachés du tronc qui vont se flétrissant de plus en plus ; mais, pris dans son ensemble, l'arbre de l'humanité progresse d'âge en âge. Voilà ce que nous montre l'histoire aidée de l'archéologie ; voilà aussi ce que la Bible laisse entendre à qui sait l'interpréter sainement. Elle nous fait assister, au moins à partir d'une certaine période, au spectacle d'un perpétuel progrès. La somme des vérités s'accroît, les mœurs s'épurent, les idées se spiritualisent. Il y a loin, à ce point de vue, d'Abraham à Moïse, de la promulgation du décalogue à la mission des prophètes et plus encore des prophètes au Christ. (1)

(1) M. François Lenormant s'est fait le champion de la

Il n'est guère douteux que le progrès matériel n'ait suivi, et probablement beaucoup plus tôt, une marche également ascendante. La Sainte Ecriture, dont l'objet est tout autre, ne nous donne que peu de renseignements à à cet égard ; cependant elle n'est pas sans nous laisser entrevoir des progrès successifs de cette nature.

Elle nous montre « celui qui bâtit la première ville, celui qui inventa les instruments de mu-

loi du « progrès continu » appliquée à l'humanité. Il en veut fort à M. de Maistre pour avoir soutenu l'idée contraire d'une civilisation primitive. « Pour la trop nombreuse école qu'il a enfantée, dit-il, s'écarter des théories de cet hiérophante c'est nier la religion elle-même. Je n'appartiens point à cette école et je m'en fais gloire ; aussi, pour moi, les dires de l'auteur du *Pape* et des *Soirées de St-Pétersbourg* ne sont rien moins que parole d'Évangile. Appuyé sur les faits constatés par la science, je tiens ses rêveries sur la civilisation des premières générations humaines, au lendemain du jour où l'homme fut chassé de l'Eden, pour radicalement fausses au point de vue historique, et recourant à la Bible, je les trouve en contradiction formelle avec son témoignage. » — *Les premières Civilisations.* t. 1. p. 67. — Nous sommes porté à croire que M. Lenormant a raison quant au fond ; cependant il nous semble insister excessivement sur la *continuité* du progrès et aussi sur l'importance des des révélations scientifiques à cet égard. C'est encore exagérer que de présenter l'état sauvage comme étant la condition primitive de l'homme et la conséquence nécessaire de la faute originelle. L'on n'est pas sauvage pour ignorer les procédés d'une industrie perfectionnée et les conquêtes de la civilisation contemporaine.

sique, celui qui enseigna à ses frères à forger le fer et l'airain, celui qui donna une forme régulière au culte de la divinité et enfin ce Nemrod, hardi chasseur qui, après avoir purgé la région qu'il habitait des bêtes sauvages, devint le premier chef d'empire que le monde ait connu (1). »

Tout cela dénote une civilisation progressive dont Dieu a voulu en quelque sorte laisser le mérite à l'homme en se contentant de le doter à l'avance des facultés nécessaires pour l'acquérir. On a dit de la loi du progrès qu'elle était fille du christianisme (2) ; le fait est que l'antiquité païenne, avec sa théorie des quatre âges, n'a pas su la concevoir.

---

(1) L'abbé de Broglie, *Origine de l'homme* ; *Correspondant*, année 1879, p. 979.

(2) Fr. Lenormant, *les Origines de l'histoire*, p. 66. — Ozanam avait exprimé la même idée. « La pensée du progrès, dit-il, n'est pas une pensée païenne. Au contraire, l'antiquité païenne se croyait sous une loi de décadence irréparable. Le livre sacré des Indiens déclare qu'au premier âge « la justice se maintient ferme sur ses quatre « pieds, la vérité règne et les mortels ne doivent à l'ini- « quité aucun des biens dont ils jouissent. Mais dans les « âges suivants la justice perd successivement un pied et « les biens légitimes diminuent en même temps d'un « quart. » Hésiode berçait les Grecs au récit des quatre âges, dont le dernier avait vu fuir la pudeur et la justice, « ne « laissant aux mortels que les chagrins dévorants et les « maux irrémédiables. » Les Romains, les plus sensés des

L'on s'est plu à investir nos premiers parents de connaissances illimitées. L'on a dit d'eux qu'ils n'ignoraient aucun des procédés de l'industrie actuelle, et que les sciences humaines n'avaient point pour eux de secrets.

Rien n'est plus gratuit. Pour jouir d'une félicité sans égale Adam n'avait que faire de ces avantages matériels, aujourd'hui si fort appréciés parce qu'il a fallu tant de temps et d'efforts pour les acquérir. La connaissance de Dieu, de ses devoirs, de son origine et de sa destinée lui suffisait ; le reste était de l'accessoire, et nous ignorons s'il a plu à Dieu de l'en doter.

Sans doute, nos premiers parents ne furent point des sauvages, même après le péché. Des deux fils d'Adam, nous voyons l'un élever des troupeaux, l'autre labourer des terres ; ces deux états sont inconciliables avec la barbarie complète ; le vrai sauvage n'est ni pasteur, ni agriculteur. Mais sans être des sauvages, les premiers hommes eurent sans doute une in-

---

hommes, mettaient l'idéal de toute sagesse dans les ancêtres et les sénateurs du siècle de Tibère, assis aux pieds des images de leurs aïeuls, se résignaient à leur déchéance, en répétant avec Horace :

  Ætas parentum, pejor avis, tulit
  Nos nequiores, mox daturos
  Progeniem vitiosiorem. »

dustrie fort rudimentaire, si rudimentaire que peut-être ils ne dédaignèrent pas l'emploi des outils en pierre. L'historien sacré ne le laisse-t-il pas entendre lorsqu'il attribue à Tubalcaïn, que six longues générations séparaient d'Adam, l'art de travailler le fer et l'airain ?

Rien donc ne s'oppose à ce qu'on admette avec l'école préhistorique que la première société humaine ait ignoré nos procédés industriels. Dans l'Eden, où il fut tout d'abord placé, l'homme n'avait nul besoin de ces connaissances et rien ne nous dit que Dieu les lui ait communiquées ultérieurement. Ce que nous ne pouvons accorder à la nouvelle science ou plutôt à quelques-uns de ses représentants, c'est qu'il ait, dès lors, vécu dans l'état d'abjection qu'on se plaît à nous dépeindre. Les progrès qu'il a réalisés supposent chez lui des qualités mentales au moins égales à celles que l'on rencontre chez nos contemporains les plus favorisés.

Mais, nous dira-t-on, ces qualités mentales, cette perfection physique, ces notions religieuses et morales que possédait, au dire des Livres Saints, l'homme primitif, nous ne les retrouvons pas dans le sauvage de notre temps, non plus que dans l'homme préhistorique, tel que nous l'a révélé l'archéologie.

Il ne nous en coûte nullement de le reconnaître. Sans prendre au sérieux tout ce qu'on a dit des premiers habitants de nos contrées, en fait de dégradation et de misère, sans admettre d'un autre côté que les idées morales et religieuses soient aussi complètement absentes de certaines populations contemporaines qu'on aime à le dire, nous pensons néanmoins que les premiers hommes, si barbares qu'ils fussent au point de vue industriel, leur étaient physiquement et moralement de beaucoup supérieurs ; mais cette dégénérescence chez certains groupes de l'espèce humaine ne saurait nous surprendre.

Supposons qu'une famille appartenant à la nation la plus civilisée du globe vienne à être jetée, à la suite d'un naufrage, par exemple, dans une contrée déserte où elle aura à se protéger à la fois contre les attaques des animaux sauvages et contre les rigueurs du climat. Obligée de subvenir à ses besoins les plus pressants, indifférente à tout le reste, elle négligera forcément la culture des connaissances antérieurement acquises et quelques générations suffiront pour qu'il n'en reste plus qu'un vague souvenir. Or, le fait que nous supposons n'a pu manquer de se produire à diverses reprises dans le cours des siècles.

Qui nous dira combien de familles, de tribus entières ont été brusquement expulsées de leur patrie par les guerres et les autres fléaux qui assaillent l'humanité ! « Errant au hasard et livrées à mille nécessités, elles oublièrent tout le reste dans la poursuite des choses de la vie, et laissèrent mourir entre leurs mains les divines traditions. Une lutte acharnée contre les animaux et la nature, de longues migrations, des guerres de familles et de tribus, l'aspérité du climat, l'habitude d'une vie indigente qui ramenait chacun sur ses propres besoins, étouffèrent en elles les douces affections, leur firent oublier les arts et finirent par précipiter certaines peuplades dans une honteuse dégradation. La vie sauvage commença (1). »

Il n'est pas probable, toutefois, qu'il en ait été ainsi des populations qui restèrent agglomérées autour du berceau primitif. Sans doute, leur histoire a dû présenter, comme celle des autres peuples, ses alternatives de prospérité et de misère, ses périodes de décadence et de relèvement. Peut-être même furent-elles ré-

(1) L'abbé Guitton, *l'Homme relevé de sa chute*, t. 1, p. 83.

duites par moment à utiliser la pierre pour leurs besoins journaliers. Mais il est à croire que, dans cet Orient où la civilisation paraît avoir pris naissance, ces périodes calamiteuses ne furent ni générales ni de longue durée, en un mot, qu'il n'y a pas eu, à proprement parler, d'âge de pierre en cette contrée.

Comme la question est importante, nous verrons dans les pages suivantes, ce que nous enseignent, à cet égard, l'archéologie et l'histoire.

CHAPITRE II.

L'AGE DE LA PIERRE DANS L'ASIE ORIENTALE

Prétendues traces d'un âge de la pierre dans l'extrême Orient. — Découvertes relatives au Japon. — Le culte des outils en pierre implique-t-il l'oubli de leur destination ?— Usage actuel de la pierre au Japon. — Les traditions chinoises. — Sauvagerie de certaines peuplades contemporaines en Chine. — L'Indo-Chine. — Mélange de barbarie et de civilisation dans l'Inde. — Même observation pour la Babylonie.

A théorie danoise des trois âges de la pierre, du bronze et du fer (1), a si bien fait son chemin, qu'elle constitue aujourd'hui l'un des dogmes fondamentaux de

(1) Nous disons : âges *de la* pierre, *du* bronze et *du* fer, et non : âges *de* pierre, *de* bronze et *de* fer. Bien que ces dernières expressions soient encore usitées en matière d'archéologie préhistorique, elles ont l'inconvénient de faire songer aux âges mythiques inventés par les anciens pour représenter la déchéance progressive de l'humanité. Nous sommes heureux de pouvoir partager sur ce point le sentiment de M. de Mortillet.

l'archéologie préhistorique. Le plus qu'on ose en pareille matière, c'est d'émettre un doute sur l'existence d'un âge du bronze en certaines contrées restreintes du globe ou encore de contester la simultanéité de ces diverses périodes. Mais que l'humanité ait au début ignoré la fabrication et l'usage des métaux, que l'univers entier ait passé par cette phase initiale de barbarie que caractérise l'emploi exclusif de la pierre, c'est, au dire des adeptes de la nouvelle science, un point hors de contestation (1). Non seulement l'Europe a débuté de la sorte, mais l'Orient lui-même n'a point fait exception à la prétendue loi de développement. Là également, sur cette terre qui, d'après tous les témoignages, fut le berceau de l'espèce humaine et celui des plus anciennes civilisations, l'on montrerait dans des silex taillés et d'autres cailloux, jadis à l'usage de l'homme, les indices les plus significatifs d'un âge de la pierre. — Examinons la portée de cet argument.

Les contrées orientales qui ont fourni des documents à l'archéologie préhistorique, et dont l'étude offre pour nous le plus d'intérêt en raison de l'ancienneté de leur civilisation

(1) Lubbock, *L'Homme préhistorique*, p. 94.

sont, en commençant par l'est, le Japon, la Chine, l'Indo-Chine, l'Inde, la Babylonie, l'Asie-Mineure, la Syrie et l'Egypte. Nous les interrogerons successivement sur la question qui nous occupe. L'on jugera par cette rapide enquête si, de l'ensemble des faits qui les concernent, l'on peut légitimement déduire l'existence d'un âge de pierre applicable à ces contrées.

I. *Japon.* — Un certain nombre d'objets en pierre de provenance japonaise sont répartis entre nos principaux musées d'Europe. Au congrès tenu à Norwich en 1868, M. W. Francks signala 180 pièces de cette nature, consistant principalement en pointes de flèches de tous les types, en pointes de lances, en couteaux, grattoirs et hachettes (1). Ces pierres taillées ont été recueillies sur l'emplacement d'anciens cimetières, quelquefois à côté d'urnes en terre cuite et d'ornements divers en or, en argent, en cristal, en obsidienne, en calcédoine et autres pierres assez rares.

Il est à croire que les Japonais avaient, comme nos ancêtres les Gaulois, l'habitude d'ensevelir avec leurs morts, une partie des

(1) *Matériaux pour l'histoire de l'homme,* t. VI, p. 542.

objets qui avaient été à l'usage du défunt. Dans ce cas, la pierre eût réellement figuré dans l'industrie des anciens habitants, mais concurremment avec les métaux même les plus précieux, puisque l'on trouve les uns et les autres intimement associés.

En 1872, M. le marquis de Vibraye présenta au Congrès de Bruxelles les photographies de 67 objets « préhistoriques » (?) recueillis au Japon par M. Sabatier, médecin de la marine. On y remarque un certain nombre de hachettes polies en diorite, en pétrosilex et surtout en jade vert et blanc. L'une d'elles est percée dans le sens de la largeur, ce qui permettait à son heureux possesseur de l'étaler à plat sur sa poitrine (1).

Un an plus tard, en 1873, M. Alph. Baux signalait et figurait, dans les *Matériaux pour l'histoire de l'homme*, (p. 92), des objets en pierre et des poteries provenant également du Japon. Ce sont encore des pointes de flèche en quartz, jaspe ou calcédoine, et aussi des hachettes dont quelques-unes, dit-il, ont évidemment servi. Il en est d'ébréchées et d'autres dont le tranchant a été aiguisé et refait plusieurs fois.

(1) *Matériaux*, t. VII, p. 515.

Chose digne de remarque, quelques-uns de ces objets, qui lui étaient venus tout étiquetés du Japon, portaient les noms de *haches* ou *sabres du tonnerre*. Il faut en conclure que l'idée superstitieuse, universellement répandue en Europe, qui voit dans ces haches des pierres de tonnerre et en attribue l'origine à la foudre, a pénétré jusqu'au Japon. On lit, du reste, dans les chroniques de ce pays, qu'à diverses reprises il y eut, à la suite d'orages, des pluies de pierres pointues, de flèches et de lances blanches et noires, vertes et rouges. Il n'est pas besoin de donner l'explication naturelle de ce phénomène. L'on comprend qu'après des pluies abondantes, qui avaient emporté la terre et le sable, les pierres taillées, jusque là enfouies dans le sol, aient brusquement apparu à la surface.

L'on a prétendu que cette attribution à la foudre des haches de pierre, cette origine mystérieuse qu'on leur suppose, ce culte superstitieux dont on paraît les avoir entourées de tout temps, impliquaient un oubli complet de la destination réelle et de l'usage primitif de ces instruments, ce qui, naturellement, renverrait l'âge de la pierre à une époque excessivement reculée.

Nous ne pouvons admettre cette conclusion.

Il est incontestable que plusieurs des peuples qui furent imbus de ces idées erronées connurent la destination ordinaire de ces objets, puisque eux-mêmes en firent usage. C'est précisément, peut-on dire, parce qu'ils savaient que la hache en pierre est faite pour fendre et briser que, voyant la foudre produire ces effets, ils lui attribuèrent des instruments semblables aux leurs. Il a suffi de la découverte d'un objet de cette nature aux pieds d'un arbre frappé de la foudre pour accréditer cette opinion et lui donner la valeur d'une vérité démontrée. Les paysans de certaines campagnes n'ont pas encore renoncé à ce préjugé. Ils sont toujours convaincus que le tonnerre « tombe en pierre » lorsqu'il déchire les arbres; et pourtant ils savent si bien que la hache en pierre polie a une autre destination, qu'eux-mêmes en font usage, en certaines contrées, pour décortiquer le bois.

Il n'est pas douteux non plus qu'au Japon cette croyance n'ait coexisté avec l'usage de la pierre. Le docteur Mohnike, médecin hollandais, qui présenta, en 1853, un mémoire sur ce sujet à la Société des Antiquaires du Nord, est d'avis que les métaux ne furent guère utilisés en ce pays avant le viie ou le viiie siècle *de notre* ère (1), époque où les mines de cuivre furent découvertes, bien qu'ils y aient été importés de Chine longtemps auparavant.

La Corée n'avait pas une industrie plus perfectionnée. Le *Niponki*, histoire du Japon, publiée en l'an 720, rapporte qu'au printemps de l'an 27 avant J.C., un vaisseau vint au Japon de Sinra, en Corée, avec un fils du roi de Sinra qui, entre autres présents, offrit au Mikado des lances de pierre (2).

La population qui fit usage de la pierre existe encore au Japon. Les maîtres actuels du pays attribuent ces outils aux Aïnos, qui paraissent avoir été les premiers habitants de l'île. Aujourd'hui tenus dans une sorte d'esclavage et repoussés dans l'intérieur de l'île par les Japonais qui leur défendent d'approcher des côtes, les Aïnos continuent de mener une existence misérable. Il n'ont point renoncé au tatouage. La pêche est leur grande ressource en fait d'alimentation. Ils se retirent dans de grossières cabanes de branchages et n'ont d'autre vête-

---

(1) Est-ce par suite de leur tendance ordinaire à reculer dans le passé l'âge de la pierre que les *Matériaux* traduisent (VI, 543) : *avant* J.-C. Le texte anglais dit pourtant *after* Christ », *après* le Christ.

(2) Southall, *the recent origin of man*, p. 391.

ment qu'une peau en hiver et qu'une écorce d'arbre dans la saison chaude.

Quoi qu'on en ait dit, l'usage de la pierre n'a pas totalement disparu du Japon. L'on y fabrique aujourd'hui même des pointes de flèche de l'aspect le plus archaïque, et l'armée régulière compte encore, au dire de M. Chabas, des troupes qui sont armées de silex à ailerons (1). L'on voit s'il est besoin de recourir à l'hypothèse d'un âge de la pierre pour expliquer la présence, en cette contrée, des objets en silex qui figurent dans nos musées.

II. *Chine.* — Les outils en pierre paraissent être peu nombreux en Chine; du moins sont-ils rares dans nos collections publiques et privées. Aussi n'est-ce point sur ce genre d'arguments que l'on a édifié la théorie d'un âge de la pierre applicable à ce pays. Cette fois l'on a eu recours aux traditions, mais ces traditions, il faut le reconnaître, sont des plus vagues.

---

(1) Comptes-rendus de l'Acad. des Inscriptions, 1871, p. 360-363; — Chabas, *Études sur l'antiquité historique*, p. 471. — Des dards en pierre sont également en usage pour la chasse aux îles Kouriles (Southall, *op. cit.*, p. 391). Nous ne parlons point des autres populations du nord-est de l'Asie qui, de l'aveu de M. Cartailhac (*Mat.* XIII, 557), « employaient naguère uniquement la pierre et l'os. »

Il est généralement admis que la période historique a commencé, pour la Chine, avec la dynastie des Hia, c'est-à-dire au moins vers l'an 2000 avant J-C. Antérieurement auraient eu lieu, au dire des traditions nationales, les diverses inventions qui constituent la civilisation chinoise. Il y a donc là un souvenir confus d'une période de barbarie relative, un hommage rendu à cette loi du progrès dont la Bible nous offre des traces, mais rien qui implique une véritable sauvagerie ni même un âge de pierre excluant absolument les métaux. Au contraire, tout à fait au début, la légende place le règne des dieux, ce qui est l'aveu d'une ère de prospérité et de bonheur dans laquelle il est permis de voir un souvenir altéré du paradis terrestre.

Malgré l'ancienneté de la civilisation chinoise, il ne faudrait pas s'étonner que l'on vînt à rencontrer, et en grand nombre, des instruments de pierre dispersés à la surface du Céleste Empire. L'histoire atteste que les uns ou les autres de ses habitants en ont presque constamment fait usage. Nous devons, à cet égard, de précieux renseignements à M. Stanislas Julien (1).

(1) Comptes-rendus de l'Acad. des sciences, t. LXIII, p.

Les Annales de la dynastie des Tang, fondée en 618, font mention de haches, de couteaux et d'épées en pierre. L'on retrouve le même témoignage à des époques plus rapprochées. Les Annales des Song composées sous la dynastie des Youen (1260 à 1341) nous parlent de soldats qui se servaient pour le combat de flèches en pierre. Dans un dictionnaire chinois, publié en 1726, il est question aussi de flèches dont la pointe était faite avec une pierre noire. L'écriture chinoise comprend du reste un caractère qui désigne la pierre dont on fait les pointes de flèche.

S'il faut en croire certains auteurs, l'usage de la pierre n'aurait pas encore aujourd'hui disparu complètement de la Chine, et le fait n'a rien d'invraisemblable pour qui sait dans quel état d'abjection sont toujours plongés certains habitants de ce vaste empire. Le père Gaubil nous décrivait au siècle dernier, dans les termes suivants, les mœurs des Miaotze, peuplade à peu près sauvage, qui vivait au milieu des Chinois policés sans se confondre avec eux : « Ils n'ont aucune sociabilité ; ils vivent dans des trous et dans des grottes ; ils boivent le sang des ani-

---

281. — Cfr. *Matériaux*, t. VI, p. 543 ; t. VIII, p. 273 ; t. XIII, p. 439 ; t. XV, p. 304 ; — J. Southall, *op. cit.*, p. 391.

maux et ne se nourrissent que de fruits sauvages ; ils se battent à coups de branches d'arbres et ne rendent aucun honneur funèbre à leurs morts (1). »

A ces traits, on croirait avoir affaire à l'homme quaternaire, tel qu'il nous est dépeint par la science contemporaine.

Tout récemment (2), un missionnaire chinois nous parlait d'une peuplade qui ne paraît guère moins sauvage que ne l'étaient les Miaotze au siècle dernier ; il s'agit des Man-Tsé, tribu misérable qui habite les montagnes du Léang-Chan dans la partie la plus méridionale du Su-Tchuen, non loin du Fleuve Bleu.

Les Man-Tsé paraissent être originaires de l'ancien royaume de Laos. L'on croit qu'ils habitaient le Yun-Nan lorsque cette province fut annexée à l'empire chinois. Plutôt que de se soumettre aux vainqueurs, ils préférèrent se retirer dans les hautes et arides montagnes qui avoisinent le Fleuve Bleu. Ils en ont fait comme un repaire d'où ils descendent parfois

(1) *Matériaux* t. VIII, p. 273. — Le père Gaubil mourut en 1759. Il paraît que depuis ce temps les Miaotze ont emprunté aux Chinois une partie de leurs inventions et de leur industrie.

(2) *Les Missions catholiques*, 12 août 1881.

pour commettre dans la plaine d'horribles brigandages.

Leurs mœurs ne les élèvent guère au-dessus des sauvages. A peine vêtus, insensibles au froid, infatigables à la marche, doués d'une souplesse et d'une agilité étonnantes, ils ont pour toutes céréales le maïs et le blé noir, et n'élèvent d'autres troupeaux que la chèvre et le mouton. « Ils n'ont, bien entendu, aucune idée de l'art militaire et les armes à feu leur causent une peur incroyable. »

L'auteur de cette correspondance ne nous dit point quel est l'outillage de ces farouches montagnards, mais il doit être évidemment des plus primitifs et ils utiliseraient la pierre pour quelques-uns de leurs besoins domestiques, qu'il n'y aurait point lieu assurément d'en être surpris.

Lorsque des peuplades contemporaines en sont là, l'on ne saurait s'étonner qu'il en ait été de même dans l'antiquité. Par suite, il importe assez peu de savoir que des flèches de pierre furent envoyées à l'empereur Wou-Wang 1100 ans av. J.-C. et que les livres chinois parlent de couteaux et de haches en pierre remontant à la plus haute antiquité (1). L'usage de la pierre a

(1) *Les premiers hommes et les temps préhistoriques*, t. I, p. 27.

été de tous les temps, parce que de tout temps il y a eu des populations misérables qui, en raison de leur pauvreté ou de leur isolement, ont reculé devant l'achat du métal, lors même qu'elles en connaissaient l'existence.

III. *Indo-Chine.* — Nous n'avons jusqu'ici que fort peu de renseignements sur l'état préhistorique de l'Indo-Chine. M. Moura, officier de marine, représentant de la France dans la capitale du Cambodge, a envoyé au musée de Toulouse un certain nombre d'objets, parmi lesquels figurent quelques instruments en pierre. L'on s'est empressé d'en conclure que ce pays avait eu, lui aussi, son âge de la pierre. Les faits justifient-ils cette conclusion ?

Les objets en pierre expédiés à Toulouse consistent en outils, parures et amulettes. Parmi les premiers, il faut citer des haches, des erminettes, des gouges et des ciseaux, le tout en pétrosilex et en euritine. Dans la seconde catégorie figurent de grands anneaux qui ont dû être employés comme bracelets, des perles de diverses formes, des disques de dimensions variées, etc. Tous ces objets ont été trouvés non loin du lac qui sépare le Cambodge du royaume de Siam, dans des lits coquilliers qui alternent avec des couches d'argile.

Chose importante à noter, les coquilles qui composent le gisement ne diffèrent pas de celles qui vivent encore actuellement sur les bords du lac, et, à côté des outils en pierre, l'on a trouvé, outre des poteries montées à la main selon des procédés suivis encore de nos jours au Cambodge, de nombreux objets en cuivre consistant en anneaux, haches à douilles, hameçons et pointes de flèches. Cette double circonstance ne tend point assurément à reporter à une haute antiquité les outils en pierre, ni surtout à en faire la base d'un âge spécial. Il ne paraît pas, en effet, qu'il y ait lieu de contester la contemporanéité des objets en pierre et en métal. Le docteur Noulet, qui s'est fait le rapporteur de la découverte, n'émet aucun doute à cet égard. Au contraire, M. Cartailhac, dominé par les préjugés de son école, voudrait que les objets provinssent de niveaux différents ; mais tout prouve qu'il n'en est rien. M. Moura est un observateur habile qui n'eût pas manqué d'en faire la remarque, si le fait était réel (1).

C'est, du reste, pousser un peu loin la manie des classifications préhistoriques que de les appliquer à un pays aussi peu connu que

(1) *Matériaux*, t. XII, p. 98 et t. XIV, p. 315.

l'Indo-Chine. Avant de nous dire ce que fut jadis cette contrée, il faudrait savoir ce qu'elle est aujourd'hui, et nous l'ignorons. L'Indo-Chine n'a point, à proprement parler, d'histoire, car les anciens la connaissaient encore moins que nous ; et l'on voudrait en faire la *préhistoire !*

Ce qui est certain, c'est que plusieurs portions de cette vaste région sont actuellement plongées dans une barbarie si profonde qu'elle implique presque forcément l'usage de la pierre. Dans son récent voyage vers les sources du Mékong, le docteur Harmand (1) a rencontré de nombreuses peuplades sauvages. L'une d'elles, nous dit-il, celle des Khâs, pouvait à peine compter jusqu'à 6. Lorsqu'un pays en est là, il n'y a pas à s'étonner d'y rencontrer des outils de pierre. Pour en avoir l'origine rien ne sert de se reporter à des milliers d'années en arrière ; l'on y trouverait difficilement une barbarie plus complète que celle que nous avons sous les yeux. Un pareil procédé serait du reste moins justifié ici que partout ailleurs. Si l'on en juge par le nombre des ruines éparses sur son territoire,

(1) *Bulletin de la société de géographie,* 1877, sep., p. 225 à 239.

l'Indo-Chine aurait eu, comme une bonne partie de l'Asie, son antique civilisation dont il resterait à peine un souvenir. Un mystère impénétrable plane sur l'origine de ces anciens édifices (1), mais leur présence suffit pour nous dire que l'art et l'industrie ont subi là une décadence marquée.

La loi du progrès voudrait qu'il en fût autrement, mais nous n'y pouvons rien. En cas de désaccord, c'est à la théorie à céder devant les faits.

IV. *Inde.* — L'Inde proprement dite a été l'objet d'explorations plus étendues et aussi plus fructueuses. Outre l'immense quantité de monuments en pierre brute, dolmens et menhirs, dont ces études ont révélé l'existence, il n'est pas contestable que, sur un grand nombre de points du territoire indien, l'on n'ait rencontré des outils en silex et des pierres taillées ; mais pour qui sait l'état misérable dans

(1) On les suppose contemporains de l'introduction du Boudhisme dans l'Indo-Chine : mais à quelle époque remonte cette introduction ? On l'ignore ; l'on a parlé du IVe siècle avant J.-C. et aussi du Ve de notre ère. Quoi qu'il en soit, cette architecture, produit de l'influence religieuse, atteste une vivacité de sentiments et une ardeur de prosélytisme qu'on ne retrouve plus aujourd'hui dans le pays. — Voir, dans la *Revue du monde catholique* (15 août 1881), *une Excursion au Cambodge,* par Raoul Postel.

lequel végète, encore de nos jours, une partie de sa population, le fait n'a rien de surprenant. Il est telle peuplade, celle des Khassias, qui n'a pas encore renoncé à l'usage des monuments mégalithiques, et ces monuments, qu'elle érige en l'honneur de ses morts, ne diffèrent en rien de ceux qu'élevèrent jadis, en nos contrées, nos ancêtres les Celtes. Chez elle, il est vrai, cette coutume s'allie à des procédés industriels assez perfectionnés; mais il est d'autres tribus, qu'un contact prolongé et des relations fréquentes avec les peuples les plus civilisés de l'Inde n'ont pas fait avancer d'un pas dans la voie du progrès. Les Coles, les Gonds, les Todas, les Bhils sont aujourd'hui ce qu'ils étaient sans doute avant l'occupation anglaise. Quoique situés aux portes d'une des plus florissantes cités de l'Inde, les Bhils n'ont d'autre occupation et d'autres ressources que la chasse. Ils ne connaissent point l'agriculture et élèvent à peine quelques bestiaux. Armés de leurs arcs et de leurs flèches, ils poursuivent le gibier sauvage comme l'ont fait leurs ancêtres de temps immémorial.

Ce mélange bizarre de barbarie et de civilisation ne date point de notre temps ; le moyen âge le connut également. L'on a trouvé sur les murs d'un temple érigé au VIIe siècle le dessin en relief d'instruments de pierre perforés et munis d'un manche. Bien que ce temple soit situé dans l'île de Java, on peut le considérer comme indien, car les architectes qui l'érigèrent étaient venus du continent. D'un autre côté, l'on sait, à n'en pouvoir douter, que plusieurs des nombreux et brillants monuments dont l'Inde est parsemée datent de cette époque. Rien ne montre mieux à quel point l'industrie était alors avancée que ce fameux pilier en fer forgé de Kutub, près de Delhi, dont l'énorme masse ne paraît pas avoir été dépassée par la métallurgie actuelle. C'est encore une question de savoir comment, en l'absence de l'outillage moderne, l'on a pu arriver à forger une colonne d'un seul bloc dont la hauteur n'est pas moindre de 15 mètres et dont la circonférence atteint 1 m. 65. Et pourtant le style de ce monument en fixe la date au IIIe ou au IVe siècle de notre ère (1).

Tout raisonnement à priori basé sur la continuité du progrès porte complètement à faux, nous dit Fergusson, dès qu'il s'agit de l'Inde; car, dans cet étrange pays les formes les plus élevées de la civilisation coexistent actuelle-

(1) James Fergusson, *les Monuments mégalithiques de tous pays*, traduction française (Haton), p. 507.

ment et paraissent avoir coexisté de tout temps avec l'industrie la plus misérable. Rien d'étonnant que dans de telles conditions l'on rencontre çà et là les grossiers produits d'un art dans l'enfance. L'abondance relative des instruments de pierre doit d'autant moins surprendre que, de leur nature, ces instruments sont indestructibles, tandis que le métal, le fer surtout, ne se conserve que dans des conditions exceptionnelles qui le mettent à l'abri de l'oxydation.

V. *Babylonie*. — Les contrées situées à l'ouest de l'Inde ont pour nous encore plus d'intérêt, parce que l'histoire jette sur leur passé une plus vive lumière et qu'elles se rapprochent davantage du berceau probable de l'humanité.

La Babylonie est entre toutes les régions asiatiques celle où la civilisation paraît s'être le plus tôt implantée, et pourtant, là aussi, l'on a trouvé des produits d'une industrie tellement grossière que, s'il fallait en croire Lubbock (1), ce pays aurait eu également son âge de la pierre.

Hâtons-nous de le dire, les faits ne légitiment nullement cette assertion. Les découvertes sur lesquelles on s'appuie, loin d'avoir la portée

(1) *L'homme préhistorique*, p. 98.

qu'on leur attribue, établissent au contraire que l'usage de la pierre ne sort point, en ces contrées, des temps historiques et coïncide avec une industrie avancée. Contentons-nous de rappeler les principales.

M. Taylor, consul anglais à Bassora, découvrit, il y a quelques années, aux environs de sa résidence, deux outils en silex qu'on eût, à la grossièreté de leurs formes, rangés parmi les plus anciens des terrains quaternaires. — Ils provenaient des constructions en brique d'Abou-Shahrein, dans la Babylonie méridionale, ce qui ne permet pas de les considérer comme préhistoriques (1).

Dans les fouilles exécutées en 1852 par notre consul, M. Place, dans l'emplacement du magnifique palais de Khorsabad, près de Ninive, l'on découvrit, sous d'immenses blocs qui pesaient jusqu'à quinze mille kilogrammes, deux silex noirs; mais ces silex étaient associés à des colliers et à des bracelets en pierre fine qui dénotaient une industrie avancée et dataient, sans doute, de la construction du palais lui-même, c'est-à-dire du viiie siècle avant J.-C. (2).

(1) J. Southall, *op. cit.;* p. 411.
(2) *Ibid.,* p. 393.

M. Cartailhac a signalé, après M. Lenormant, une autre découverte qui a son importance; il s'agit d'un marteau en silex portant une inscription chaldéenne. De l'aveu de cet auteur, c'est une preuve de la fabrication des instruments en pierre au sein d'une civilisation arrivée à un certain développement métallurgique, car il n'est guère douteux qu'un outil en métal n'ait été nécessaire pour donner au marteau sa forme régulière et surtout pour graver l'inscription. Conçue en caractères cunéiformes du type le plus ancien et, par suite, indéchiffrable pour les plus habiles, cette inscription nous reporte à une date qui ne peut être postérieure au xe siècle avant notre ère (1).

D'autres objets en pierre ont été trouvés dans les sépultures chaldéennes de cette époque. Il est à croire qu'alors le métal, le fer surtout, était rare, sans être toutefois inconnu. Les fouilles exécutées dans les mêmes tombeaux ont démontré que les habitants des rives inférieures de l'Euphrate possédaient déjà les secrets de la métallurgie, de l'or, du bronze, du plomb et de l'acier. Cette perpétuelle association de la pierre et des métaux est un fait digne de remarque, car elle va à l'encontre du

(1) *Matériaux*, t. XIV, p. 274.

système archéologique des trois âges et montre que, si ce système a sa valeur pour certaines contrées d'Europe, l'on peut contester la légitimité de son application à l'espèce humaine prise dans son ensemble.

Nous ne parlerons ni de la Perse ni de l'Arabie, car nous ne pensons pas que ces contrées aient fourni à leurs rares explorateurs un nombre suffisant d'outils en silex ou d'autres documents pour appuyer la théorie d'un âge de la pierre qui leur serait applicable. Il ne faudrait pas s'étonner, néanmoins, que l'on vînt à y rencontrer un jour, si déjà on ne l'a fait, des objets de cette nature. Nous avons la preuve historique que ces régions ont eu, comme tout autre, sans doute, leur époque de barbarie relative. Diodore de Sicile nous parle d'ichtyophages habitant la partie méridionale de la Perse actuelle, qui vivaient complètement nus, dans l'état de sauvagerie le plus abject, s'abritant dans des cavernes et se nourrissant exclusivement de poissons qu'ils tuaient avec des cornes de boucs aiguës et coupaient en morceaux avec des pierres tranchantes (1). D'un autre côté, Hérodote nous apprend que les Arabes, qui voulaient donner de la solennité à

(1) Diodore, l. III, §. 14.

leurs engagements, se pratiquaient des incisions dans la paume des mains avec une pierre aiguë et tranchante (1).

Ces renseignements sont précieux parce qu'ils fournissent une réponse anticipée à ceux qui se prévaudraient un jour des découvertes futures pour édifier leur théorie d'un âge de pierre universel.

(1) *Histoire*, 1. III, § 8 ; 1. II, § 86 ; 1. VII, § 69.

CHAPITRE III

L'AGE DE LA PIERRE EN ASIE-MINEURE

Emplacement de l'ancienne Ilion. — Opinion de Strabon et de M. G. Perrot. — Fouilles de M. Schliemann à Hissarlik. — Cinq couches distinctes. — Laquelle correspond à la Troie d'Homère. — Objets exhumés de chacune d'elles. — La croix gammée. — Le trésor de Priam. — Décadence industrielle très marquée. — Objection de M. Chantre. — Réponse de M. Schliemann. — Conclusion.

En Asie-Mineure, nous n'avons guère à mentionner qu'une découverte, mais elle dépasse en importance toutes celles que nous avons rapportées jusqu'ici. Cette fois, ce ne sont plus quelques débris épars, de provenance incertaine, dont la date absolument indécise, peut être arbitrairement fixée au gré de chacun : les objets trouvés l'ont été dans un même lieu, par un archéologue à l'abri de tout soupçon, dans une terre éminemment classique, dans des couches régulièrement superposées, à la suite d'explorations méthodiquement et minutieusement conduites. Nous voulons parler des fouilles exécutées par M. Schliemann sur l'emplacement présumé de l'ancienne Troie.

Les résultats n'ont pas été, il est vrai, ceux qu'espérait la nouvelle école d'archéologie. A cela tient peut-être l'opposition qu'elle leur a faite ou tout au moins le silence relatif qu'elle a gardé à leur sujet.

L'on comprend que nous n'avons pas les mêmes raisons de nous taire. Nous exposerons brièvement les faits en les faisant précéder de quelques mots sur la question qui nous les a valus, sur l'emplacement de l'ancienne Ilion.

Depuis qu'il y a au monde des archéologues, ce problème n'a guère cessé d'être agité. Il l'était déjà dans l'antiquité classique. L'on admettait alors communément que l'antique Ilion se confondait avec la nouvelle, avec la Troie des Grecs et des Romains. Cette opinion, qui plaçait sur le coteau actuel d'Hissarlik la cité homérique, a été reprise tout récemment par des critiques contemporains, après avoir été abandonnée pendant un certain temps, et l'on verra que les fouilles exécutées par M. Schliemann tendent à lui donner raison.

Pourtant, dès l'antiquité, une autre opinion se fit jour. Un certain Démétrius de Scepsis, et après lui, le géographe Strabon, prétendirent que la Troie qui existait de leur temps n'occupait pas l'emplacement de l'ancienne, mais qu'elle était située plus à l'est et au sud. Ils firent mieux que de l'affirmer, ils donnèrent la raison de ce déplacement. « L'on présume, dit Strabon, que ceux à qui vint plus tard la pensée de relever Ilion jugèrent que l'ancien site était devenu un lieu d'abomination, soit à cause des malheurs dont il avait été le théâtre, soit par l'effet des imprécations qu'Agamemnon avait lancées contre Troie... Toujours est-il qu'on crut devoir renoncer à l'emplacement primitif d'Ilion et qu'on en chercha un autre pour y élever la ville nouvelle. (1) »

D'avance, Strabon répondit à ceux qui objectent aujourd'hui que l'on ne trouve point ailleurs qu'à Hissarlik des ruines dignes d'être attribuées à la ville de Priam et d'Hector. « Il est tout naturel, dit-il, qu'il ne reste plus trace de l'ancienne Ilion, car, toutes les villes environnantes n'ayant été que dévastées sans être complètement détruites, tandis qu'Ilion avait été ruinée de fond en comble, on dut

(1) *Géographie,* l. XIII, § 42.

enlever de celle-ci jusqu'à la dernière pierre pour pouvoir réparer les autres. On assure, par exemple, que ce fut d'Ilion qu'Archœanax de Mitylène tira toutes les pierres dont il avait besoin pour fortifier Sigée (1).

Les fouilles récentes de M. G. Perrot à Bounar-Bachi, au sud d'Hissarlik, ont, du reste, prouvé que l'objection qui précède manquait de fondement sérieux. Au sommet de la colline qui, d'un côté domine la localité de ce nom, et de l'autre s'élève à pic au-dessus du Scamandre (Mendéré-Sou), cet archéologue a trouvé des traces de constructions parfaitement reconnaissables, entre autres un mur de fortification qui suit les bords du précipice.

Il n'est d'ailleurs aucune des circonstances du récit homérique qui ne s'explique sans effort si l'on accepte cet emplacement, tandis que si l'on identifie l'ancienne Ilion avec Hissarlik, outre que l'on a contre soi l'autorité fort grave du géographe le plus exact de l'antiquité, l'on se heurte à plus d'une difficulté. L'on a peine à reconnaître l'acropole d'Ilion dans un coteau de 15 mètres, qui s'élève en pente peu sensible. Il ne paraît pas contestable non plus qu'à l'époque en question la mer ne

(1) Strabon, *ibid.*, l. XIII, § 38.

s'avançât beaucoup plus que de nos jours dans l'intérieur des terres, ce qui eût réduit la plaine à un espace très insuffisant pour le développement des armées, si Troie eût été à Hissarlik. D'autre part, dans l'hypothèse qu'on nous propose, les Grecs qui, sans doute, avaient débarqué à l'entrée de l'Hellespont, puisque c'est le seul point du littoral où ils aient pu tirer leurs navires sur le rivage, n'auraient pas eu le Scamandre à franchir pour atteindre la cité troyenne. Invoquer un changement de lit de ce petit fleuve, c'est recourir sans raison à une hypothèse qui n'est pas suffisamment justifiée.

Reprise par un voyageur français, Lechevalier, vers la fin du siècle dernier, universellement acceptée pendant la première moitié du nôtre, frappée d'une déconsidération peut-être imméritée depuis lors, l'opinion de Strabon vient de trouver dans M. Georges Perrot un nouvel et éloquent défenseur.

Nous n'avons point à nous prononcer dans ce débat. De part et d'autre, l'on fait valoir des arguments d'une incontestable valeur et il est difficile de prévoir à laquelle des deux localités restera l'honneur d'avoir servi d'emplacement à la cité chantée par Homère. Pour le moment, force est de reconnaître que l'opinion des érudits est favorable à Hissarlik contre Bounar-Bachi. Les découvertes dont nous avons à rendre compte n'ont pas peu contribué à amener ce résultat. — Mais il est temps d'en venir à cet exposé.

Après quelques fouilles infructueuses à Bounar-Bachi, M. Schliemann, l'auteur de ces découvertes, se transporta à Hissarlik dans l'espoir qu'il y serait plus heureux. Là, au moins, il était sûr de trouver, à défaut de mieux, des vestiges de la Troie des Grecs.

Ses prévisions ont été dépassées. Il est resté trois ans à Hissarlik, y a dépensé près de 200,000 francs et en est revenu avec plus de 20,000 objets du plus grand intérêt.

Peu importe, après tout, que les ruines d'Hissarlik soient ou non celles de l'antique Ilion. Il est un point incontestable, c'est que les débris accumulés en ce lieu représentent une série de civilisations successives, dont la plus récente date au moins de l'époque romaine. Cette dernière seule est éclairée des lumières de l'histoire ; nous n'avons sur les autres que des données incertaines et confuses, et l'on peut vraiment dire qu'avec elles nous entrons dans le domaine préhistorique. Jamais peut-être des circonstances aussi favorables ne s'étaient présentées pour jeter sur les temps mythologiques un coup d'œil rétrospectif et les rattacher à l'histoire. M. Schliemann n'a pas failli à sa tâche et ce n'est pas sa faute, assurément, si l'érudition contemporaine, imbue d'autres principes, n'a pas davantage mis à profit les grandes leçons relatives au développement social et à la marche industrielle de l'humanité, qui se dégagent de ses admirables découvertes.

L'énorme amas de décombres, accumulées par le temps et les générations successives sur le coteau d'Hissarlik, mesuraient jusqu'à 16 mètres d'épaisseur : M. Schliemann n'hésita pas à y pratiquer une tranchée de façon à atteindre le rocher sous-jacent. Dans cet immense remblais de débris divers, il n'eut pas de peine à reconnaître cinq couches très distinctes représentant autant d'époques différentes. Nous les décrirons succinctement, en commençant par la base, puisque tel est l'ordre chronologique.

1. La couche inférieure mesure près de 6 mètres d'épaisseur ; c'est la plus considérable.

Disons immédiatement que, pour M. Schliemann, elle représente la période antérieure à

Priam et contient les restes de cette Troie primitive dont la légende attribue à Hercule la conquête et la destruction (1). Elle remonterait donc, pour le moins, aux douzième ou treizième siècles avant notre ère, époque probable de la guerre de Troie.

L'on y a trouvé d'assez nombreux objets en pierre, entre autres des marteaux en diorite,

(1) Cette Troie primitive était celle des Dardaniens. Déjà, grâce à Homère, nous connaissions Dardanus, le fondateur de la dynastie, que cinq autres rois, Erichthonius, Tros, Ilus, Laomedon et Priam, séparent d'Hector et de la guerre de Troie ; mais nous ignorions jusqu'au siècle où vécurent ces héros. L'égyptologie est venue nous mettre sur la voie de cette date. Elle nous a appris que la quatrième année du règne de Ramsès II, le Sésostris des Grecs, les Khétas ou Hittites, tribu chananéenne qui habitait le nord de la Syrie actuelle, organisèrent une confédération contre le pharaon égyptien, et dans cette confédération nous voyons figurer les Mysiens, les Lyciens et les *Dardaniens*.

Cet événement paraît avoir eu lieu en l'an 1403 avant J.-C., car l'on croit assez généralement que Ramsès II monta sur le trône en 1407. Les habitants de Troie portaient donc déjà le nom de Dardaniens a la fin du xv° siècle avant notre ère, et Dardanus ne peut être postérieur à cette date. Il en résulte que la guerre de Troie ne peut non plus être postérieure à l'an 1200 avant notre ère, car, en supposant même que Dardanus ait été contemporain de Ramsès II, il est à croire que les cinq générations qui le séparent d'Hector, n'ont pas rempli l'espace de plus de deux siècles. Des deux dates proposées, l'une (1270 avant J.-C.) par Hérodote, l'autre, (1184) par Eratosthène, ce serait donc la première qui paraîtrait se rapprocher davantage du chiffre exact.

des couteaux et des scies en silex, des meules en lave, des mortiers et des poids en granit.

Il y avait aussi des aiguilles et des cuillers en os et en ivoire, des dents de sanglier, des cornes de buffle, de chèvre et d'antilope, des bois de cerf finement affilés.

Les métaux n'y faisaient point non plus défaut. L'on y a trouvé, à côté d'un squelette de femme gisant au milieu des ruines d'une maison écroulée, une bague, des boucles d'oreilles, une épingle en or. Ailleurs, c'étaient des clous en cuivre découverts tout à fait à la base, des lingots de plomb, des pointes de lances, des épingles en argent et, avec ces objets, les creusets et les moules où ils étaient fondus ou coulés, mais pas de traces de fer, non plus que dans les trois étages supérieurs. Il est à croire pourtant que ce métal était déjà connu, au moins à l'époque représentée par la quatrième couche, car Homère en fait mention. C'est une nouvelle preuve que le fer peut se détruire en s'oxydant et que, de son absence dans un terrain, l'on ne saurait déduire sa non existence à l'époque correspondante (1).

(1) M. Schliemann, ayant repris ses fouilles en 1878, a découvert, dans la seconde couche correspondant à la Troie de Priam, un poignard en fer météorite habilement travaillé. C'est jusqu'à présent un fait unique.

La même couche a fourni des poteries nombreuses et variées, des restes de constructions et une urne funéraire contenant des cendres et des ossements à demi calcinés, ce qui prouve que l'usage de brûler les morts existait déjà à Troie avant l'époque homérique. Les constructions étaient nombreuses et toujours les pierres étaient jointes avec de la terre. Il n'en sera plus de même à la période suivante où les palais seuls seront bâtis en pierres cimentées de la sorte.

Mais nulle part la supériorité industrielle de cette première époque ne se manifeste autant que dans les poteries qui en sont restées. La plupart, il est vrai, sont faites à la main; mais par l'élégance de leurs formes, par la beauté et l'éclat de leurs couleurs, par la variété des dessins dont elles sont ornées, elles dépassent tout ce qu'ont produit les époques suivantes (1). M. Schliemann est très affirmatif à cet égard.

---

(1) On a retrouvé, en grande partie, les lissoirs en pierre dure allongée qui servaient à polir les vases une fois à moitié secs. Ces vases étaient alors plongés dans un bain d'argile rouge qui leur donnait un aspect brillant. C'est une chose curieuse, que l'on retrouve ce même éclat et aussi presque les mêmes formes sur la poterie fabriquée aujourd'hui aux Dardanelles.

Les vases ont toujours un tuyau de chaque côté et un trou à l'orifice pour être suspendus. Ils affectent des formes souvent bizarres et parfois représentent des animaux, des porcs principalement.

L'un des ornements qui reviennent le plus fréquemment et à tous les étages est une sorte

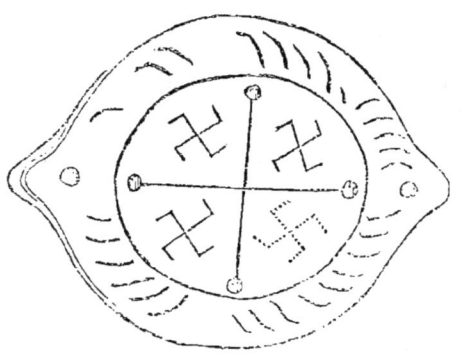

Swastika ou croix gammée.

de croix gammée dont les bras sont recourbés et qui est connue sous le nom sanscrit de *Swastika*. Chose digne de remarque, ce même signe se retrouve chez tous les peuples d'origine aryenne, ce qui l'a fait considérer comme caractéristique de cette race. Toutes les populations qui se sont succédé à Hissarlik auraient donc une même origine. La décadence constatée dans leurs industries successives n'en devient que plus étrange ; car si la nouvelle école d'archéologie admet encore qu'une peuplade barbare peut parfois en remplacer une autre plus civilisée de race différente, il lui répugne de reconnaître que le même phénomène puisse se produire lorsque les deux peuples appartiennent à un même groupe ethnique.

2. La seconde couche mesure trois mètres d'épaisseur et renferme, au dire de Schliemann, les ruines de la Troie de Priam, de la cité classique assiégée pendant dix ans, puis incendiée par les Grecs. Le célèbre explorateur a même cru reconnaître, dans d'importantes constructions, les principaux monuments de la ville décrite par Homère : les murailles que la légende nous dit avoir été bâties par Apollon, la tour d'Ilion, le palais de Priam et les portes Scées qui devaient être surmontées d'édifices en bois, car les restes d'un immense brasier gisent à la base.

Ces monuments sont les seuls dont les pierres soient jointes ensemble avec de l'argile. Les maisons particulières sont bâties beaucoup plus grossièrement qu'à l'époque précédente, ce qui constitue déjà une décadence marquée au point de vue architectural.

246   L'AGE DE LA PIERRE

Elle est plus sensible encore sous le rapport de la céramique et de l'outillage. La poterie est vulgaire, grossièrement décorée et de

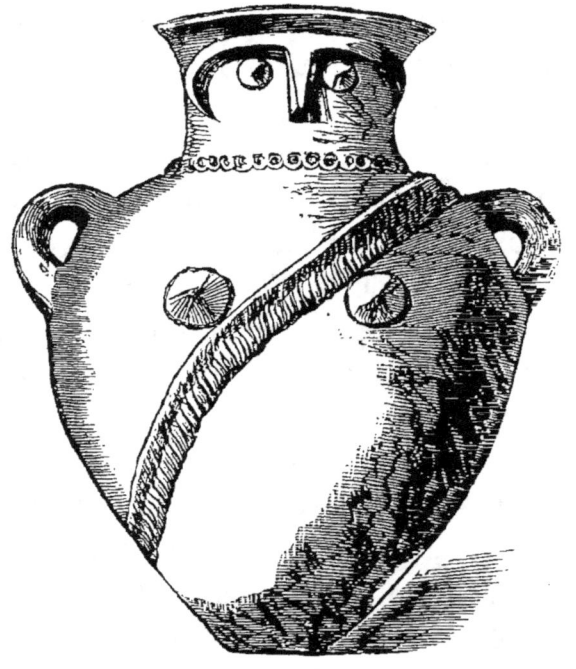

Vase surmonté d'une tête de chouette trouvé à Troie.

formes beaucoup moins gracieuses qu'à l'étage inférieur. Chose étrange, dit le docteur Joly (1), nous trouvons à ce niveau « toute la vaisselle, culinaire ou autre, que nous voyons

(1) *Les Poteries de la Troade*; Matériaux, 1874, p. 366.

aujourd'hui en usage chez nos paysans de la Bretagne et de la Normandie; les formes mêmes offrent avec celles de la poterie de ces deux provinces de singulières et bien mystérieuses analogies. Urnes funéraires, vases à provisions, vases à boire, tasses, bouilloires, marmites à trois pieds, terrines, soupières, assiettes, lampes à huile, vases à parfums, tout l'attirail d'une ménagère est là, représenté par de nombreuses séries, dont l'ensemble ne forme pas moins de plusieurs milliers d'objets. »

Si les formes des poteries ont varié, les figures symboliques sont restées les mêmes. L'on retrouve toujours la croix gammée dont nous avons parlé, l'image du soleil entourée de rayons ou d'étoiles et aussi celle de Minerve, la protectrice d'Ilion, représentée par une figure de femme à tête de chouette. (Voir la figure ci-contre).

Nous devons mentionner aussi, comme constituant un trait commun aux différentes couches préhistoriques, des milliers d'objets en terre cuite, les uns en forme de disques arrondis, les autres en forme de roues et ressemblant beaucoup aux *fusaïoles* ou pesons de fuseau trouvés dans les constructions lacustres de la Suisse et dans les terramares (1) de l'Italie. Il est à croire, toutefois, vu leur nombre, que telle ne fut point leur destination ; mais il serait difficile, pour le moment, de remplacer cette conjecture par une autre plus plausible.

Quant aux objets en pierre exhumés de cette couche, ils sont *au moins vingt fois plus nombreux*, nous dit M. Schliemann (2), que chez la nation antérieure. C'est un point que l'on a jusqu'ici trop laissé dans l'ombre, alors qu'on s'est plu, au contraire, à insister sur les progrès qu'avait faits l'art métallurgique depuis l'époque précédente.

Ces progrès sont réels. A aucun autre niveau l'on n'a trouvé un aussi grand nombre de bijoux, d'armes et d'objets de luxe de tout genre. Ce sont des boucles et des pendants d'oreilles, des coupes de formes variées obtenues par le martelage ou par la fusion, plusieurs diadèmes, huit bracelets, près de 7,000 menus objets d'ornements tels que bagues,

---

(1) Constructions sur pilotis enfoncés dans des terrains marécageux. Les rebuts de cuisine, accumulés autour de ces maisons primitives, sont devenus le noyau de monticules artificiels sur lesquels les hommes ont continué à demeurer.

(2) Schliemann, *Matériaux*, 1874, p. 46.

boutons et dés à jouer, enfin des casques, des poignards, des haches, des pointes de lances et tout ce qui constitue l'armement. Ces derniers objets sont en cuivre mélangé d'une certaine quantité d'étain (4 à 9 pour 100), comme l'ont prouvé les analyses de M. Damour.

Les bijoux sont en or, en argent et en un alliage de l'un et de l'autre métal, auquel les Grecs ont donné le nom d'*électron*. Ils ont été trouvés entassés, pêle-mêle, au pied du palais, ce qui a donné à penser à l'explorateur qu'ils constituaient le trésor de Priam. Ils eussent été emportés précipitamment lors de l'incendie du palais, abandonnés au pied du mur et comme soudés ensemble par la force du feu. L'on aurait même découvert la clef du coffret en bois qui les contenait (1).

3. Le troisième étage, situé entre 4 et 7 mètres de profondeur, présente les traces d'une décadence extrêmement marquée. C'est presque l'âge de la pierre qui se présente brusquement à nous, et cela à une époque qu'on peut dire historique, et à la suite d'une civilisation des plus brillantes. La population est

---

(1) L'on peut voir plusieurs de ces objets figurés dans le bel ouvrage de M. le marquis de Nadaillac, *les Premiers hommes et les Temps préhistoriques*, t. I, p. 429 à 436.

pourtant toujours la même : c'est encore la race aryenne ; on la reconnaît à la croix, à la chouette et aux autres symboles d'origine védique qui continuent d'être figurés sur les poteries (1).

Ces poteries sont beaucoup plus grossières qu'à l'étage inférieur, quoique les types n'aient guère changé. Les outils en pierre se comptent par milliers et sont assez informes, à l'exception toutefois des ciseaux en diorite qui sont admirablement travaillés.

Nous devons une mention spéciale à deux lyres en pierre et à une autre en ivoire rencontrées au même niveau. Elles prouvent que la musique n'était point alors absolument ignorée, et par suite, que nous n'avons point affaire

(1) Ce serait une étude curieuse à faire que celle des figures symboliques trouvées à Troie. S'il faut en croire M. Emile Burnouf (*Revue des Deux-Mondes*, 1ᵉʳ janvier 1874), il serait possible d'en trouver la clef dans les hymnes des Védas. Parmi les figures d'animaux, l'on reconnaît principalement le lièvre, deux espèces d'antilopes, la chenille et la sauterelle. Le lièvre serait le symbole de la lune, les antilopes, l'attelage des vents. La chenille et la sauterelle, dans le symbolisme perse, seraient des êtres malfaisants, occupés à ronger l'arbre de vie. — Ces animaux ainsi que la roue, le *swastika* et la croix simple ou cantonnée de quatre points, se voient principalement sur les *fusaïoles*, ce qui a fait croire que ces objets avaient une destination purement religieuse. D'autres, M. Cartailhac entre autres (*Mat.*, IX, p. 369), persistent néanmoins à y voir des pesons de fuseau.

à une population entièrement sauvage. De rares instruments en cuivre, tardivement découverts, attestent, du reste, que tout métal n'avait point disparu.

Les maisons sont bâties en petites pierres, jointes entre elles avec de l'argile.

4. A ce point de vue, la décadence s'accentue à l'époque suivante, car, dans la couche de deux mètres qui la représente, l'on n'a pas trouvé trace de mur et les pierres manquent totalement. Il est à croire que les maisons étaient en bois.

La poterie y est aussi plus rare et plus grossière encore. En revanche, le métal s'y rencontre plus abondant: des lances, des couteaux et des clous en cuivre y ont été trouvés.

Les instruments de pierre, relativement rares à cet étage, se réduisent à quelques poids et meules de lave, à quelques couteaux de silex et à une scie, admirablement faite, de 12 centimètres de long sur 4 de large. M. Schliemann nous informe en outre qu'une *masse énorme* d'outils de cette nature, qu'il croit empruntés à la même couche, a été découverte par lui au-dessous du temple de Minerve de la colonie grecque (1).

(1) *Mat.*, t. IX, p. 47; J. Southall, *the Recent origin of Man*, p. 442.

La couche superficielle, épaisse de deux mètres au plus, renferme les débris de la Troie des Grecs. Avec elle nous pénétrons en plein domaine historique.

Si mince qu'elle soit, elle comprend deux lits fort distincts, dont l'un, le plus faible et le plus ancien, correspond à l'époque de l'occupation lydienne et le second à la période grecque et romaine. Le tout comprend un espace d'un millier d'années, car la fondation de la nouvelle ville par les Lydiens est généralement fixée au VIIIe siècle avant J.-C. et sa destruction, à en juger par les fouilles de M. Schliemann, — car l'histoire se tait absolument à cet égard, — parait dater du IVe siècle de notre ère. Les monnaies les plus récentes qui aient été trouvées à Hissarlik datent, en effet, de Constantin II et de Constance II.

Nous n'avons point à parler des objets exhumés de cette couche puisqu'ils se rattachent à une civilisation déjà connue et qu'ils nous transportent sur le terrain historique étranger au but de ce travail.

« Deux faits importants ressortent de notre récit(1), conclurons-nous avec M. le marquis

---

(1) *Les premiers Hommes et les Temps préhistoriques*, t. I. p. 436.

de Nadaillac. Le premier c'est que l'âge de la pierre et l'âge du bronze sont tellement confondus dans les quatre villes qui se succédèrent sur la colline d'Hissarlik, qu'il devient impossible de les définir exactement. Le second, c'est que les hommes qui ont habité ces villes, loin de progresser, ont suivi une marche inverse et ont rapidement décliné. A en juger par les objets recueillis, les Dardaniens étaient supérieurs aux Troyens et ceux-ci l'étaient incontestablement aux habitants de la troisième et de la quatrième ville que nous voyons renaître des cendres de leurs devancières. Le premier fait, sans lui accorder une importance exagérée, montre, une fois de plus, combien toutes les divisions successivement imaginées sont encore prématurées, et l'inconvénient que présente leur généralisation, alors qu'elles sont simplement locales. Ici ce ne sont plus les divisions proposées par M. Lartet ou par M. de Mortillet qui en sont cause, mais encore celles des archéologues danois eux-mêmes, sur lesquelles toute la science préhistorique est fondée. »

Tous les adeptes de la nouvelle école d'archéologie n'ont pas accepté, avec la même bonne foi, les enseignements résultant des fouilles de M. Schliemann. Le principal représentant de cette école en Angleterre, sir John Lubbock, continue d'affirmer dans les éditions récentes de son *Homme préhistorique* que l'époque de la guerre de Troie marque la transition de l'âge du bronze à l'âge du fer, alors que les faits démontrent l'absence de ce dernier métal jusqu'à l'époque grecque, et que, s'il y a transition, c'est du bronze à la pierre.

Si les maîtres en sont là, il ne faut pas attendre plus de docilité de la part des disciples. Pour la plupart de ces derniers, les découvertes d'Hissarlik n'existent pas. C'est l'éternelle conspiration du silence. Il est beaucoup plus simple de taire les faits embarrassants que d'y répondre et de les combattre. La loi du progrès continu est un axiome; tant pis pour les découvertes qui vont à l'encontre : elles n'ont pas droit de cité dans la science. Et pourtant, nous le demandons aux savants de bonne foi, l'archéologie préhistorique peut-elle invoquer un fait, un seul, qui soit entouré de plus de garanties que celui que nous venons de relater et, en même temps, qui éclaire d'une plus vive lumière l'état social de l'humanité primitive ?

Si la nouvelle branche d'archéologie n'avait d'autre but que de compléter les données de l'histoire en remontant le cours des siècles antérieurs aux annales écrites, comme elle le le prétend et le devrait, elle inscrirait en tête de ses traités la découverte d'Hissarlik; mais son but est autre, nous ne le savons que trop et elle le prouve une fois de plus : il s'agit de corroborer, à tout prix, la prétendue loi d'évolution naturelle qui, appliquée à l'homme, comme elle l'a été aux êtres inférieurs et même à l'empire inorganique, permettrait, sinon de se passer entièrement de Dieu, au moins de le reléguer dans un lointain inaccessible, où sa présence cesserait d'être gênante, en attendant qu'on l'éliminât tout à fait comme un rouage inutile.

Les *Matériaux pour l'histoire de l'homme*, revue en quelque sorte officielle de l'école préhistorique, n'ont pu se dispenser de dire un mot des fouilles de M. Schliemann. M. Ernest Chantre, qui s'est fait le porte-voix du parti, reconnait à la vérité que « les affirmations de M. Schliemann, *dont l'exactitude ne saurait être mise en doute par personne*, tendent à démontrer que l'industrie de la pierre est réellement postérieure, dans cette localité, à la connaissance des métaux et à toute une civilisation déjà élevée, surtout pour ce qui touche à la céramique. » Mais il se hâte d'ajouter : « Devant un fait si grave et unique (?) jusqu'à présent, il est permis de se demander, avant de l'admettre définitivement, si, à Hissarlik, il n'avait pas pu se produire des remaniements dont l'effet aurait été de ramener les débris de la civilisation la plus primitive au dessus des ruines d'une civilisation déjà avancée comme celle de l'âge du bronze. (1) »

Nous devons savoir gré à l'auteur de cette note des doutes qu'il a émis, car ils nous ont valu, de la part de M. Schliemann, une vigoureuse réplique qui ne parait plus laisser de place à la critique. « Votre opinion sur un âge de pierre à Troie, répond-il à M. Chantre, est contredite par les faits que j'ai mis sous vos yeux. Les couches de décombres de l'âge de pierre devraient nécessairement se trouver tout en bas, sur le sol vierge et au-dessous de toutes les autres couches de ruines. Mais il n'y a rien de cela. Comme j'ai eu l'honneur de vous l'expliquer plus d'une fois, *les signes de civilisation augmentent dans le site de Troie avec la profondeur*, et justement les plus belles poteries sont entre 10 et 15 mètres au-dessous du sol.... Ces terres cuites, tant par leurs qua-

(1) *Matériaux*, t. IX, p. 43.

lités que par leurs ornements, dépassent de beaucoup tout ce qu'on trouve dans les couches de débris des nations suivantes.... Je vous jure que les décombres de cette couche énorme de 4 à 6 mètres d'épaisseur ne sont pas le moins du monde entremêlés avec ceux des véritables Troyens entre 10 et 7 mètres sous terre, car je n'ai jamais trouvé dans ces couches la moindre trace de la belle poterie des premiers habitants, pas plus que je n'ai trouvé chez ceux-ci la moindre trace de la terre cuite troyenne. »

Ces affirmations réitérées n'ont pu triompher du parti pris. Il n'en reste pas moins démontré, pour quiconque aborde la question sans préjugés : 1° que les habitants primitifs de la Troade connurent, dès l'origine, une civilisation avancée ; 2° que, pendant plusieurs siècles, ils utilisèrent simultanément le bronze et la pierre, sans que ni l'une ni l'autre de ces substance ait jamais été exclusivement employée ; 3° que, si la pierre prédomina un moment, ce ne fut point à l'origine, comme le voudrait la théorie, mais à la suite d'une brillante civilisation et 8 ou 10 siècles au plus avant notre ère; 4° que l'industrie locale subit une décadence continue jusqu'à l'époque grecque ; 5° enfin que l'usage de la pierre n'est point incompatible avec un état social florissant, puisque dans la plupart de nos couches préhistoriques nous avons constaté la présence d'objets de cette nature associés aux produits d'une industrie avancée.

Nous pensons que l'importance de ces conclusions légitimera auprès de nos lecteurs la place relativement considérable que nous avons allouée à l'exposé des fouilles de M. Schliemann. C'était la première fois que, sur le sol asiatique, des fouilles méthodiques révélaient la présence de couches régulièrement superposées représentant autant d'industries successives depuis la première apparition de l'homme en ces contrées ; il importait d'en mettre en relief les résultats. Les faits de cette nature sont toujours intéressants à quelque contrée qu'ils se rapportent, parce qu'ils complètent l'histoire locale ; mais en Orient, sur ce sol mystérieux où vécurent et se succédèrent les premières générations humaines, ils ont une importance incomparable et revêtent un caractère particulier. Là, pour peu que l'on remonte assez haut dans le passé, ce n'est point l'histoire spéciale d'un pays ni d'un peuple qu'ils nous racontent, c'est l'histoire de l'humanité tout entière, car ce peuple fut la souche d'où sortirent tous les habitants du globe.

Il conviendrait d'ajouter, avant de quitter l'Asie-Mineure et pour être complet, que d'autres objets en pierre, au nombre d'une soixantaine environ, ont été trouvés en Lydie et en Phrygie et réunis au musée de l'école évangélique de Smyrne ; mais après ce que nous venons de dire, c'est un fait de bien peu d'importance et sur lequel il serait assurément téméraire d'asseoir la théorie d'un âge de la pierre. Partout la civilisation a eu ses éclipses. L'on a vu, du reste, par l'exemple de la Troade, que l'usage de la pierre n'était nullement inconciliable avec une industrie avancée et une véritable prospérité matérielle.

CHAPITRE IV

L'AGE DE LA PIERRE EN SYRIE

L'état de barbarie par lequel on veut que l'humanité ait passé pourrait être l'effet de la chute originelle. — Découvertes d'outils en pierre sur les bords du Nahr-el-Kelb (Liban) et près de Tyr. — Gisement de Bethsaour, près de Bethléem. — Tombeau de Josué. — Origine des silex qu'y a trouvés M. l'abbé Richard. — Les Juifs ont-ils jamais pratiqué la circoncision à l'aide d'un silex ? — Tumulus et dolmens en Palestine. — Leur âge. — Conclusion.

L'on a fait grand bruit de la découverte en Syrie de quelques gisements de pierres taillées. Il est évident que, dans la pensée de plusieurs de ceux qui en ont parlé, il y a là un fait en opposition avec les données bibliques ; comme si le privilège, qu'a eu cette terre, de servir de théâtre aux merveilles divines et plus tard de donner naissance à l'Homme-Dieu, avait dû la mettre, pour jamais, à l'abri des vicissitudes ordinaires des choses humaines !

De même que tous les autres pays, la Syrie a eu des phases diverses, des périodes d'éclat et d'obscurité, de civilisation et de barbarie relative. Il ne faut donc pas s'étonner d'y rencontrer des vestiges d'industries correspondant à ces différents états sociaux. Il y a plus ; les grossiers outils dont on parle fussent-ils, comme on l'assure, l'indice d'un âge de pierre véritable, il n'y aurait point lieu, assurément, de crier à l'inexactitude du texte sacré ; car, si la Bible nous renseigne sur l'origine de l'homme, qu'elle nous montre doué au début de toutes les vertus et des privilèges les plus étendus, elle ne nous dit point au juste ce qu'il devint après le péché, au sortir de ce séjour de délices où il avait plu au Créateur de le placer. Ce qu'elle nous laisse entendre à ce sujet ne donne point une haute idée de la condition matérielle de l'humanité une fois privée de l'appui divin. La déchéance morale dont elle fut frappée paraît avoir eu pour résultat une déchéance physique, de durée plus ou moins longue, selon que les divers groupes de la famille humaine firent plus ou moins d'efforts pour s'en relever.

Il se pourrait donc que tous les peuples eussent eu leur âge de pierre, sans que pour cela l'Ecriture fût convaincue d'erreur ; ce serait la conséquence naturelle du péché d'origine. Il se pourrait surtout qu'aucun pays n'eût échappé à cette prétendue loi ; car, parmi les populations qui se sont succédé, dans une même région, il a dû s'en trouver de fort misérables. Tout ce que nous prétendons, c'est que la science contemporaine est hors d'état de faire la preuve de ce qu'elle avance, lorsqu'elle affirme que l'âge de la pierre, — synonyme pour elle d'âge de barbarie — fut la condition *originelle* de *tous* les peuples, la phase première et nécessaire par laquelle passa l'humanité naissante. — Voyons ce que nous disent à cet égard les faits qu'il nous reste à examiner.

Si longuement et savamment explorée qu'ait été la Syrie, l'on n'y connaît encore jusqu'à ce jour que trois ou quatre gisements sérieux d'outils en pierre. La plus ancienne découverte remonte à 1864. Une brèche osseuse avait été signalée 30 ans auparavant par M. Botta dans la grotte même d'où sort le Nahr-el-Kelb ou

Fleuve du chien (ancien Lycus), à quelques kilomètres de Beyrouth (1). M. le duc de Luynes et M. Louis Lartet, son compagnon, poursuivirent l'exploration à peine entamée par leur prédécesseur. Ils ne tardèrent pas à rencontrer, presque à la surface du sol, un grand nombre de silex taillés en grattoirs et en couteaux, ainsi que des os cassés et calcinés (2).

Etait-ce tout ? L'on serait tenté de le croire, si l'on s'en tenait au dire de la plupart des auteurs qui ont rapporté la découverte; et pourtant, il est bon qu'on le sache, à ces silex étaient associés des débris de poteries. C'est même le seul objet d'industrie humaine qu'y eût vu M. Botta en 1831. M. Lartet, au contraire, ne parle que des silex : tant il est vrai que, dans cet ordre de choses, chacun ne voit que ce qu'il veut voir !

Il convient d'observer, en outre, que les ossements trouvés dans le gisement du Nahr-el-Kelb appartiennent tous à des espèces qui

---

(1) *Bulletin de la Société géologique de France*, 1re année, p. 236.

(2) *Compte-rendu de l'Acad. des sciences*; séance du 21 mars 1864; — *Matériaux* pour *l'hist. de l'homme*, t. I, p. 115 et 505 ; t. VIII. p. 176 ; — *Bull. soc. géol.*, 1864-65 p. 537.

habitent encore actuellement le pays. Cette circonstance et la présence des poteries s'opposent absolument à ce qu'on reporte l'origine de ce dépôt à une époque préhistorique reculée, que caractériserait l'usage exclusif de la pierre.

Un anthropologiste allemand, M. Fraas, nous dit avoir découvert, de son côté, dans les grottes voisines du même fleuve, spécialement dans le Ouadd-Djoss (vallée du Noyer) des silex taillés associés à des ossements de rhinocéros, de bœuf, d'ours, de chèvre et de mouton (1). Il n'ose dire si ces débris appartiennent ou non aux espèces actuelles ; mais il attribue à la *période glaciaire* la formation du conglomérat dans lequel ils sont enfouis. Dans sa pensée, ils seraient donc extrêmement anciens.

Une première question à résoudre serait de savoir si la période dite glaciaire a étendu ses effets jusqu'au Liban. Pour l'affirmer, il faudrait d'autres indices qu'un conglomérat dans lequel il plaît de voir une *moraine* (2).

---

(1) *Matériaux*, t. XII, p. 143.
(2) Il n'est peut-être pas absolument inutile de rappeler que la *moraine* est un amas de débris rocheux entraînés par les glaciers et déposés principalement à leur extrémité inférieure.

Les dépôts de cette nature peuvent le plus souvent être attribués à l'action des eaux, tout aussi bien qu'au transport par les glaciers. Ceux-ci laissent après eux d'autres traces plus caractéristiques : ce sont les blocs erratiques et les stries des roches sous-jacentes. Or il ne paraît pas qu'on ait constaté de tels indices dans le Liban (1).

Nous pensons néanmoins qu'à une époque antérieure à la nôtre, les neiges et les pluies ont dû être beaucoup plus abondantes en cette contrée qu'elles ne le sont de nos jours ; mais pour retrouver cet état de choses dont nous n'avons point à fournir ici les preuves (2), il n'est pas nécessaire de remonter bien haut dans le passé. Il y a quelque deux mille ans seulement, la Syrie n'avait point le climat aride et brûlant que nous lui connaissons ; l'humidité y était plus grande, la végétation plus abondante, les hivers sans doute plus froids et surtout les cours d'eau beaucoup plus puissants. L'on comprend que les conglomérats,

---

(1) Nous avons visité ces lieux au printemps de 1880 et n'y avons remarqué aucun vestige de cette nature.

(2) Voir dans nos *Etudes critiques d'archéologie préhistorique* le chapitre sur *la date de la période glaciaire*, récemment reproduit dans le second volume des *Questions controversées*.

dont M. Fraas a peine à s'expliquer l'origine, aient pu se former dans de semblables conditions, si même ils ne sont pas plus récents.

Quelques autres silex, qui paraissent taillés de main d'homme, ont été trouvés sur le chemin de Beyrouth à Jérusalem, notamment à l'entrée de la grotte naturelle qui occupe le centre de la nécropole d'Adloun, entre Tyr et Sidon, et aussi dans les environs de Nazareth, près de la source Aïn-el-Emir ; mais, de l'aveu de M. Cazalis de Fondouce qui a recueilli ces derniers, l'on ne saurait attacher d'importance à des objets ainsi trouvés épars à la surface du sol (1).

Deux gisements plus considérables ont été trouvés dans la même direction, l'un à El-Bireh, à quelques kilomètres au nord de Jérusalem, l'autre, plus récemment (en juin 1880), à Hanaoueh, à deux heures et demie à l'est de Tyr.

Le premier serait, au dire de M. l'abbé Richard qui l'a découvert, un atelier d'instruments en silex. Le célèbre hydro-géologue en a rapporté une cinquantaine d'outils parmi lesquels figurent deux pièces rondes, en forme de petits boulets, dont l'une paraît

(1) *Matériaux*, t. III, p. 460.

avoir beaucoup servi, plusieurs haches non polies, des grattoirs, de nombreux couteaux et des scies très remarquables(1). L'absence de renseignements plus circonstanciés ne nous permet pas de rien avancer concernant l'âge de ce gisement.

Le second consiste en d'énormes blocs, sortes de rognons pétris de silex et d'ossements et constituant une brèche tellement compacte que le marteau est impuissant à la briser. Les silex sont jaunes ou noirs et d'un très beau grain, mais plus grossiers encore que ceux qui proviennent du Nahr-el-Kelb et d'une forme « bien plus archaïque », nous dit l'explorateur, M. Lartet (2). Les ossements qui ont pu être déterminés appartiennent aux genres cerf, chèvre, bœuf et cheval.

Sommes-nous en présence d'un véritable gisement préhistorique?

M. Lartet n'en doute pas. « Cette station humaine, nous dit-il, paraît dater de la plus haute antiquité. » D'après lui, ces blocs, situés au pied d'un escarpement rocheux et sur les flancs abrupts d'une vallée profonde, se seraient formés dans une caverne dont le toit et les

(1) *Matériaux*, t. VI, p. 250.
(2) *Matériaux*, année 1880 (t. XV), p. 437.

parois auraient été enlevés par les Proto-Phéniciens.

Nous trouvons que c'est pousser un peu loin la conjecture. Si les Proto-Phéniciens ont tant fait que de détruire cette grotte présumée, pourquoi n'ont-ils pas enlevé du même coup ce conglomérat dans lequel ils eussent trouvé d'excellents matériaux de construction ?

A vrai dire, ce n'est pas chose facile que d'expliquer la formation de ce magma. Cependant, que M. Lartet nous permette de le dire, nous avons des doutes sur l'origine artificielle des silex qui le composent et surtout sur l'existence primitive d'une caverne dont ils eussent tapissé le sol. Ces silex, nous dit-il, sont très grossiers, plus grossiers encore que ceux du Nahr-el-Kelb. C'est beaucoup dire assurément ; aussi sommes-nous tentés d'y voir de simples éclats naturels qu'on aurait agglutinés dans la suite à l'aide d'un ciment quelconque pour en faire une roche artificielle, comme on le fait de nos jours (1). Les Phéniciens, dont on connaît l'habileté

(1) La présence de silex véritablement travaillés n'empêcherait pas cette roche d'être artificielle. L'on concevrait que ceux qui l'ont fabriquée eussent utilisé tout ce qu'ils avaient sous la main, silex, ossements et débris de tout genre.

industrielle, étaient capables, à coup sûr, d'une pareille fabrication ; or, il se trouve précisément que tout ici est plein de leurs œuvres. Nulle part peut-être il n'est resté plus de vestiges de leur industrieuse activité. A quelques mètres de notre prétendu gisement préhistorique, sur la paroi même de cette espèce de muraille calcaire qui le domine verticalement l'on voit, taillées en ronde-bosse dans le rocher, plusieurs statues de 0^m 80 à 1 mètre de haut. Au sommet de la colline se trouvent les ruines d'une citadelle phénicienne. Un peu plus loin est situé le gigantesque sarcophage connu sous le nom de *tombeau du roi Hiram*. Tout autour enfin abondent des hypogées, des pressoirs et des moulins à huile dont nous devons à M. Renan la savante description.

Au dire de M. Lartet, il y aurait là trois époques représentées. A la première, véritable âge de la pierre, se rapporteraient les silex et les ossements agglutinés ; à la seconde, les sculptures sur rocher ; à la troisième, le reste.

Tout cela nous paraît absolument gratuit. Pour justifier cette classification, c'est à peine si l'on peut invoquer une différence de style, un progrès de l'art ; car ici tout est archaïque. Est-il besoin de rappeler, du reste, que l'antiquité n'a pas plus connu que l'époque actuelle cette unité industrielle dont on voudrait faire la base d'un classement chronologique? L'art rudimentaire a été de tous les temps. La grossièreté de l'outillage ne caractérise point une époque, mais un état social. Elle est l'indice d'une condition misérable ; or, la misère se voit trop souvent à côté de l'extrême richesse et n'est nullement incompatible avec une civilisation extérieure développée. Cela est vrai de nos jours ; mais cela était plus vrai encore anciennement, alors que la difficulté des communications empêchait l'industrie de s'uniformiser et que les procédés dispendieux, employés pour l'extraction des métaux, mettaient obstacle à leur vulgarisation et maintenaient chez les classes pauvres l'usage de la pierre.

Un autre gisement, plus fréquemment visité que les précédents, parce qu'il est plus facilement accessible, est celui de Beth-Saour (*village des pasteurs*), localité située aux portes de Bethléem.

Sa découverte date déjà d'une vingtaine d'années. M. l'abbé Morétain, curé de ce petit village, recueillit avec soin les objets qui en provenaient, mais sans assez se préoccuper, à l'origine, des conditions de gisement. Beaucoup de ces objets avaient été trouvés par les Arabes à la surface du sol. D'autres, et en grand nombre, provenaient d'une épaisse couche d'humus dominée par la roche calcaire qui surplombe de façon à constituer des grottes naturelles, ou plutôt des abris sous roche. Il s'en faut que ces gisements aient été épuisés. Il suffit de soulever l'espèce de couche stalagmitique, qui recouvre ce dépôt, pour se trouver en face de produits plus ou moins informes de l'industrie humaine. Nous-même avons pu en retirer quelques-uns de la sorte en 1880. Malheureusement la collection de M. l'abbé Morétain se trouvait alors déjà dispersée. Pour la juger, il nous faut donc recourir aux descriptions qu'en ont données quelques-uns de nos prédécesseurs en Terre-Sainte, entre autres MM. Arcelin et Lartet, et antérieurement M. Cazalis de Fondouce (1).

Ce qui paraît dominer, ce sont les couteaux ou les lames de silex ; mais il y a aussi et en abondance des pièces de forme discoïde (2)

---

(1) *Matériaux*, t. II, p. 406 ; t. III, p. 460 ; t. V, p 327 ; t. VI, p. 50 et 367 ; t. VIII, p. 179 ; t. IX, p. 16.
(2) Les uns y voient des racloirs, les autres des haches du type de Saint-Acheul ; — Voir la fig. 35 des *Matériaux*, t. VIII.

ou ovale, des ciseaux pourvus d'un tranchant poli à la meule, des hachettes assez finement travaillées, enfin des poinçons, des scies très régulièrement dentelées, quelques grattoirs, des boulets en pierre, des pesons et de petites meules en basalte.

Avec ces objets en pierre l'on a trouvé quelques os travaillés, notamment une aiguille percée d'un chas à la tête et aussi un certain nombre de poteries grossières, mal cuites et faites à la main (1).

L'on s'est demandé si l'industrie représentée à Bethsaour rappelait celle de la période néolithique ou celle, plus ancienne, de la pierre taillée. Le mieux est de reconnaître qu'elle correspond à l'une et à l'autre. La pierre taillée abonde, on l'a vu, et souvent elle se rapproche du type réputé le plus ancien, du type de Saint-Acheul ; mais aussi les poteries, les meules, les polissoirs, les pesons en terre cuite ou en pierre qu'on y a trouvés sont, avec l'absence d'animaux émigrés ou éteints, autant d'indices de l'âge de la pierre polie.

L'on voudrait à tout prix étendre à l'univers entier les divisions systématiques qu'on a éta-

(1) Plusieurs de ces objets sont figurés dans les *Matériaux*, t. IX, pl. I.

blies pour les temps préhistoriques de nos contrées. Les faits protestent contre une pareille généralisation. Nous ne croyons pas que nulle part, en dehors de nos régions occidentales, l'on ait rencontré superposées les deux industries de la pierre. Il y a plus : nous nous demandons si dans aucun gisement bien caractérisé, autre que ceux de nos pays, l'on a rencontré la pierre exclusivement représentée. A Bethsaour, du moins, le métal ne faisait point absolument défaut, bien qu'on en ait peu fait mention. Trois haches en bronze ont été trouvées par l'abbé Morétain, avec des vases et des ossements humains, dans les mêmes grottes d'où provenaient les outils en os et en silex.

Rien donc n'autorise à reporter à une haute antiquité l'origine de ce gisement. Nous trouvons une nouvelle preuve de sa date relativement récente dans la nature même du terreau qui le constitue, terreau « analogue, nous dit l'abbé Morétain, aux monticules qui sont aux portes de Jérusalem. » — « Evidemment, conclut sagement M. Cazalis de Fondouce, il n'y a point là les conditions d'une très haute antiquité (1). »

(1) *Matériaux*, t. IX, p. 22.

M. Rey, qui a fait une longue étude des grottes de la Judée, est du même avis, car il établit leur date historique en s'appuyant sur saint Jérôme et sur des textes sacrés.

Il nous reste à dire un mot d'un gisement d'un caractère particulier dont la découverte est due, comme celle d'El-Bireh, à M. l'abbé Richard.

Un savant français, M. Victor Guérin, envoyé par le gouvernement en Palestine en 1863, avait cru découvrir le tombeau de Josué à Tibnèh, sur le territoire de l'ancienne tribu d'Ephraïm, à trente kilomètres au nord de Jérusalem. Nous n'avons point à reproduire ici les raisons qui viennent à l'appui de cette identification. Disons seulement que, si elle a rencontré des opposants, elle a aussi trouvé d'éminents défenseurs, par exemple M. de Saulcy.

Il y manquait toutefois une dernière sanction. Après avoir raconté que le corps de Josué fut enterré sur la montagne d'Ephraïm, au nord du mont Gaas — désignation qui convient admirablement au lieu indiqué par M. V. Guérin — la version des Septante ajoute : « Les enfants d'Israël ensevelirent avec Josué les couteaux de pierre avec lesquels il avait circoncis le peuple à Galgala (Jos. XXIV, 30). »

Il restait à découvrir ces couteaux de pierre. Sur le conseil de M. l'abbé Moigno, M. l'abbé Richard se chargea de ce soin.

La grotte de Tibnèh dans laquelle M. Victor Guérin avait vu le tombeau de Josué est, comme la plupart des grottes funéraires de Palestine, composée d'un vestibule et d'une chambre sépulcrale ; mais, en plus, au fond de celle-ci est pratiqué un passage qui donne entrée dans une autre chambre sépulcrale beaucoup plus petite que la première. C'est là qu'eût été déposé le corps de Josué. La grande chambre, qui renferme quinze *loculi* ou caveaux destinés à recevoir des cercueils, eût été réservée aux membres de sa famille. Les parois du vestibule sont percées de plus de 200 petites niches dans lesquelles, sans doute, on plaçait des lampes qu'on allumait en l'honneur du mort et non pour éclairer le portique, car la lumière du jour y pénétrait naturellement par la façade entièrement ouverte (1).

Des détritus de toutes sortes encombraient le sol des trois pièces. C'est au sein de ce dépôt, et jusque dans les *loculi* des deux cham-

---

(1) Nous empruntons ces détails à une petite brochure de M. l'abbé Richard qui a pour titre : *Les couteaux en silex du tombeau de Josué*.

bres, que M. l'abbé Richard rencontra les silex cherchés.

Ils consistaient principalement en éclats ou couteaux, peut-être ceux-là même qui avaient servi à la circoncision. Néanmoins M. Richard avoue y avoir rencontré des scies, des pièces plates et allongées, des pièces discoïdes, etc.....

Les adversaires de l'opinion, qui fait remonter à Josué l'origine de ce gisement, se sont naturellement emparés de cette dernière découverte pour rattacher cette station à leur âge de la pierre et en faire un gisement préhistorique (1). Pourtant ils ne peuvent nier qu'il n'y ait là une coïncidence remarquable. Un texte autorisé nous apprend que le tombeau de Josué renferme des silex. Ces silex, l'exploration du tombeau nous les révèle, et l'on voudrait qu'ils fussent autres que ceux que l'on cherche! L'on avouera que c'est pousser un peu loin l'exigence.

La découverte des scies n'est point un obstacle à l'identification proposée. Il se peut que des outils en pierre, ayant servi à des usages domestiques, se soient mêlés après coup aux véritables instruments de la circoncision; car

(1) Voir : *Revue scientifique*, t. XII, p. 21; *Matériaux*, t. VIII, p. 193.

nous ne prétendons point assurément que jamais, à une époque quelconque, l'on n'ait fait usage de la pierre aux environs de Tibnèh ; mais il nous semble impossible que ce soit antérieurement à l'histoire. Les archéologues qui le prétendent n'ont pas réfléchi que la grotte funéraire date certainement des temps historiques, comme toutes les grottes semblables de la Judée, et que les silex qu'elle contient ne peuvent être plus anciens qu'elle. Si donc ils ne veulent pas admettre que ces silex datent de Josué, force leur est de reconnaître qu'ils sont plus récents et ce n'est pas là sans doute ce qu'ils se proposent de démontrer.

L'on a fait une autre objection à l'interprétation que M. l'abbé Richard donne de sa découverte. L'on a dit que jamais, pas plus anciennement qu'aujourd'hui, les Juifs n'avaient employé la pierre pour opérer la circoncision et que, par conséquent, les silex trouvés dans la grotte funéraire de Tibnèh n'avaient pu servir à cet usage. M. Chabas a soutenu avec talent, il faut le reconnaître, cette thèse, quelque peu paradoxale (1) ; il ne nous a pas convaincu. Pour renverser une

(1) *Etudes sur l'antiquité historique d'après les sources*

opinion aussi universellement répandue que celle à laquelle il se heurte, il faudrait, ce nous semble, des arguments plus décisifs que ceux qu'il produit.

Si l'on s'en rapporte en effet aux traductions communes de nos Livres saints, l'on trouve qu'il y est fait mention expresse, au moins en deux endroits (1), d'outils en pierre ayant servi à pratiquer la circoncision. La première fois, c'est Séphora, femme de Moïse. qui, raconte la Vulgate, « prit une *pierre* très aiguë (2) et circoncit son fils. » Plus tard, après le passage du Jourdain, nous voyons le Seigneur ordonner dans les termes suivants à Josué de circoncire son peuple. « Fais-toi, dit-il, des couteaux de pierre et circoncis de nouveau les enfants d'Israël. »

M. Chabas prétend que le mot hébreu *tsor*, צר, qu'on a traduit par le substantif *pierre* ou par l'épithète *de pierre*, n'a point ce sens mais signifie *tranchant*, *aigu*. Pourtant il reconnaît que le sens primitif est *roche* ou

égyptiennes et les monuments réputés préhistoriques. p. 473-482.

(1) Exode, IV, 25 et Josué, V, 2.

(2) *Petram acutissimam*. Nous ne savons, il est vrai, où l'auteur de la Vulgate a pris ce dernier mot. Le terme *tsor* (pierre) n'est accompagné dans l'hébreu d'aucune épithète.

rocher, ce qui déjà nous rapproche de *pierre*. De plus, il a contre lui, non seulement la majorité des traductions modernes, mais les anciennes versions syriaque, arabe, latine et grecque. Cette dernière ajoute même, on l'a vu, que les couteaux de pierre qui avaient servi à la circoncision à Galgala furent ensevelis avec Josué.

Les considérations philologiques invoquées par M. Chabas l'emporteront difficilement sur un pareil ensemble de témoignages.

Quel que soit du reste le sens véritable du texte primitif et, quoi qu'en pense le savant égyptologue de Châlons, il n'est pas douteux que, dans l'antiquité comme à notre époque, l'on n'ait, au moins parfois, utilisé le silex pour la circoncision. Lui-même l'a reconnu dans une de ses plus anciennes publications. Décrivant un bas-relief du temple de Maut, à Thèbes, lequel représente cette cérémonie religieuse, il observe que l'instrument à l'aide duquel est pratiquée l'opération paraît être en pierre (1).

Les témoignages de l'histoire comme ceux des voyageurs modernes attestent que de

---

(1) Chabas, *De la circoncision chez les Egyptiens* 4 mars 1861, dans la *Revue archéologique*.

tout temps la circoncision s'est pratiquée, au moins fréquemment, avec un couteau de pierre et qu'aujourd'hui encore elle se pratique de la sorte, en certaines contrées de l'Orient. M. Arcelin, qui s'est fait l'éloquent défenseur de cette thèse, nous parle de textes coptes établissant que des religieux de l'île de Tébenna, dans la Haute Egypte, ont conservé cet usage jusqu'à une époque relativement moderne (1).

Nous ne prétendons point toutefois que le procédé contraire ait été interdit et l'usage du métal prohibé. M. Chabas observe avec raison que la loi de la circoncision édictée par le Lévitique ne spécialise en aucune manière l'instrument qui doit être employé.

La loi rabbinique laisse à cet égard la même latitude. Elle permet de circoncire avec quoi que ce soit, un silex, un morceau de cristal, en un mot avec tout ce qui coupe, excepté avec une pointe de roseau (2). L'usage actuel est, il est vrai, de se servir d'un couteau d'acier ; cependant il y a à cette règle une exception. « Si un enfant mâle, dit Stevens, meurt avant

---

(1) Arcelin, *l'Age de pierre et la classification préhistorique*, 1873, p. 31.
(2) Ed. Stevens, *Flint Chips*, 1870.

le huitième jour, avant de l'enterrer on le circoncit, non avec l'instrument ordinaire, mais avec un fragment de silex ou de verre (*ibid*). » Si, dans l'antiquité, ce procédé paraît avoir été plus suivi, c'est sans doute que la rareté relative du métal faisait plus naturellement songer à la pierre alors employée pour d'autres usages; c'est aussi peut-être pour des motifs de propreté, pour la raison qui la faisait préférer au métal dans l'opération de l'embaumement chez les Egyptiens, parce que, dit M. Chabas lui-même, le silex tranchant ne garde pas de traces du travail anatomique.

D'autres silex qu'on dit travaillés ont été trouvés par divers voyageurs, à la surface du sol, sur différents points de la Palestine. Nous ne les mentionnons que pour mémoire; car leur rareté, leur isolement et les doutes qui planent sur leur origine, ne permettent pas d'en faire la base d'une théorie quelconque.

Il est des monuments d'un autre genre dont nous ne pouvons nous dispenser de dire un mot, puisqu'ils sont eux-mêmes considérés comme préhistoriques et comme se rattachant à la dernière partie de l'âge de la pierre; nous voulons parler des tumulus et des dolmens.

Ces monuments, en effet, ne sont guère moins nombreux en Syrie que dans notre Europe occidentale. Les tumulus en particulier s'y présentent sous des proportions gigantesques, ce qui ne les a pas empêchés de passer inaperçus jusqu'à ces dernières années. Il en est un près de l'ancienne Sarepta, entre Tyr et Sidon, qui ne mesure pas moins de 40 mètres de haut sur 200 environ de diamètre. L'on peut en voir de moindres dimensions à Audjeh, près de Jaffa, d'autres dans la plaine de la Bekka, entre le Liban et l'Anti-Liban, d'autres enfin dans celle d'Antioche où ils forment deux rangées disposées comme les branches d'un compas (1). Pas un n'a été fouillé, et il faut reconnaître que l'énormité de leur masse rend cette opération assez difficile. Pourtant jusqu'à ce qu'on l'ait pratiquée, il sera impossible d'émettre une conjecture plausible sur l'âge et la destination de ces monuments.

Les dolmens sont presque tous situés à l'est du Jourdain ou de la mer Morte, dans l'ancienne Ammonitide. Nous en devons la connaissance, d'abord, aux Anglais Irby et Mangles, qui parcoururent cette région pendant

(1 *Matériaux*, année 1880, t. XV, p. 429.

les années 1817 et 1818 (1), en second lieu à nos compatriotes, MM. de Luynes, de Saulcy, l'abbé Michon et Louis Lartet qui, à une époque plus récente, ont repris leur exploration (2).

Un premier groupe existe à Ala-Safat, près du confluent du Ouaddi (vallée) Zerka avec le Jourdain et au pied de la montagne de Gelead. Ces dolmens sont constitués comme les nôtres par une dalle recouvrant deux ou plusieurs supports; mais ils présentent cette particularité que l'un des supports est fréquemment percé d'une ouverture carrée ou semi-lunaire. Il est à croire, comme l'observe M. Louis Lartet, qu'à cette ouverture devait s'adapter une porte de bois qu'on ôtait à volonté pour introduire les offrandes destinées aux morts.

Une ouverture analogue, mais de forme circulaire, se voit également sur plusieurs dolmens de l'Inde, de l'Algérie et même de nos régions occidentales (3). C'est un trait com-

---

(1) Voir leur ouvrage : *Travels in Egypt*, 1823.
(2) Voir le *Voyage en Terre Sainte* de M. de Saulcy et aussi les *Matériaux pour l'hist. de l'homme*, t. II, p. 246; t. V, p. 134; t. VIII, p. 184-192; t. XV, p. 429.
(3) Fergusson, *les Monuments mégalithiques de tous pays*, passim.

mun qui tend à confirmer l'origine orientale et unique des peuples qui les érigèrent.

Les dolmens d'Ala-Safat sont associés à des grottes et à des niches sépulcrales creusées dans le rocher et munies, comme la dalle d'entrée des dolmens, d'une ouverture encadrée. Evidemment les uns et les autres ont une même origine et une même destination.

Un autre groupe d'une vingtaine de dolmens a été découvert par M. de Saulcy sur le plateau d'El-Azhémieh (l'ossuaire?), entre le mont Nébo et l'embouchure du Jourdain. Dans ce groupe figure un monument d'un caractère particulier dont nous devons la description à M. l'abbé Michon (1); c'est un dolmen entouré circulairement d'une rangée continue de pierres grossièrement travaillées. Il y a là encore un trait de ressemblance avec les monuments d'Algérie connus sous le nom de *bazinas* et de *chouchas* (2).

Un troisième groupe se rencontre, au sud du précédent, entre le mont Nébo et le *djebel* (mont) Attarus, près du ouaddi Zerka Maïn, sur le plateau de Manfoumieh. L'on y voit les mêmes ouvertures dans la pierre et les mêmes niches

(1) *Bull. soc. arch. de la Charente*, t. V, p. 47 à 54, 5 fig.
(2) J. Fergusson, *op. cit.*, p. 420.

sépulcrales que précédemment. Tout près est un menhir de 2ᵐ 30 de haut connu dans le pays sous le nom de *la pierre posée* (1).

Mentionnons en dernier lieu deux dolmens que M. de Saulcy dit avoir rencontrés dans le voisinage de Chalaboun, sur le chemin de Nazareth à Beyrouth. Ce sont les seuls qui aient été vus à l'est du Jourdain.

Aucun des dolmens de Palestine n'a malheureusement été fouillé, de sorte que la question de leur origine est actuellement difficile à résoudre. Il n'est pas douteux toutefois qu'il ne faille y voir des tombeaux. Leur analogie avec les nôtres, leur association avec des grottes et des niches funéraires en sont autant de preuves. C'est donc à tort assurément qu'on a voulu les identifier avec les *autels des hauts lieux* dont parle l'Ecriture. Quant aux menhirs, ils pourraient bien être les *pierres de témoignage* des Hébreux. C'était sans doute un monolithe de ce genre que la « très grande pierre (2) » qui fut érigée par Josué près du sanctuaire du Seigneur pour

---

(1) Les *Matériaux* (t. VIII, p. 187) donnent des croquis de ces monuments.

(2) *Lapidem pergrandem*, dit la Vulgate (Jos. XXIV, 26).

servir de *témoignage* des promesses de fidélité faites à Dieu par le peuple juif.

L'âge des dolmens est beaucoup plus difficile à déterminer que leur destination. L'on a dit qu'ils remontaient aux tribus chananéennes qui occupaient le pays lorsque les Hébreux y entrèrent sous la conduite de Josué. La chose est possible, mais aucun témoignage positif ne confirme cette conjecture. L'on peut tout aussi bien, quoi qu'on ait dit, attribuer la construction de ces monuments aux Hébreux eux-mêmes. En voyant ces constructions en pierres brutes, l'on songe involontairement à la défense qu'avait faite le Seigneur à son peuple de polir et de travailler la pierre.

L'on a objecté que les Hébreux avaient un autre mode de sépulture, au moins à l'époque d'Abraham ; car l'Ecriture nous apprend que ce patriarche acheta une caverne pour y ensevelir Sarah. Mais est-il donc impossible que les deux rites funéraires aient coexisté ? M. Louis Lartet, qui fait cette objection, reconnaît lui-même que le peuple constructeur des dolmens de l'Ammonitide paraît avoir employé simultanément l'un et l'autre procédé, et enterré indifféremment ses morts soit sous des monuments en pierre brute, soit dans des niches ou dans des caveaux taillés dans le rocher (1). Il n'y a pas loin, du reste, d'un mode de sépulture à l'autre, le dolmen pouvant être considéré comme une sorte de grotte artificielle.

Le témoignage de l'Ecriture ne vient point à l'encontre de cette attribution aux Hébreux des dolmens de la Palestine. En diverses circonstances, au contraire, elle mentionne l'érection de monuments en pierre brute. Déjà nous avons rapporté comment Josué érigea un véritable menhir. Immédiatement après le passage du Jourdain, nous le voyons encore commander à douze hommes de prendre douze pierres dans le lit du fleuve et d'en faire un petit monument destiné à perpétuer le souvenir du miracle dont les enfants d'Israël venaient d'être l'objet (2).

La Genèse nous apprend de son côté (XXVIII, 18) que Jacob, à la suite de sa célèbre vision de l'échelle mystérieuse, prit la pierre qui lui avait servi d'oreiller, la plaça debout comme un pilier et versa de l'huile sur son sommet. Dans deux autres circonstances nous voyons ce même patriarche ériger un semblable monument, une fois à Béthel pour

(1) *Matériaux*, t. VIII. p. 185.
(2) Josué, IV, 28.

marquer l'endroit où Dieu lui était apparu (Gen. XXXV, (45), une seconde fois, pour ratifier son alliance avec Laban (Gen. XXXI, 45). Dans cette dernière circonstance il ne se contente pas de dresser sa pierre, mais, à leur tour, ses frères apportent chacun la leur et ils en font un monceau, le *monceau du témoignage*, sur lequel ils mangent (1).

Telles devaient être les mœurs de nos ancêtres des temps mégalithiques.

Nous avons observé que les dolmens de Palestine présentaient, avec ceux d'Algérie entre autres, les traits de ressemblance les plus frappants. Nous n'osons en conclure qu'il faille déduire de là l'unité d'origine des uns et des autres ; mais s'il en était ainsi ce serait un nouveau motif de croire à la date récente des premiers. De l'avis de M. Al. Bertrand, l'un des plus zélés défenseurs de l'antiquité préhistorique des dolmens français, les monuments mégalithiques d'Algérie ne peuvent être de beaucoup antérieurs à l'ère chrétienne ; quelques-uns même lui seraient postérieurs.

---

(1) En d'autres circonstances nous voyons les Hébreux entasser des pierres sur les tombeaux, principalement sur ceux des grands coupables et comme en signe de malédiction. — Josué, VII, 26 ; VIII, 29.

L'on a en effet trouvé sous l'un d'eux une médaille à l'effigie de l'impératrice Faustine et, sur la table d'un autre, une inscription latine (1).

Quant aux *baʒinas*, dont nous avons signalé l'analogie avec un monument syrien décrit par M. Michon, ils sont parfois construits avec des fûts de colonne d'exécution romaine, ce qui ne permet pas d'en reporter l'origine au-delà de l'ère actuelle.

Nous ne nous étendrons pas davantage sur les découvertes qui ont paru motiver l'attribution d'un âge de la pierre au pays des Hébreux. Il n'est pas un fait de quelque importance que nous ayons négligé de rapporter. Le lecteur a maintenant sous les yeux les pièces du procès : à lui de conclure.

Peut-on dire que tous les silex, çà et là découverts, ne sont autres que les instruments de la circoncision ? Nous ne le pensons pas. S'il n'y avait que des couteaux l'on pourrait

---

(1) Fergusson, *op. cit.* p. 427. — S'il faut en croire M. René Galles, archéologue breton bien connu pour ses fouilles pratiquées au sein des monuments mégalithiques, les Kabyles auraient encore érigé des menhirs au siècle dernier. — Voir le compte-rendu de la Société polymathique du Morbihan séance du 27 décembre 1881.

le prétendre; mais il y a aussi des haches, des grattoirs, des scies et d'autres outils qui n'ont pu servir qu'à des usages domestiques.

La pierre est donc entrée dans l'outillage de l'un, au moins, des peuples qui ont successivement habité ce pays ; mais rien n'autorise à croire qu'à aucune époque elle ait constitué seule cet outillage, de même que rien n'oblige à remonter jusqu'aux temps préhistoriques pour se trouver en face d'une industrie élémentaire au point de comporter l'utilisation de la pierre pour les besoins ordinaires de la vie. La découverte des silex épars dans le tombeau présumé de Josué nous paraît au contraire être la preuve de l'emploi récent d'outils de cette nature; car, on l'a vu, à quelque personnage qu'ait été destinée cette grotte funéraire, il est incontestable qu'elle date des temps historiques et les objets qu'elle renferme ne sauraient être plus anciens qu'elle.

Il convient de le rappeler, l'usage de la pierre n'exclut point forcément une civilisation même avancée. Il est possible qu'il ait été universel dans l'antiquité ; à plus forte raison, a-t-il pu exister à ces époques de décadence sociale qu'ont subies tous les pays et tous les peuples. Nous ne voudrions même pas garantir que la pierre ait absolument disparu de l'outillage actuel en Palestine. Il y a là de pauvres gens dont la misère sordide n'a rien d'incompatible assurément avec de pareils procédés industriels. Une grotte, une excavation naturelle leur sert de demeure. Leurs charrues, s'ils prennent la peine de défoncer le sol, ne sont bien souvent qu'une branche recourbée; leur nourriture, une grossière galette ou de simples racines. Un pareil genre de vie, dans l'antiquité, alors que les métaux n'étaient pas répandus comme ils le sont de nos jours, devait impliquer presque forcément l'usage de la pierre.

Il n'y a donc pas lieu de s'étonner, si l'on rencontre dispersés à la surface et dans l'intérieur du sol des objets de cette nature. Habitués que nous sommes à notre industrie contemporaine, nous avons peine à nous faire à l'idée que la civilisation ancienne ait pu en connaître une autre et instinctivement nous voyons dans l'usage de la pierre un indice certain de barbarie. Pourtant l'histoire et l'archéologie sont là pour nous dire que, si l'art métallurgique atteignit jadis un admirable développement, la diffusion des métaux jusque chez les classes les plus humbles de la société date pour ainsi dire de notre époque. Force était autrefois de remplacer dans certains cas ces auxiliaires réputés indispensables de l'industrie actuelle, et pour le faire, quoi de plus simple que de recourir au silex ?

CHAPITRE V

L'AGE DE LA PIERRE EN EGYPTE

Importance de la question. — Explorations et découvertes de MM. Arcelin, Lenormant, Hamy, Richard, etc. dans la vallée du Nil. — Origine naturelle de la plupart des éclats de silex. — Les Egyptiens firent usage de la pierre en pleine civilisation historique. — Outils en silex dans les tombeaux et dans les anciennes mines du Sinaï. — Rareté du fer dans l'antiquité. — Age de la couche alluviale formée par le Nil. — Décadence continue de l'industrie égytienne. — Conclusion : pas d'âge de pierre en Orient.

Nous ne pouvons clore cette étude des faits relatifs à l'existence d'un âge de la pierre en Orient sans dire un mot de l'Egypte. Ici, il est vrai, nous abandonnons le territoire asiatique, mais nous sommes toujours et plus que jamais dans ces régions privilégiées qui furent le théâtre des anciennes civilisations, car nulle part ailleurs l'histoire et les monuments qui la consacrent ne remontent aussi haut dans le passé. Il n'en est que plus intéressant de voir si, à cette longue période de civilisation qu'ont éclairée d'une si vive lumière les découvertes récentes de l'Egyptologie, il ne conviendrait point d'ajouter une ère préhistorique caractérisée par l'usage exclusif de la pierre. Bien qu'ici encore le fait en lui-même n'eût assurément rien de contraire aux données bibliques, il n'en serait pas moins une arme pour les partisans du système évolutioniste appliqué à l'humanité, et surtout il contredirait d'une façon flagrante l'opinion traditionnelle qui, appuyée sur les inscriptions hiéroglyphiques tout autant que sur les textes des anciens auteurs, se refuse à croire à une Egypte barbare.

La première mention d'un âge de la pierre applicable à l'Egypte remonte à l'année 1869. Un archéologue de Mâcon aujourd'hui bien connu, M. Adrien Arcelin, avait, l'hiver précédent, exploré la vallée du Nil depuis l'embouchure de ce fleuve jusqu'à Assouan, au delà de Thèbes. Il avait la conviction qu'il y trouverait des silex taillés et il en trouva.

Le gisement le plus important qu'il rencontra était situé presque aux portes de Thèbes.

à l'entrée de la célèbre vallée de Biban-el-Molouk (cavernes des rois), ainsi nommée (1) à cause des grottes dans lesquelles les rois des dynasties thébaines avaient placé leurs tombeaux. Sur un espace de plusieurs centaines de mètres le sol était jonché d'éclats ou de lames prismatiques de silex sans formes bien caractérisées. Suivant M. Arcelin, l'on serait en présence d'un atelier de l'âge de la pierre. Si l'on n'y rencontre pas d'outils plus nettement accusés, c'est qu'ils ont été exportés et utilisés et que les déchets seuls sont restés dans l'endroit (2).

Un autre gisement, moins considérable, assurément, mais peut-être plus significatif, fut découvert à Abou-Mangar, en aval d'Assouan. Dans la berge même du Nil, au-dessous d'une couche de limon de 3^m15 d'épaisseur et à la surface d'un dépôt de gravier, mais sans mélange aucun avec celui-ci, M. Arcelin aurait trouvé des éclats de silex faits de main d'homme, des marteaux présentant des traces de percussion, une hachette polie, ébréchée

---

(1) On dit aussi, au singulier, *Bab-el-Molouk*.
(2) *L'âge de pierre et la classification préhistorique*, p. 10; — *Matériaux*, t. V. p. 136 et p. 405, pl. XXV, fig. 5, 9, 10.

par l'usage, des os brisés et des fragments de poterie grossière (1).

Le même explorateur recueillit : à El-Kab, un certain nombre de silex grossièrement taillés ; à Saqqarah, un très beau racloir et quelques autres pièces ; dans le voisinage du Sérapéum, un beau marteau en roche verdâtre, avec des traces manifestes de percussion ; enfin, à Giseh, un silex assez grossièrement taillé, du type dit du Moustier (2).

Moins d'un an après la publication des deux notes où M. Arcelin consignait ses découvertes, MM. Lenormant et Hamy recueillaient à leur tour sur le plateau de Biban-el-Molouk une centaine de silex consistant, d'après eux, en couteaux, grattoirs, perçoirs, nuclei, percuteurs, etc. Il faut voir dans les *Matériaux pour l'histoire de l'homme* (t. VIII, p. 28) avec quel enthousiasme M. Hamy raconte sa découverte. « Voilà donc, s'écrie-t-il, l'âge de pierre démontré en Égypte et la terre des Pharaons, considérée par quelques-uns comme exceptionnelle à ce point de vue, ramenée aux lois générales d'évolution de l'humanité ! »

(1) *Matériaux*, ibid., pl. XXV, fig. 1, 2, 8 et 14. Cette dernière représente la hachette en pierre polie.
(2) *Matériaux*, t. V, pl. XXV, fig. 3, 6, 11, 12, 13 et 15.

Cet accès de lyrisme n'était guère justifié. M. Hamy n'avait même pas la priorité de la découverte, bien qu'à diverses reprises et contre l'évidence même il l'ait revendiquée (1). De plus, l'étude géologique du gisement, la seule qui pût nous renseigner sur l'âge au moins relatif des silex, a été absolument négligée par lui. C'est à la hâte et comme en courant qu'il a fait son exploration. La brièveté de son déjeuner, nous dit-il, et les difficultés de la route l'ont empêché d'aller constater l'existence d'une formation quaternaire *qu'il suppose*. Enfin, les traces de travail qu'il dit être si évidentes sur ses silex ont été contestées par un bon nombre de savants : ce qui n'a point empêché M. de Mortillet de partager son enthousiasme et sa foi.

Moins de deux mois plus tard, en décembre 1869, M. l'abbé Richard explorait à son tour le même atelier de Bab-el-Molouk, où il croyait reconnaître des marteaux, des couteaux, des grattoirs, des nuclei, etc... Dans le même voyage, il recueillait, entre le Caire et la Forêt pétrifiée, des haches en grès, et au-delà de la mer Rouge, au pied du Sinaï, des mar-

---

(1) Comptes rendus du Congrès de Stockolm et *Matériaux*, t. IX, p. 328.

teaux en silex opaque, un grand nombre de couteaux et des pointes de flèche, dont quelques-unes très élégantes (1).

D'autres silex ont été trouvés épars sur divers points de l'Égypte, notamment à Abydos, à Louqsor et jusque dans le désert lybique par MM. Delanoue, Zittel et Lubbock (2); mais leur taille est contestée et leur provenance indécise.

L'on voit que, si les explorateurs ont été nombreux, les découvertes ne le sont guère. En somme, c'est un seul atelier, plus quelques outils épars que l'on a trouvés en Égypte. Il est remarquable que M. Arcelin avait vu tout cela dans sa rapide exploration des rives du Nil. Malgré leur vif désir de compléter ses découvertes et peut-être de les faire oublier par de plus considérables, les archéologues qui l'ont suivi n'ont ajouté aucun document de quelque importance à ceux qu'ils nous a fournis le premier, et nous devons à la vérité de dire que ses mémoires sont toujours, en dépit des critiques envieuses dont ils ont été l'objet, ce que nous possédons de plus complet sur la question.

(1) *Les Instruments de pierre*, p. 11; — *Matériaux*, t. VI, p. 248.
(2) *Matériaux*, t. VIII, p. 184; t. IX, P. 327; t. XIV, p.45.

Nous sommes d'autant plus à l'aise pour parler de la sorte que nous ne partageons pas l'opinion du savant archéologue mâconnais sur l'âge et l'origine de la masse des silex qu'il a découverts.

M. Arcelin appartient, en effet, quoi qu'il en soit l'un des adeptes les plus modérés, à cette école nouvelle d'archéologie qui, imbue des idées évolutionistes, se résigne difficilement à admettre qu'un outil en silex puisse dater des temps historiques, et moins encore qu'un peuple quelconque, si anciennement civilisé qu'il soit, ait pu échapper, à l'origine, à cette phase, dite initiale, de barbarie que caractérise l'ignorance absolue des métaux (1). Il pense

(1) « Une société humaine, dit-il, ne vient pas au monde toute faite. La vieille civilisation égyptienne a dû avoir, comme celles de l'Europe, ses âges barbares et préhistoriques (*Mat.* V, 400). » — « Comme cette civilisation, dit-il ailleurs, n'avait pas dû surgir tout à coup de la barbarie, comme Minerve tout armée du cerveau de Jupiter, il faut *de toute nécessité* admettre qu'il y eut au-delà de ces six mille ans (appartenant à l'histoire), une période plus ou moins longue d'incubation et de développement. » (*Réponse à MM. Chabas et Lepsius*, p. 24).

Nous ne voyons nullement la *nécessité* de cette période d'incubation. Pourtant M. Arcelin est chrétien et nous devrions nous entendre. Comme nous il admet sans doute que Noé, qui bâtit l'arche, n'était point un barbare ; or nous ne voyons pas ce qui put empêcher ce patriarche de léguer à ses enfants ses connaissances et ses procédés industriels.

donc que l'Egypte a eu comme les autres pays sa période préhistorique et son âge de la pierre.

D'autres vont beaucoup plus loin. Sous le beau prétexte que, parmi les silex découverts sur les rives du Nil, il s'en trouve de polis et que parmi ceux qui sont simplement taillés, l'on a rencontré les types de Saint-Acheul et du Moustier, deux stations réputées successives en Occident, M. de Mortillet n'a pas hésité à répartir en trois périodes l'âge de pierre égyptien. Il a fait mieux, il a fixé leurs dates : la première serait antérieure à la période glaciaire ; les deux autres, postérieures (1).

Nous ne nous arrêterons pas à réfuter de

Il se peut que ceux-ci aient perdu dans la suite des âges le dépôt qui leur avait été confié ; c'est même chose probable, pour ceux, du moins, que des hasards divers, des guerres, des famines, des naufrages, par exemple, poussèrent loin de leurs frères et du berceau de leurs ancêtres ; mais il n'y a nulle nécessité à ce que tous aient subi cette infortune. Il est à croire, au contraire, que les membres de la famille qui, comme les Babyloniens et les Égyptiens, se tinrent le plus rapprochés du pays d'origine et eurent moins à lutter contre l'inclémence du climat, durent conserver intact le dépôt des traditions qu'ils avaient reçues de leur père. — Ce que nous disons des enfants de Noé pourrait s'appliquer également aux enfants d'Adam, au cas où l'on considérerait la civilisation égyptienne comme antérieure au déluge.

(1) *Revue d'anthropologie*, 1879. p. 114-116.

pareils systèmes. Nous voulons bien croire qu'en France la forme de Saint-Acheul ait précédé celle du Moustier, quoique le fait demande confirmation. Nous ne prétendons point nier non plus que l'usage exclusif de la pierre taillée ait précédé chez nous celui de la pierre polie; mais rien ne prouve qu'il en ait été de même à l'étranger, et M. de Mortillet est seul à prétendre que ce développement industriel ait été général. Pour croire à la même succession de phases progressives, il faudrait avoir rencontré superposés en autant de couches des débris de ces diverses industries, et pas un des nombreux explorateurs qui ont fouillé le sol égyptien ne fait mention d'une pareille découverte ! Les haches acheuléennes, les pointes moustériennes, les couteaux prismatiques, les pointes de flèche, les pierres polies, les fragments de poterie, tout a été trouvé pêle-mêle, sans indication aucune d'ordre chronologique, si bien qu'il est géologiquement impossible d'attribuer à ces objets des dates diverses. Il y a plus; s'il y avait lieu d'en vieillir quelques-uns ce serait les derniers. On se rappelle que M. Arcelin les a trouvés à trois mètres et plus de profondeur, alors que les autres gisaient à la surface du sol. C'est absolument le contraire de ce qu'exigerait la théorie.

Mais nous ne croyons pas plus à cet ordre de succession qu'à l'autre, parce que nous ne croyons point à l'existence d'un âge de la pierre en Egypte. Si notre opinion paraissait à quelqu'un téméraire, nous dirions qu'elle est celle des égyptologues ; or, quand on veut connaître les origines d'un peuple, à qui donc s'adresser si ce n'est à ceux qui font profession d'en fouiller les mystérieuses archives et les plus lointaines annales ?

Les découvertes qu'on nous oppose n'ont surpris aucun de ceux qui ont continué l'œuvre de Champollion sur les rives du Nil. Leurs propres recherches leur avaient appris que la pierre avait été utilisée de tout temps en Egypte concurremment avec les métaux. Ils savaient en outre par expérience que, sous l'ardent soleil d'Afrique et par suite des brusques alternatives de température qui se produisent en cette contrée, le silex se résout de lui-même en éclats dans lesquels un œil complaisant peut, sans trop de difficulté, voir les outils et les armes de l'homme primitif. Un savant de Berlin, le professeur Lepsius, n'a pas hésité à attribuer cette origine au plus grand nombre des prétendus instruments recueillis par nos archéologues.

Que ce brisement naturel se produise dans certaines circonstances, principalement le matin au lever du soleil ou le soir après son coucher, c'est un fait attesté par trop de voyageurs et de naturalistes pour qu'on puisse le révoquer en doute. Plusieurs nous disent avoir entendu l'espèce de crépitement qui accompagne ce phénomène. Il n'est guère plus contestable que la majeure partie des grossiers éclats qui abondent sur le sol égyptien n'ait cet origine. Impossible d'en assigner une autre, par exemple, à ces amas de silex signalés par le docteur Ebers sur divers points du désert de l'Arabie pétrée, loin des régions habitées par l'homme. Quant à ceux qui se trouvent sur les rives du Nil, il est remarquable que, suivant l'observation de M. Lepsius, ils sont diversement altérés ; les uns présentent à leur surface une épaisse couche de patine alors que d'autres, trouvés dans le même lieu, ont conservé leur couleur propre, comme s'ils dataient d'hier. Il en serait autrement, ce semble, s'ils étaient l'œuvre des Égyptiens primitifs, si surtout ils remontaient aux temps préhistoriques.

Il n'est pas à croire, néamoins, que tous les

éclats signalés dans la vallée du Nil soient dus à une cause naturelle ; il en est sur lesquels l'action de l'homme est évidente, mais leur présence ne saurait nous surprendre et, pour en trouver l'origine, point n'est besoin de se reporter au delà des temps historiques. De nos jours encore des outils de ce genre sont en usage dans la terre des Pharaons. Mariette a raconté qu'il avait vu des Arabes employés à ses fouilles se faire raser la tête avec un éclat de silex ; il ne doute pas qu'on n'ait utilisé ce minéral pour des usages analogues dans toute l'antiquité historique. On a trouvé, dit-il, dans les tombeaux de Qournah (Thèbes), qui remontent à la XIe dynastie, un grand nombre de flèches formées de roseaux et armées tantôt d'une pointe en bois durci au feu, tantôt d'une arête de poisson, tantôt d'une pointe en silex (1).

Il est remarquable que pendant toute l'époque pharaonique l'on ne trouve nulle part des pointes de flèche en métal ; les tombeaux grecs donnent seuls des pointes en bronze. Les archers figurés dans l'hypogée de Béni-Hassan sont aussi armés de flèches en silex. Pour prétendre que c'est là une exception il faudrait

(1) *Matériaux*, t. IX, p. 17 et *Bulletin de l'Institut égyptien*, année 1870, séance du 19 mai.

des documents contraires et personne n'a pu en fournir (1).

Le silex servait encore à d'autres usages, spécialement comme instrument de chirurgie. Prisse d'Avennes a découvert et décrit des outils de cette nature qui se trouvent actuellement au Louvre. L'on a vu précédemment qu'on l'utilisait aussi pour la circoncision; un bas-relief égyptien le représente aux mains du prêtre qui pratique cette opération. Hérodote et Diodore nous apprennent, d'autre part, qu'il était employé pour embaumer les corps; car telle était sans doute la *pierre éthiopienne* dont ils parlent (2). L'archéologie confirme du reste cette interprétation. Les momies portent à leur flanc gauche une ouverture dont les bords déchirés paraissent attester l'emploi du silex. M. Mariette croit que l'on se servait du même instrument pour enlever aux cadavres la peau de la plante des pieds. « Or, ajoute-t-il, si l'on pense que tous les morts étaient embaumés et qu'il en était de même d'une grande quantité d'animaux, on verra quelle

---

(1) Les Arabes, observe Mariette (*Mat.* X, 551), se souviennent encore d'avoir vu les Bédouins armés de flèches à pointes de silex.
(2) Hérodote, II, 86 ; Diodore, I, 91

quantité de pierres devait être nécessaire pour cet usage (1). »

Nous avons parlé de pointes de flèches trouvées dans les tombeaux; elles sont nombreuses sans doute, mais moins encore que les couteaux de pierre. Il est à croire que ces couteaux sont ceux-là même qui ont servi aux *paraschistes* à préparer les momies près desquelles un religieux respect les a fait déposer.

Les musées de Turin, de Leyde et de Berlin en possèdent chacun deux qui affectent la forme de couperets et sont délicatement travaillés (2). Le musée de Berlin contient en outre, dans sa collection égyptienne, une sorte de hache du type de Saint-Acheul (3) finement taillée; rien n'empêche qu'elle n'ait également servi à l'embaumement.

Rosellini, le compagnon de Champollion en Egypte, dit avoir vu fréquemment des cou-

(1) *Matériaux*, t. IX, p. 17.
(2) Chabas, *Etudes sur l'antiquité*, p. 334, et *Matériaux*, t. IX, p. 24.
(3) Le type de Saint-Acheul, ainsi appelé parce qu'il a été trouvé tout d'abord et principalement dans la localité de ce nom, près d'Amiens, consiste en un silex grossièrement taillé en forme d'amande. Il représente, aux yeux de M. de Mortillet, l'époque la plus lointaine des temps quaternaires (Voir ci-dessous chap. VIII).

teaux en silex placés dans des corbeilles auprès des momies. Parfois ce sont de simples éclats que l'on rencontre de la sorte. M. Passalacqua en signale une dizaine ainsi découverts, et M. Lepsius lui-même en a recueilli neuf, ainsi qu'une petite scie à dents régulièrement taillées, dans un tombeau situé au nord-est de la grande pyramide. « Ce qui ajoute à l'intérêt de cette découverte, observe justement M. Arcelin, c'est qu'il est possible de la dater. Le tombeau était celui d'un surintendant des bâtiments royaux et écrivain royal, nommé Meha, fonctionnaire sous les deux derniers rois de la cinquième dynastie, Asesa et Unas, environ 3000 ans avant Jésus-Christ (1). »

Les objets en pierre recueillis dans la vallée du Nil ne se bornent pas à des flèches et à des couteaux. Un grand nombre d'armes et d'outils divers, de pierres percées et de coquillages ont été découverts par notre éminent égyptologue, M. Mariette, dans des nécropoles ou des stations appartenant, selon lui, à toutes les époques de l'histoire d'Egypte. L'on y retrouve tout l'outillage de l'âge de la pierre, depuis le type de Saint-

(1) *L'Age de pierre*, p. 5.

Acheul jusqu'à la forme néolithique(1); mais ici, chose remarquable, *la grossièreté du travail s'accentue,* au dire de M. Mariette, *à mesure que l'on s'approche de notre ère.* Les outils en pierre sont plus nombreux et généralement plus informes à l'époque des Lagides et des Romains qu'ils ne l'étaient sous l'ancien empire.

Ces découvertes opérées dans les nécropoles témoignent déjà éloquemment en faveur de l'usage récent de la pierre en Egypte, mais nous avons mieux ; nous avons la preuve indiscutable que le silex ne fut pas seulement employé dans l'antiquité historique pour certains rites traditionnels ou sacrés, tels que la momification et la circoncision, mais qu'il fut d'un usage ordinaire, au moins chez les populations pauvres, jusqu'à une époque très voisine des temps modernes. Il est démontré que les ouvriers employés par l'Egypte à ses mines du Sinaï se servaient journellement de la pierre pour l'extraction des turquoises ou du minerai.

(1) Peut-être n'est-il pas inutile d'observer que la période *néolithique,* dite aussi *de la pierre polie,* représente la dernière partie de l'âge de la pierre, de même que la période *paléolithique* ou *de la pierre taillée* en représente la partie la plus reculée, celle qui coïncide avec l'époque quaternaire ou la fin des temps géologiques.

M. John Keast-Lord, à qui nous devons cette découverte, a raconté avec détails les circonstances qui l'ont accompagnée. Les galeries des mines de turquoises du Ouadi-Magharah sont extrêmement basses, nous dit-il (1); pour les visiter, il dut se glisser et ramper péniblement le long d'étroits couloirs qui lui parurent interminables. Enfin il tomba dans une vaste chambre : c'était la limite extrême des galeries. Dans la couche de sable et de débris divers qui en recouvraient le sol, il aperçut et recueillit soigneusement de nombreux éclats ou ciseaux de silex, des marteaux de pierre, des cailloux ronds un peu creusés de chaque côté par le frottement du doigt et du pouce chargés de sable, enfin des fragments de bois arrondis qui avaient dû servir à emmancher les pointes de silex.

Il était à croire que ces outils avaient servi à l'exploitation de la mine; l'explorateur anglais en eut bientôt la preuve. Sur le mur et sur le toit de cette excavation et des galeries qui y conduisent, il découvrit les marques des pointes de silex encore parfaitement distinc-

(1) *The Peninsula of Sinaï*. 1870, p. 423. — M. Chabas a reproduit une grande partie de son récit dans ses magistrales *Etudes sur l'antiquité historique*, p. 349-355.

tes. Il n'y avait pas d'hésitation possible. « En comparant ces marques, dit-il, avec les pointes émoussées des ciseaux de silex, nous constatâmes que l'outil et la marque correspondaient exactement entre eux ; nous voulûmes alors nous rendre compte de ce genre de travail. A cet effet, nous cherchâmes à entamer le grès de la roche avec des ciseaux de silex sur lesquels nous frappions légèrement avec des marteaux. Les sillons que nous produisîmes par ce procédé étaient précisément semblables à ceux des anciens mineurs. » Et il conclut : « Il est hors de doute que ces mines ont été taillées dans le roc avec des ciseaux de silex exclusivement. »

M. Keast-Lord nous dit avoir trouvé les mêmes silex, plus une pointe de lance et deux pointes de flèche d'un beau travail, à l'entrée de la mine et sur une colline voisine, parmi les débris de huttes en pierres sèches qui avaient dû servir d'habitations aux mineurs.

L'étude des anciennes mines de cuivre du voisinage a donné lieu à des découvertes analogues. A Sarbat-el-Khâdim l'on a trouvé les mêmes marteaux et autres outils de silex. Au Ouadi-Nasb, ce sont les traces des poinçons ou des ciseaux de pierre qui s'aperçoivent encore sur les parois des galeries.

Il n'est donc pas douteux que ces mines n'aient été exploitées à l'aide d'outils en silex; or l'on sait à quelle époque elles l'ont été, et c'est là ce qui fait en grande partie l'intérêt de cette découverte. Les mines de turquoises du Ouadi-Maghârah paraissent avoir été ouvertes dès les premières dynasties, mais leur exploitation la plus active date de la douzième et semble se continuer jusqu'à la vingtième, c'est-à-dire jusqu'au XIIIe siècle au moins avant notre ère. De nombreuses inscriptions mentionnant les travaux en font foi. Quant aux mines de cuivre de Sarbat-el-Khadim, elles ne portent pas de traces d'exploitation antérieures à la XIIe dynastie.

Cet usage de la pierre en pleine civilisation égyptienne est assurément un fait étrange; mais, pour être en opposition avec les idées reçues, ce fait n'en est pas moins incontestable. Après tout, peut-être le silex était-il préférable au métal pour l'industrie à laquelle on l'affectait. Il faut se rappeler en effet que le fer était alors excessivement rare, si même il était connu. Mariette pensait que son introduction dans l'outillage égyptien avait été extrêmement tardive, et bien que cette opinion n'ait pas été universellement partagée, il est certain qu'il ne fut point dans l'antiquité d'un usage ordinaire. Un ciseau qui a été découvert sous l'un des obélisques de Karnak (XVIIIe dynastie) est, paraît-il, jusqu'à présent le plus ancien et presque le seul objet en fer que nous ayons de l'époque des Pharaons. Le bronze était alors exclusivement employé; or ce métal n'a point la dureté nécessaire pour travailler la pierre.

Telle était, pensons-nous, en dehors de la question d'économie, la raison principale qui faisait préférer le silex au métal pour briser le rocher. Le fer lui-même n'y eût pas suffi, à moins d'être transformé en acier ; or rien ne prouve que l'acier ait été alors connu.

Pour le même motif, sans doute, l'on utilisait le silex pour les travaux les plus délicats, par exemple pour graver des inscriptions hiéroglyphiques. M. Keast Lord en a reconnu qui avaient dû être exécutées de la sorte sur les rochers contigus aux mines qu'il a si savamment explorées (1). Les Mexicains faisaient de même ; on a la preuve qu'ils ont exécuté avec

(1) Chabas, *Études sur l'antiquité historique*, p. 371

des outils de pierre des scupltures remarquables par leur finesse.

Bien que les travaux que nous venons de mentionner aient été exécutés dans la presqu'île sinaïtique, l'on peut considérer comme égyptiens les usages qu'ils nous révèlent, puisqu'ils se faisaient pour le compte de l'Egypte. L'on a du reste retrouvé les mêmes silex dans la vallée du Nil à l'entrée des grandes excavations pratiquées dans les rochers. Il est à croire que les uns et les autres ont la même origine et la même destination.

La pierre paraît encore avoir été employée pour d'autres usages à l'époque pharaonique. Des bas-reliefs trouvés dans les tombeaux de Saqqarah et des pyramides nous montrent des ouvriers occupés à tailler du bois avec un outil qui, au dire de Mariette, paraît être la hache en pierre.

Nous avons déjà parlé de flèches trouvées dans les nécropoles. D'autres plus grossières, à tranchant transversal, comme celles qui ont été exhumées en si grand nombre des grottes de la Marne, ont été découvertes sur divers points de l'Egypte, notamment à Qournah, où elles gisaient à côté de la momie d'un chasseur.

Nous pourrions, s'il en était besoin, produire d'autres faits encore ; mais c'est assez, ce nous semble, pour démontrer aux plus incrédules que la pierre a été assez communément employée sur les rives du Nil pendant l'époque historique, pour qu'on puisse expliquer la présence des gisements et ateliers de silex qui s'y trouvent sans recourir à la supposition très inutile et très gratuite d'une période de barbarie primitive.

Il est vrai que, dans un cas au moins, l'on a parlé d'objets en pierre trouvés à une certaine profondeur et au dessous de la couche alluviale dite moderne, ce qui tendrait à les reporter à une haute antiquité ; mais de quelle époque date cette couche ? Toute la question est là. On se plaît à accumuler les siècles pour mesurer la durée de sa formation, sous prétexte que l'exhaussement actuel du sol est presque insensible ; ce système qui a son principe dans la fameuse mais fausse *théorie des causes actuelles* est démenti par les faits.

La plupart des égyptologues et des naturalistes reconnaissent avec M. Maspéro que « la marche progressive des boues était plus rapide autrefois qu'elle ne l'est aujourd'hui dans ces contrées (1). » C'est un fait incontestable que le régime du fleuve s'est modifié à diverses reprises. Il y eut un temps où des barrages naturels, dont on voit encore les traces, principalement dans la Haute-Egypte, élevèrent ses eaux à un niveau de beaucoup supérieur à celui qu'elles atteignent de nos jours, et pour retrouver ce temps il n'est pas nécessaire de se reporter si loin en arrière. Des inscriptions gravées sur les rochers de Semnèh (Nubie) et datées d'Aménémès III et d'autres rois de la XIIe dynastie nous apprennent que l'inondation atteignait alors en ce lieu une hauteur supérieure de 8 mètres au moins à sa hauteur actuelle, et l'on a des raisons de croire qu'il en était encore de même sous la XIIIe dynastie. L'on sait, d'un autre côté, par les fondements d'anciens édifices et par des grottes creusées dans le roc, que sous la XVIIIe dynastie le Nil ne dépassait guère en cet endroit le niveau que nous lui connaissons. C'est donc dans l'intervalle, c'est-à-dire de l'an 2.400 à l'an 1.700 avant notre ère, qu'aurait eu lieu la rupture du barrage de Silsilèh, qui mettait obstacle à l'écoulement des eaux (2). L'on

(1) *Histoire ancienne des peuples de l'Orient*, p. 7.
(2) Smith, *Ancien History of the East*, p. 88.

voit que nous sommes toujours en pleine période historique.

Rien donc n'autorise à croire que l'Egypte ait eu son âge de la pierre, sa période préhistorique de barbarie caractérisée par l'ignorance absolue des métaux. Au contraire, l'histoire de ce pays est, au point de vue artistique comme au point de vue industriel et religieux, l'histoire d'une décadence presque continue quoique plus ou moins sensible. L'art n'y a point eu d'enfance ; l'industrie s'est révélée dès le début par sa manifestation la plus gigantesque, par la construction des pyramides ; et, pour avoir de la religion égyptienne une idée exacte, c'est à l'époque des premiers Pharaons qu'il faut l'étudier, alors qu'elle avait conservé presque intacte la pureté du monothéisme primitif.

« On se demande, a dit Renan, si la race qui a peuplé l'Egypte, dans ce passé si lointain, n'est pas arrivée dans la vallée du Nil avec une civilisation formée, avec une histoire, avec des arts, avec des connaissances acquises, tout ce qui fait un grand peuple (2). » Le savant orientaliste aurait pu être plus affirmatif. Les monuments, les objets d'art les plus an-

(2) *Revue des Deux Mondes*, 1er avril 1865

Ra-Em-Ke, gouverneur de province sous la IIe dynastie, d'après une photographie prise à l'exposition de 1867

ciens sont ceux qui portent le cachet de la civilisation la plus avancée. La sculpture égyptienne, si riche pourtant, n'a assurément rien produit de plus achevé que cette admirable statue en bois, qu'on put voir à l'Exposition de 1867 et qui représente un gouverneur de province sous la cinquième dynastie. (Voir la gravure ci-contre).

L'on connaît des monuments plus anciens encore qui n'ont rien d'archaïque dans la forme, par exemple la belle statue de Khephren, le constructeur de la grande pyramide, cette pyramide elle-même, le sphinx énorme placé à ses pieds, comme s'il en était le gardien mystérieux, et le tombeau de Ti, à Saqqarah, dont les peintures, contemporaines, dit-on, de la première dynastie, ont été exposées en 1878 au Trocadéro (1). Ici, comme dans la vallée de l'Euphrate, comme dans l'Asie en général, plus on remonte le cours des siècles et plus on s'éloi-

(1) Le sphinx figure parmi les monuments que Chéops, prince de la IVe dynastie, aurait *restaurés*. Sa date n'est pas autrement indiquée. Le temple de granit situé à 700 pas du sphinx et déblayé par Mariette serait plus ancien encore, antérieur même à la première dynastie, au dire de M. Fr. Lenormant. Nous avouons que nous avons été frappé de la sévérité de style de ce monument ; mais il nous paraît que, pour en fixer rigoureusement la date, il faudrait autre chose qu'un caractère architectural.

gne de cet âge de la pierre que l'on s'efforce en vain de placer à l'origine de toutes les nations. Au lieu de peuplades sauvages, ce que l'on trouve dans la vallée du Nil c'est, nous dit M. Lenormant, « une société puissamment constituée..., une civilisation très avancée dans les sciences et dans les arts, possédant des procédés matériels d'une rare perfection, capable d'élever des monuments immenses et d'une indestructible solidité. »

Nous nous en tenons à ces données de l'histoire, contre lesquelles les présomptions aventureuses de l'école préhistorique ne sauraient prévaloir et, d'accord avec M. Mariette et la grande majorité des égyptologues, nous conclurons que les hommes qui occupèrent les premiers la vallée du Nil y apportèrent d'Asie, leur pays d'origine, une civilisation toute faite.

Nous irons plus loin ; nous demanderons que l'on étende cette conclusion, sinon à l'Asie entière, du moins aux régions de ce vaste continent que nous avons passées en revue. Nous n'avons point essayé de taire les arguments qui servent de base à la théorie d'un âge de la pierre applicable à ces contrées. L'on a vu ce qu'ils valent. Est-il besoin de rappeler que l'usage du silex n'est point exclusif d'un état avancé de civilisation ? que sa dureté le rendait presque indispensable pour certaines industries, alors que l'acier était inconnu et le bronze à peu près le seul métal utilisé ? que la diffusion des métaux jusque dans les rangs infimes de la société date pour ainsi dire de nos jours ?

L'on juge trop des siècles précédents par le nôtre. L'on oublie qu'il a vu se produire dans les relations sociales et les conditions d'existence, grâce aux merveilleuses découvertes de la science et à leurs applications non moins merveilleuses, la plus étonnante transformation dont, à aucune époque, l'homme ait jamais été témoin. Les admirables progrès de l'industrie contemporaine ont effacé en nous le souvenir des grossiers et primitifs procédés que tout le monde employait naguère, et nous avons peine à nous faire à l'idée qu'une société civilisée puisse vivre autrement que nous ne vivons, avoir d'autres usages, d'autres mœurs, un autre outillage. Telle est pourtant la vérité; il est bon qu'on s'en souvienne.

A cette condition, et pour peu qu'on mette les faits avant les systèmes, l'archéologie monumentale et les données historiques avant les conceptions théoriques et les vues de l'esprit, l'on ne tarde pas à se convaincre de l'inanité du système qui, basé sur les indices les plus équivoques, veut, en dépit des traditions les plus formelles, que le monde entier, sans en excepter l'Orient, ait connu la phase initiale de barbarie qui a été appelée du nom significatif d'*âge de la pierre*.

CHAPITRE VI

L'AGE DE LA PIERRE EN OCCIDENT (1)

Contrairement à l'Orient, l'Occident a traversé à l'origine un âge de la pierre. — Preuves à l'appui de cette assertion. — La seule découverte d'outils en pierre, si nombreux qu'ils soient, est un faible argument, car longtemps la pierre a été utilisée communément avec le métal. — La superposition des métaux à la pierre prouve davantage. — Quelques cas de superposition de cette nature : 1° dans les cavernes ; 2° dans les alluvions des vallées. — Argument puisé dans la différence des industries que présentent les cités lacustres de la Suisse.

ous n'entreprendrons point assurément la tâche impossible d'appliquer à nos contrées occidentales les conclusions que nous avons déduites, dans les articles précédents, des données relatives à

(1) Nous disons : âge *de la* pierre, plutôt que : âge *de* pierre, de même que nous dirons : âge *du* bronze et âge *du* fer, de préférence à : âge *de* bronze et âge *de* fer. Ces

l'Egypte et aux régions asiatiques qui l'avoisinent. Si l'âge de la pierre en Orient est un *mythe*, chez nous c'est un *fait* devant lequel il convient de s'incliner.

Il serait assez inutile de rappeler à quelles circonstances l'Asie a dû le privilège d'échapper, au moins partiellement, à cette barbarie originelle qu'on voudrait étendre à l'univers entier et par laquelle il semble qu'aient débuté, en effet, la plupart des civilisations modernes. L'histoire nous apprend, — et l'archéologie confirme son témoignage, — que l'humanité a pris naissance en Orient. Elle s'oppose d'autre part, à ce qu'on attribue à la première famille humaine cet état d'abjection qui, d'après certaines théories en vogue, eût été le triste apanage de nos premiers ancêtres. Elle nous dit clairement, par la voix de son principal et de l'un de ses plus lointains organes, la Bible, que si l'homme ne jouit pas dès l'origine de tous les avantages de notre civilisation matérielle, il posséda du moins les qualités nécessaires pour les acquérir. Elle va plus loin ;

---

dernières expressions, bien qu'elles soient encore usitées en matière d'archéologie préhistorique, ont l'inconvénient de faire songer aux *âges* mythiques inventés par les anciens pour représenter la déchéance progressive de l'humanité.

elle laisse entendre, à qui sait l'interpréter sainement, qu'il fut créé avec un développement physique, des vertus morales, des facultés intellectuelles et même avec des notions religieuses, résultat d'une révélation primitive, qui forment aujourd'hui encore ses attributs distinctifs et constituent ses titres les plus sérieux à l'empire de la création.

Tant qu'il resta sur les confins des domaines où Dieu l'avait établi à l'origine, l'homme conserva sans doute intacte cette civilisation relative qui lui avait été primitivement départie ; mais les dissensions intestines, fruit du péché d'origine, ne tardèrent pas à éclater, nous le savons par l'histoire sacrée, au sein de la première société humaine. La dispersion en fut la conséquence. La multiplication rapide des enfants d'Adam devait du reste amener fatalement ce résultat. Pour contenir ce flot de population toujours croissante il fallait de nouvelles terres et bientôt, l'Orient n'y suffisant plus, l'on se dirigea vers l'Occident.

Dans le cours de ces migrations lointaines, obligé qu'il était de subvenir aux nécessités les plus pressantes, de satisfaire aux exigences de la vie physique, en butte à des obstacles de tout genre, aux rigueurs d'un climat nouveau pour lui, aux attaques des animaux féroces qui lui disputaient leur empire, l'homme dut nécessairement perdre peu à peu, avec le dépôt des traditions primitives, les qualités physiques et morales dont il avait été doué par le Créateur. Les préoccupations de la vie matérielle l'emportèrent sur toute autre considération; le corps, soumis à des jeûnes prolongés et à des privations de toutes sortes, s'avilit avec l'esprit, et de cette créature privilégiée, où Dieu avait reproduit ses traits, il ne resta plus, trop souvent, qu'un être misérable dans lequel se voyait à peine un reflet de l'image de son auteur. Ce fut l'état sauvage.

Les premiers habitants des Gaules ont-ils connu cet état de dégradation? Nous ne le pensons pas, et les faits que nous aurons à produire dans la suite de cette étude fourniront la preuve de cette assertion. Chez eux le génie n'était qu'assoupi. Pour le réveiller il suffit d'une circonstance favorable, d'une excitation venue du dehors. Contrairement à la plupart des sauvages contemporains que le contact de la civilisation anéantit peu à peu, nos barbares ancêtres se sont relevés dès qu'un peuple policé leur a tendu la main. L'état rudimentaire de l'industrie tel qu'il était chez eux peut se concilier avec un certain degré de culture intellectuelle et l'ignorance des métaux n'entraîne point forcément l'absence de toute qualité physique et morale.

Mais, nous dira-t-on, est-on même obligé de croire à cette barbarie industrielle, caractérisée par l'usage exclusif de la pierre, dont l'école préhistorique gratifie si libéralement nos ancêtres ? S'il en est ainsi, qu'on nous dise au moins quels sont les arguments qui l'établissent ; car enfin nous sommes en droit d'exiger des preuves.

Nous avons répondu par avance à la première question. Quant à la seconde, il semble que ce soit chose plus difficile, si l'on en juge par le silence des auteurs à ce sujet. Nous ne savons s'il en est un seul, en effet, qui ait prévu à cet égard l'incrédulité du lecteur. Ce n'est pas, sans doute, qu'ils reculent devant la difficulté qu'il y aurait à faire la preuve qu'on leur demande ; mais, à leurs yeux, l'existence d'un âge de la pierre est un fait si complètement établi, que poser de nouveau la question serait perdre un temps précieux et peut-être manquer de respect à la nouvelle science. On ne démontre pas un axiome.

Au risque de passer pour commettre une naïveté, nous ne dédaignerons pas de satisfaire le désir de nos lecteurs. Il se peut que quelques-uns soient portés à nier la certitude de toutes les données de la science préhistorique sans exception ; nous croyons qu'ils auraient tort de le faire et qu'une telle manière de voir nuirait à la défense de la vérité religieuse, parce qu'elle offrirait aux adversaires l'occasion d'un facile triomphe. Voilà pourquoi nous croyons nécessaire de présenter ici les principales preuves de l'existence d'un âge de la pierre en Occident et spécialement dans notre pays.

Pour arriver à une démonstration vraiment satisfaisante, il faudrait reprendre isolément et rapporter en détail toutes les découvertes qui servent de base à l'archéologie préhistorique ; mais un volume n'y suffirait pas. A défaut de ce procédé, l'on pourrait encore conduire le lecteur dans nos musées et le mettre en face de ces innombrables outils de pierre et d'os que nos pères ont utilisés pour les divers besoins de leur industrie naissante ; mais ce moyen, du reste insuffisant, n'est pas à notre disposition. Il nous reste une ressource, celle de recourir à la *stratigraphie* et de rappeler les lieux où l'on a trouvé *superposés* en un même point les divers types industriels, pierre, bronze et fer, dont on conteste la succession chronologique.

C'est ici, en effet, le point important de la question. Il importe assez peu de savoir que, dans une multitude de localités, l'on a rencontré à la surface du sol des instruments en pierre, car cela ne nous dit rien sur leur âge. Si l'on n'envisageait que les découvertes de ce genre, ce serait à plusieurs milliers qu'il faudrait en porter le nombre. Dès 1875, l'auteur du *Dictionnaire archéologique de la Gaule* donnait une liste de 789 cavernes ou gisements quaternaires ayant fourni des débris de cette nature (1). S'il fallait y ajouter les haches isolées et les outils en silex découverts soit dans les monuments mégalithiques soit dans les terrains récents, l'on arriverait à un chiffre prodigieux, car les dolmens comptent à eux seuls pour près de 3,000, et il n'en est guère assurément où l'on n'ait trouvé plusieurs objets en pierre taillée ou polie.

Tous ces objets n'ont point, sans doute, été utilisés comme armes ou comme instruments de travail par les premiers habitants des

(1) Cette liste a été reproduite dans les *Matériaux pour l'histoire primitive et naturelle de l'homme*, année 1876, p. 124.

Gaules. Plusieurs de ceux qui figurent dans les monuments mégalithiques n'ont pu évidemment avoir cette destination. Il en est qui ont des dimensions si réduites qu'il est impossible de voir en eux autre chose que des objets votifs, déposés à titre d'offrandes dans les tombeaux des ancêtres. Néanmoins le nombre de ceux qui furent, suivant toute apparence, utilisés pour les usages journaliers, est encore énorme, et à lui seul il constitue une puissante induction en faveur de l'existence d'un âge de la pierre; mais il ne constitue pas une preuve. Il nous apprend, ou plutôt il nous confirme dans l'idée que la pierre fut jadis en usage, mais il ne nous dit point qu'elle ait jamais été employée à l'exclusion de tout métal. Telle est pourtant la question à résoudre; car, pour ce qui est de l'autre point, ce n'est pas, à proprement parler, une découverte. Chacun savait, avant qu'on eût exposé dans nos galeries tous ces vestiges d'une industrie primitive, que l'homme avait jadis utilisé la pierre, le silex principalement, concurremment avec le fer et le bronze.

Ce serait le lieu de rappeler que, jusqu'à notre siècle, ou plutôt jusqu'à ces dernières années, la pierre a été employée sur plusieurs points de notre territoire, ici, en guise de soc de charrue, là, comme coin pour fendre le bois, ailleurs pour décortiquer les arbres; s'il faut s'en rapporter à de récents témoignages, ces procédés primitifs n'auraient point totalement disparu (1). La pierre à fusil est du reste un dernier témoin incontesté de cet état de choses. Or, s'il en est ainsi de nos jours, alors que l'industrie tend à s'uniformiser, qu'une aisance relative a pénétré au sein des campagnes, que le fer et l'acier s'obtiennent à des conditions de bon marché inconnues jadis, n'est-il pas naturel de conclure à un emploi beaucoup plus ordinaire du silex dans les temps antérieurs, par exemple à la suite de ces calamités publiques que notre histoire a eu trop souvent à relater, ou encore aux époques plus lointaines qui précédèrent et suivirent l'occupation romaine?

Nous ne reproduirons pas les témoignages de l'histoire et de l'archéologie qui confirment cette conjecture, déjà si probable *à priori*. A l'appui des textes, moins rares qu'on ne l'a cru, qui attestent l'usage de la pierre en Occident pendant l'époque romaine et jusqu'en plein

(1) Voir *Les Monuments mégalithiques de tous pays*, p. 45.

moyen âge, nous avons cité ailleurs (1) environ 80 localités où l'on a trouvé intimement associés soit dans des sépultures, soit au milieu de restes d'anciennes habitations, soit à l'intérieur ou à la surface des couches terrestres, des outils en pierre taillée ou polie et des produits d'une industrie avancée, caractéristique de l'époque romaine ou même des temps postérieurs. A cette liste déjà si longue nous demandons la permission d'ajouter deux faits récents qui nous paraissent avoir leur importance.

Dans le cimetière mérovingien du mont de Hermes (Oise), l'on a recueilli deux lames en silex qui avaient conservé des traces de leur emmanchement primitif. L'une d'elles avait encore la virole en fer destinée à fixer le bois au silex. L'autre était entourée de bois pourri vers la partie de la base qui formait talon. L'on voit qu'il s'agit bien de véritables outils (2).

Dans les fouilles, si habilement conduites, qu'il a faites dans la région de Carnac, M. James Miln, dont la science archéologique

---

(1) *Etudes critiques d'archéologie préhistorique*, 1880, p. 152-163.
(2) *Bulletin de la Société d'anthropologie*, t. II 3ᵉ série, p. 743; — *Revue des Soc. savantes*, 1881, p. 61.

pleure encore la perte, s'est trouvé fréquemment en face d'une industrie grossière caractérisée surtout par des outils en pierre, tels que percuteurs en quartz, éclats de silex, haches polies, pierres de fronde, pierres à aiguiser, etc.; or cette industrie était le plus souvent superposée à des vestiges évidents de l'époque romaine, preuve incontestable du retour à la barbarie industrielle qui suivit, du moins en cette contrée, le départ du peuple conquérant (1).

Pour être en pierre un objet n'appartient donc pas nécessairement à l'âge de la pierre. Les archéologues anglais, moins systématiques que les nôtres, ne font pas difficulté de le reconnaître (2). Pour établir l'existence de cette phase industrielle que caractérise l'ignorance absolue des métaux, il faut autre chose que des trouvailles isolées, si fréquemment répétées qu'elles soient, de haches et de couteaux en silex; car enfin ces grossiers outils ont pu être employés concurremment avec le

---

(1) J. Miln, *Fouilles faites à Carnac en 1874-1876*, Paris, Didier, 1877; — *Les alignements de Kermario*; Vannes, 1881.

(2) J. Lubbock, *L'homme préhistorique*, trad. franc., p. 3; — J. Evans, *les Ages de la pierre*, trad. franc. p. 3.

bronze et le fer. Et qu'est-ce que leur nombre en comparaison de la multitude des individus qui se sont succédé en nos contrées depuis que l'homme en a pris possession ? S'il y a lieu de s'étonner d'une chose, c'est plutôt de leur rareté que de leur abondance.

Il faut se rappeler, en effet, que contrairement au métal, au fer surtout, la pierre ne se détruit pas. Les couches superficielles du globe nous ont fidèlement conservé toutes celles qui, à une époque quelconque, leur ont été confiées. Or, grâce aux explorations si nombreuses dont elles ont été l'objet dans ces derniers temps, de la part d'une pléiade de géologues et d'antiquaires avides d'enrichir la science de quelques nouvelles données, l'on peut aujourd'hui se faire une idée de la quantité des outils en pierre que nous a légués le passé, et cette quantité, divisée par le nombre de générations qui ont successivement occupé notre sol, est loin de dépasser le chiffre auquel on eût pu légitimement s'attendre.

C'est une nouvelle preuve, disons-le en passant, du peu de durée de l'âge de la pierre, s'il a existé ; car l'étude des sauvages modernes et de leurs usages nous apprend qu'un seul individu, réduit à se servir exclusivement d'outils de cette nature, en consomme des milliers dans le cours de son existence. Il n'eût pas fallu assurément beaucoup de générations d'Indiens vivant sur notre territoire pour le couvrir de ces grossiers outils dont le nombre nous étonne au premier abord.

Quoi qu'il en soit, nous confessons notre foi à l'existence d'un âge de la pierre ; mais, pour nous convaincre, il nous a fallu autre chose que ces interminables séries de haches, de grattoirs, de lames et de flèches en silex qui s'étalent si harmonieusement dans nos collections publiques et privées. Ce n'est pas dans nos galeries, c'est dans la nature qu'il faut les étudier. Ni leur substance, ni leur forme, ni leur nombre ne nous instruisent suffisamment; les conditions de gisement peuvent seules servir de base à une conviction. Interrogeons-les.

Les armes et les outils de pierre ne se trouvent pas toujours à la surface du sol, il en est qui proviennent d'une certaine profondeur, ce qui est déjà un indice en faveur de leur antiquité. Mais il y a mieux encore. Il est arrivé parfois qu'on les a rencontrés dans des dépôts régulièrement stratifiés, au-dessous de couches contenant des métaux et représentant des industries plus avancées. Sans être très nombreux, ces cas de superposition ne sont pas rares en France ; ils sont assez fréquents du moins pour convaincre, ce semble, les plus incrédules que l'absence du métal dans les couches inférieures n'est point purement accidentelle, qu'elle ne tient point à ce que l'oxydation l'a détruit, mais bien qu'il n'était point encore entré dans l'outillage de l'homme lorsque cette partie du dépôt s'est effectuée. En un mot, force est de croire qu'à la succession observée dans le gisement répond une succession réelle dans l'ordre des temps.

L'on n'attend pas de nous, sans doute, que nous relations ici tous les faits qui paraissent établir cette vérité : ce serait passer en revue les bases mêmes de la science préhistorique et empiéter grièvement sur les études qui doivent suivre. Nous nous contenterons de signaler les principales découvertes de ce genre qui, à notre connaissance, ont été faites en deçà des limites de notre pays.

Les cas de superposition les plus remarquables se rencontrent soit dans les cavernes, soit sur le bord des cours d'eau, parce que là surtout il peut y avoir dépôt successif et stratification régulière.

Les eaux des rivières, quelle que soit du reste la vitesse de leur cours, entraînent toujours avec elles des matériaux solides, — argile, sable ou gravier, — qu'elles déposent dès que leur marche vient à se ralentir. Ainsi se forment plus ou moins lentement, au fond des lacs et dans certaines vallées, des lits sédimentaires qui représentent pour nous autant de périodes distinctes marquées par des modifications survenues dans le régime du cours d'eau. Ce sont les alluvions.

La formation des couches qu'on observe au sein des grottes a souvent une même cause. Ou bien elles sont dues à des crues considérables des rivières voisines qui parfois y ont introduit avec leur sédiment terreux des détritus d'origine diverse, animale ou végétale: ou bien l'eau a pénétré d'en haut et par des fissures qui s'aperçoivent fréquemment au fond ou sur les parois latérales de la caverne. Mais ici d'autres causes interviennent. Si la grotte est habitée par l'homme ou par les animaux, il s'y forme une couche d'humus qui va s'épaississant jusqu'à ce que des blocs, détachés de la voûte, viennent isoler ce dépôt.

Plus souvent la séparation des couches détritiques est produite par les *stalagmites*. L'on donne ce nom à des dépôts calcaires formés au sein des grottes par la chute ou le suintement incessant d'une eau chargée de carbonate de chaux. Les dépôts de cette nature sont précieux pour l'archéologue, car leur présence témoigne en faveur de l'intégrité des couches sous-jacentes.

La région des Pyrénées nous offre d'assez nombreux exemples de cavernes à niveaux archéologiques distincts, caractérisés, les uns, les plus anciens, par l'industrie de la pierre, les autres, par un outillage plus avancé. Telle est, par exemple, la fameuse grotte de Gourdan, près de Montréjeau (Haute-Garonne), dont une couche stalagmitique séparait, au dire de son explorateur, M. Piette, le dépôt superficiel, contemporain de l'âge des métaux, du dépôt ossifère inférieur où l'on a trouvé, avec de nombreux silex, les débris de 4,000 rennes [1]. Telle est encore la grotte du Maz-d'Azil [2], entre Saint-Girons et Pamiers (Ariège), dans laquelle on a trouvé quatre âges

---

[1] *Matériaux pour l'histoire de l'homme*, t. VI, p. 494 ; t. IX, p. 53

[2] *Ibid.*, t. III, p. 413 ; *Bull. Soc. Géol.*, 1867, p. 492.

représentés par autant de lits successifs. Telles enfin, les cavernes de Lombrives ou des Echelles (1), près des bains d'Ussat (Ariège), du Pontil (Hérault), de Lortet et de Lourdes (Hautes-Pyrénées).

Les autres régions de la France ne sont pas non plus sans nous en offrir un certain nombre. Citons, entre autres, la grotte des Fées ou d'Arcy-sur-Cure (Yonne), où le marquis de Vibraye a constaté trois couches bien distinctes; celle de Duruthy, à Sordes (Landes); celles de Laugerie-Haute, de Laugerie-Basse et du Moustier sur les bords de la Vézère (Dordogne); celles enfin de la Gélie, en Edon, et du Placard, à Vilhonneur (Charente).

Cette dernière a présenté jusqu'à huit couches archéologiques séparées par des éboulis calcaires. Les sept premières, à partir de la base, contiennent exclusivement de la pierre taillée; la pierre polie n'apparaît qu'à la surface avec des fragments de poteries et des ossements d'animaux qui habitent encore actuel-

---

(1) Pour cette grotte et les suivantes nous renvoyons d'une façon générale aux *Matériaux pour l'histoire primitive et naturelle de l'homme*, revue mensuelle fondée en 1865 par M. de Mortillet et actuellement dirigée par M. Cartailhac.

lement le pays. Cette succession si régulière, habilement relevée par M. de Maret (1), est sans aucun doute l'un des faits archéologiques les plus intéressants et les plus féconds en enseignements sur les temps préhistoriques qu'ait fourni l'exploration des cavernes.

Nous devons également des données précieuses à l'étude des alluvions déposées par les anciens cours d'eau. Les couches argileuses ou sableuses qui les constituent sont, suivant l'expression de MM. de Ferry et Arcelin (2), comme un musée où se trouvent enfouis des objets nombreux et variés dont le catalogue, s'il pouvait être exactement dressé, équivaudrait à de véritables tablettes chronologiques. C'est ainsi que les berges de la Saône ont offert aux explorateurs dont nous venons de citer les noms jusqu'à cinq niveaux archéologiques, dont les deux plus profonds contiennent exclusivement des instruments de pierre. Jusqu'à deux mètres, les métaux sont assez abondamment représentés ; au-dessous, la pierre apparaît seule. Et ce n'est pas dans une localité

---

(1) Voir le compte rendu du *Congrès* tenu à Vienne (Dauphiné), en 1879, par la *Société française d'archéologie*, p. 162.

(2) *Le Mâconnais préhistorique*, Mâcon, 1870.

prise à part qu'on a constaté cet ordre de succession ; M. Arcelin cite 84 observations qui le confirment (1).

Ces faits et quelques autres qu'on pourrait invoquer, et sur lesquels nous aurons sans doute l'occasion de revenir, nous paraissent attester d'une façon indéniable l'existence d'un âge de la pierre en nos contrées, c'est-à-dire d'une époque où le métal était exclu de l'outillage humain.

Si l'absence du fer dans les couches à silex peut tenir à la facilité avec laquelle ce métal s'oxyde, l'on n'en peut dire autant du bronze, lequel paraît se conserver presque aussi bien que la pierre ; or, l'histoire nous apprend, en dehors de tout document archéologique, que le bronze fut de tous les métaux le plus communément employé à l'origine, peut-être parce qu'il est le plus facile à travailler (2). Son absence dans les couches profondes ne peut donc tenir qu'à la date relativement récente de son introduction dans l'outillage de nos ancêtres.

Le fer lui-même se conserve assez bien dans

(1) *Etudes d'archéologie préhistorique* ; Appendice.
(2) Voir J. Lubbock, *l'Homme préhistorique*, p. 3 ; — J. Evans, *les Ages de la pierre*. p. 4.

certaines circonstances favorables pour qu'on ne puisse croire à sa destruction totale, s'il avait été aussi anciennement utilisé que la pierre. La tourbe paraît le préserver de l'oxydation ; aussi l'a-t-on trouvé fréquemment dans les tourbières. Celle de Nydam (Heswig), entre autres, a fourni plusieurs centaines d'objets de cette nature (1). Or, c'est précisément sur les trouvailles opérées dans les tourbières du nord que les antiquaires danois se sont appuyés lorsqu'ils ont divisé les temps préhistoriques en trois âges caractérisés par l'emploi de la pierre, du bronze et du fer (2).

Nous trouvons dans les *palafittes* ou cités lacustres de la Suisse un argument qui a aussi sa valeur à l'appui de l'antériorité de la pierre sur les métaux. C'est, en effet, une chose assez remarquable que les fouilles pratiquées dans les ruines de ces anciennes constructions, bâties sur pilotis au sein des lacs, nous ont livré, les unes de la pierre à l'exclusion de tout métal,

---

(1) Lubbock, *op. cit.*, p. 7.
(2) Cette classification remonte à 1836. Thomsen, directeur des musées ethnographiques et anthropologiques de Copenhague, en fut l'auteur. Elle fut reprise et développée à partir de 1844 par un autre archéologue danois, M. Worsaœ, qui contribua plus que tout autre à la vulgariser.

les autres du métal avec peu ou point d'outils en pierre. — Tel est du moins le fait affirmé par Lubbock.

S'il faut s'en rapporter à un tableau dressé par le célèbre archéologue d'outre-Manche (1), les quatre stations de Wauwyl, non loin de Zofingen (Argovie), de Mooseedorf, à trois kilomètres de Berne, de Wangen et de Nussdorf, sur le lac de Constance, n'ont pas fourni un seul objet en métal parmi les milliers d'armes et d'outils en pierre qu'on en a retirés. Par contre, à Morges, sur le lac de Genève, à Cortaillod, à Estavayer et à Corcelettes, sur les bords du lac de Neufchâtel, l'on aurait trouvé des centaines d'objets en bronze et presque pas d'objets en pierre (2). A Nidau, sur le lac de Bienne, le nombre des objets en bronze est de 2,004 et celui des objets en pierre seulement de 368.

Des industries aussi différentes ne peuvent, ce semble, être contemporaines, surtout si l'on tient compte de la faible distance qui sépare

---

(1) L'*Homme préhistorique*, p. 13.
(2) Le nombre total des objets en bronze trouvés dans ces quatre localités est de 2172. Celui des objets en pierre n'est pas connu, l'attention des explorateurs n'ayant pas, paraît-il, été attirée sur ce genre de trouvailles.

ces diverses stations. De Nidau, station du bronze, à Mooseedorf, station de la pierre, il n'y a guère que 25 kilomètres. On ne peut pas supposer, observe Lubbock, que cette diversité industrielle puisse être uniquement une question de plus ou moins de richesses (1).

Il convient d'ajouter toutefois que la différence des industries n'est point aussi marquée dans les autres constructions lacustres de la Suisse. L'on doit même reconnaître, pour être juste, que la plupart présentent le mélange le plus hétérogène de pierre, de bronze et même de fer. Il s'y trouve parfois jusqu'à des briques, des poteries et des médailles romaines, comme à Corcelettes et à Nidau, localités déjà nommées, à Colombier et à la Tène, près de Marin, sur le lac de Neufchâtel, au pont de Thièle, entre ce dernier lac et celui de Bienne, à Montellier, sur le lac de Morat (2).

L'on a remarqué que les stations où la pierre domine se rencontrent principalement à l'est. L'industrie plus avancée de celles de l'ouest tient-elle uniquement, comme on l'a dit (3), à ce qu'elle était alimentée par l'Italie septentrionale

(1) L'*Homme préhistorique*, p. 14.
(2) J. Southall, *The Recent Origin of man*, p. 162 à 177.
(3) James Southall. *op. cit.*, p. 175.

et par les villes, déjà florissantes, de Marseille et de Lyon? Ce n'est guère probable, si l'on se rappelle à quel point les deux industries sont étroitement juxtaposées. Le temps qui s'est écoulé entre l'une et l'autre n'a pas dû toutefois être de longue durée, car, de l'aveu de Lubbock, rien ne les différencie dans le genre de construction, si ce n'est une solidité plus grande dans les palafittes attribuées à l'âge du bronze (1).

Quelle que soit la valeur de ce dernier argument, si l'on tient compte de l'ensemble des découvertes que nous avons signalées, il n'est pas douteux que la pierre n'ait précédé le métal dans l'outillage des habitants de la Gaule. Le fait n'est point si évident toutefois qu'on puisse se dispenser de le prouver dans les manuels élémentaires d'archéologie préhistorique. En le supposant démontré en principe, l'on exige vraiment trop de foi de la part du lecteur.

(1) Lubbock, *op. cit.*, p. 198.

CHAPITRE VII

LES DEUX AGES PALÉOLITHIQUE ET NÉOLITHIQUE

Deux âges de la pierre. — Superposition de la pierre polie à la pierre taillée en maintes localités. — Dinstinction des époques paléolithique et néolithique, confirmée par la faune, la flore et l'industrie. — *Homme fossile* non synonyme d'*homme antédiluvien*. — Empiétement de l'âge paléolithique sur le suivant au point de vue industriel et zoologique. — Disparition récente de certaines espèces quaternaires. — Comment se peuplèrent nos contrées. — Il est permis d'identifier avec les Ibères les populations primitives. — Les Basques en seraient un reste. — Les Aryens auraient apparu avec la civilisation néolithique. — Réponse à une objection puisée dans la linguistique. — Conclusion.

'on a vu dans le chapitre précédent que l'homme, au début de son séjour en nos contrées, ignora l'usage des métaux qu'il remplaça principalement par le silex, en un moment que son industrie tra-

versa une phase qui a été nommée à bon droit l'*âge de la pierre*.

Une seconde question à résoudre est celle de savoir s'il n'y a eu qu'*un* âge de la pierre, ou mieux si l'âge de la pierre, dont nous avons accepté l'existence, ne serait pas lui-même divisible.

Les adeptes de la nouvelle science, disons-le immédiatement, ne sont pas moins affirmatifs sur ce point que sur le premier. Dans le laps de temps pendant lequel l'homme, nouveau venu en nos contrées, ignora ou s'interdit l'usage du métal, ils distinguent deux périodes, celle de la pierre taillée et celle de la pierre polie, la période *paléolithique* et la période *néolithique* (2).

Au risque de passer aux yeux de beaucoup pour trop accorder à la jeune science, alors que d'autres nous accusent de lui faire une opposition systématique, nous avouerons qu'ici encore nous adoptons les vues de l'école préhistorique. Nous dirons même que l'âge néolithique ou de la pierre polie nous paraît plus nettement distinct du précédent qu'il ne l'est du suivant ou de l'âge des métaux.

(1) Des trois mots grecs λιθος, pierre, παλαιος, ancien, νεος, nouveau.

Voici quelques-uns des faits qui semblent autoriser la distinction des deux périodes de la pierre.

Sur plusieurs points de notre territoire la stratigraphie, consciencieusement interrogée, a répondu dans le sens de la théorie. Elle nous a montré nettement superposées diverses couches archéologiques dont les supérieures contenaient des haches en pierre polie et avec elles des fragments de poterie et toute une industrie évidemment en progrès sur la précédente. Les localitées déjà citées nous en fournissent plusieurs exemples.

A Laugerie-Haute (Dordogne), au-dessus de deux assises à silex taillés, associés à des ossements de rennes, M. Massénat a trouvé une couche de terre noire avec poterie, hache polie en silex et débris d'espèces actuelles (1).

Le même explorateur a trouvé également des vestiges de l'époque néolithique dans la partie supérieure du gisement de Laugerie-Basse, non loin du précédent, et à la surface du sol dans la grotte de Gourdan, si riche en silex dans ses couches profondes (2).

---

(1) *Matériaux pour l'hist. de l'h.*, t. XIII, p. 16.
(2) *Matériaux*, t. VI, p. 494 ; — *Revue scientifique*, t. VIII, p. 527 et t. XI, p. 1217. — Une même superposition semble avoir été observée à Lourdes (*Mat.* I, p. 155) ;

A Sordes (Landes), la grotte Duruthy a présenté la même succession, mais sans cette transition brusque qu'on remarque dans d'autres localités (1).

L'on rencontre encore cette superposition des deux industries dans les deux grottes déjà signalées de la Charente. Dans celle du Placard, la couche supérieure seule contient de la pierre polie avec des fragments de poterie et des ossements d'animaux de l'époque actuelle (2). A la Gélie, au-dessus d'une assise argileuse contenant des dents de rennes, des grattoirs et des racloirs en silex, M. Chauvet constata la présence de deux couches, l'une romaine, l'autre évidemment néolithique, caractérisée par une hache polie en pierre verte, une autre en silex, une pointe de flèche également en silex, une sphère polie en porphyre percée d'un large trou; un poinçon en os et quelques ossements humains. Chose curieuse, qui tendrait à établir que l'industrie néolithique a

---

au Maz-d'Azil, non loin de Foix (*Mat.*, III, p. 413); à Arcy-sur-Cure, dans l'Yonne (Nadaillac, I, 155) où M. Cotteau a trouvé trois couches très-distinctes. La supérieure seule contient de la poterie et de la pierre polie.

(1) *Matériaux*, t. IX, p. 101.

(2) *Compte-rendu du Congrès archéologique de Vienne*, 1879, p. 162.

précédé et suivi à la fois l'occupation romaine, le dépôt de cet âge est pénétré et comme coupé en deux parties par une autre couche contenant des fragments de briques plates, des tuiles romaines à crochet, un morceau de fer et divers restes d'animaux domestiques (1).

Les berges de la Saône présentent la même succession industrielle dans des conditions plus frappantes encore; car ici, au dire de M. Arcelin, une couche stérile séparerait les deux assises archéologiques qui répondraient ainsi à deux époques plus nettement distinctes que partout ailleurs. L'âge paléolithique est représenté par des argiles bleues bien connues des géologues pour appartenir aux temps quaternaires. Au-dessus vient une épaisse couche de lehm ou d'argile jaune dans laquelle se trouveraient, à des niveaux différents, des débris des âges de la pierre polie, du bronze et du fer. Le tout serait surmonté d'un dépôt correspondant à l'époque romaine (2).

Si l'on peut contester la succession de ces

---

(1) *Notes sur la période néolithique dans la Charente*, par M. G. Chauvet, dans le *Bulletin de la Société archéologique et historique de la Charente*, année 1877.

(2) Ad. Arcelin: *Etudes d'archéologie préhistorique*, 1875.

dernières industries (1) dont la série complète n'a été trouvée nulle part superposée et qui, géologiquement, appartiennent à une même période d'une faible durée, — puisque la couche qui la représente est absolument homogène et n'atteint pas un mètre d'épaisseur, — au moins doit-on reconnaître que les deux assises inférieures, caractérisées l'une par la pierre taillée, l'autre par la pierre polie, sont absolument distinctes et correspondent à deux époques successives.

La distinction des deux âges de la pierre repose, du reste, sur d'autres faits que sur les données stratigraphiques que nous venons de rappeler. Il est remarquable que l'industrie néolithique, là où elle apparaît nettement caractérisée, se présente dans des conditions qui annoncent un nouvel état de choses. La faune n'est plus, pour l'ensemble, celle des temps paléolithiques. Les espèces véritablement qua-

(1) Observons pourtant que, dans cinq endroits au moins, M. Arcelin a trouvé des produits de l'industrie gallo-romaine ou de l'âge du bronze superposés à ceux de l'industrie néolithique. Aussi ne songeons-nous point à contester l'antériorité de la pierre polie sur le bronze et sur l'époque gallo-romaine. La distinction entre cette dernière époque et celle du fer nous paraît plus difficile à établir. — V. Arcelin, *op. cit.*, Appendice : n°s 21, 39, 50, 79, 80.

ternaires, telles que le mammouth (*Elephas primigenius*) et le rhinocéros à narines cloisonnées (*Rh. tichorhinus*), l'ours et le lion des cavernes (*Ursus spelæus* et *Felis spelæa*), le renne lui-même (*Cervus tarandus*), n'apparaissent plus qu'exceptionnellement.

Au contraire, les espèces actuelles, relativement rares dans les gisements de la pierre taillée, abondent dans ceux de la pierre polie. Avec elles apparaissent les animaux domestiques selon toute apparence inconnus jusque-là. La flore elle-même se modifie ou se complète. Les céréales sont introduites et l'agriculture prend naissance en nos contrées(1). L'industrie elle-même change de face. Ce n'est pas seulement l'outillage en pierre qui se perfectionne par le polissage ou par une taille plus achevée : l'homme creuse des grottes qui lui servent d'habitations, érige des constructions sur pilotis au sein des lacs ou des marécages, abrite ses morts sous des blocs de pierre que nos engins modernes ont peine à ébranler.

(1) Trois céréales au moins remontent à cette époque, le blé ou le froment, l'orge et le seigle. On distingue même deux variétés d'orge, l'orge à six rangs de grains et l'orge à deux rangs. A ces céréales il faut ajouter une plante textile, le lin, qui apparaît également pour la première fois dans les habitations lacustres attribuées à l'âge de la pierre polie.

C'est assurément un fait remarquable que, dans aucune des nombreuses fouilles pratiquées sous les dolmens ou parmi les innombrables débris des palafites, l'on n'ait rencontré le moindre vestige authentique des espèces dites quaternaires, si abondantes dans les stations de l'âge de la pierre taillée (1). Quoique d'une nature toute négative, cet argument nous semble à lui seul, absolument décisif. Une coïncidence aussi universelle ne peut être l'effet du hasard. Evidemment il y a une distinction à faire dans l'âge des gisements selon qu'ils contiennent ou non des objets en pierre polie associés aux seuls débris de la faune actuelle, et ce n'est pas sans raison que la science a fait de l'intervalle, il est vrai quelque peu fictif, qui sépare les deux périodes, la limite extrême des temps géologiques.

Avec l'usage exclusif de la pierre taillée se ferme, en effet, la dernière époque géologique, l'époque quaternaire, parce qu'alors seulement s'éteignent les derniers restes des anciennes faunes et que la terre prend définitivement l'aspect physique que nous lui connaissons.

(1) Il faut excepter pourtant les palafites de la Poméranie et de la Nouvelle-Marche où l'on a découvert des ossements de rennes (Virchow, *Matériaux*, t. VI, p. 309, 319-321.

L'homme qui vécut antérieurement est pour nous, géologiquement parlant, l'homme d'un autre âge, et ses débris, s'il en est qui sont venus jusqu'à nous, méritent d'être appelés *fossiles* au même titre que ceux des animaux en compagnie desquels il vécut. Il est du domaine du paléontologiste, comme les couches qui le recèlent sont du domaine du géologue.

Ainsi se résout d'elle-même une question longtemps débattue, celle de l'*homme fossile*, question grave assurément, mais mal comprise par la plupart et moins grosse de conséquences doctrinales qu'on ne semblait le craindre ou l'espérer. Loin d'être l'homme antérieur à Adam, le représentant d'une espèce peut-être disparue, en tout cas sans affinité aucune avec le personnage biblique dont nous venons de prononcer le nom, l'homme *fossile* n'est pas même l'homme *antédiluvien* ; il est tout simplement le contemporain d'espèces animales, aujourd'hui éteintes ou émigrées, dont sa présence a sans doute hâté la disparition. Nous espérons démontrer plus tard que cette coexistence ne le reporte pas à des temps bien reculés (1).

(1) Déjà nous avons tenté cette démonstration dans nos *Études critiques d'archéologie préhistorique*, p. 169-190.

Comment s'opéra la transition entre les deux périodes de la pierre ? Fut-elle brusque ou insensible ? Un cataclysme quelconque vint-il subitement mettre fin à l'ancienne faune ainsi qu'à celles des races humaines qui l'accompagnaient ? Peut-on croire qu'un intervalle d'une durée indéterminée sépara les deux époques industrielles ?

Pour avoir été et pour être encore soutenue par de graves autorités, par M. Cartailhac entre autres, cette théorie n'en est pas moins, selon nous, en opposition avec les faits. Prises dans leur ensemble, les deux époques sont, il est vrai, parfaitement distinctes ; l'on ne saurait nier néanmoins qu'elles n'empiètent grièvement l'une sur l'autre dans plusieurs de leurs caractères essentiels. Il est facile de s'en convaincre.

L'âge néolithique est caractérisé principalement, avons-nous dit: 1° par l'usage de la pierre polie ; 2° par l'introduction de l'art du potier ; 3° par l'apparition des animaux domestiques ; 4° par l'absence des espèces quaternaires, aujourd'hui éteintes ou émigrées. Pour qu'on puisse croire à l'isolement respectif des deux âges industriels il faut donc que, dans aucun gisement paléolithique, l'on ne trouve ni outils en pierre polie, ni poterie, ni ossements d'animaux domestiques. Il faut, par contre, que les gisements néolithiques n'offrent ni un vestige d'animal propre aux temps géologiques, ni un mobilier en pierre exclusivement taillée. Or, il s'en faut que les faits soient tels que le voudrait la théorie.

L'on pourrait, sans sortir des limites de notre territoire, citer au moins une quarantaine de cas où l'on a trouvé réunis les traits caractéristiques des deux âges. Pour ne point imposer au lecteur cette aride nomenclature, nous nous sommes contenté de mentionner les principaux dans le tableau ci-contre. Sans doute, parmi les découvertes qui s'y trouvent signalées, il en est où le mélange des industries tient à un remaniement ou à un enfouissement accidentel; mais il n'en peut être toujours ainsi. Et puis, si le remaniement est si facile et si fréquent, comment se fait-il que les défenseurs de la théorie que nous combattons se refusent constamment à l'admettre lorsque les faits sont d'accord avec leur système ?

Un reproche plus fondé qu'on pourrait faire à notre tableau serait plutôt celui d'être incomplet ; mais nous n'avons point eu la prétention de tout signaler. C'est ainsi que nous avons

MÉLANGE DES FAUNES ET DES INDUSTRIES PALÉO ET NÉOLITHIQUE

Localités	Caractères paléolithiques	Caractères néolithiques	Sources et Auteurs à consulter
Thorigné-en-Charnie (Mayenne).	Renne.	Hache polie, poterie et pointes de flèche finement taillées.	*Matériaux*, XI, p. 284.
Bize (Aude).	Renne et ours des cavernes, silex taillés.	Poterie.	*Bull. Soc. anthrop.*, 1867.
Cunières (Meuse).	Renne, silex taillés.	Poterie.	Liénard, *l'homme de Cum.*, 1874.
Sordes (Landes).	Renne.	Pierre polie.	*Matériaux*, t. IX, p. 101 et 421
Aurignac (Haute-Garonne).	Espèces quaternaires.	Poterie.	Ed. Lartet, *Annales des sciences naturelles*, 1861.
Pordres (Gard).	Ours des cavernes.	Poterie et hache polie.	*Matériaux*, t. II, p. 493.
Ste-Eulalie (Dordogne).	Haches et autres silex taillés.	Poterie et scories de fer.	*Bul. soc. arc. du Périg.* V. p. 376.
Solutré (Saône-et-Loire).	Mammouth et renne.	Poterie et pointes de silex finement taillées.	Arcelin, *le Maconnais préhist.*
Lourdes (Htes-Pyrénées).	Renne.	Mouton, bœuf, cheval et faune actuelle.	Nadaillac, *s*^{res}*hommes*,t.I,p.98.
Chassey (Saône-et-Loire).	Renne.	Faune actuelle et poterie.	*Matériaux*, I, 155.
La Bastide (Landes).	Renne et silex taillés.	Poterie dans des tourbières.	Nadaillac, *op. cit.* T. 61.
Grottes-de-Soyons (Ard.).	Faune quaternaire.	Animaux domestiques, poterie.	*Matériaux*. VIII, 456.
Bruniquel (Tarn-et-Gar.).	Re ne et silex taillés.	Poterie.	*Mat.*, VII, 430-443.
Nabrigas (Lozère).	Ours des cavernes.	Poterie, pierre polie et pointes de flèche.	Nadaillac, I, 169.
Dép. des Landes, *passim*.	Renne et silex taillés.		Joly, *l'Homme av. les mét.*, p. 46.
			Mal., t. XIV, p. 258.
Grotte de Minerve (Aude).	Ours des cavernes.	Animaux domestiques.	Nadaillac, I, p. 62.
Grottes de la Charente.	Ours et renne.	Objets polis.	*Mal.*, t. III, p. 28.
Vergisson (S.-et-Loire).	Faune quaternaire.	Poterie.	*Mal.*, t. III, p. 115.
La Balme (Isère).	Renne et silex taillés.	Poterie.	*Mal.*, t. III, p. 487.
Diluvium de Paris.	Faune quaternaire.	Pierre polie.	Reboux, *Congrès de Stockholm*.

omis volontairement les localités assez nombreuses où l'industrie néolithique, représentée par des poteries ou par des objets en pierre polie, a été trouvée en contact intime avec une industrie franchement paléolithique, quoique non accompagnée des espèces quaternaires. Pourtant les découvertes de ce genre ont, en raison de leur multiplicité, une réelle importance au point de vue du problème que nous cherchons à résoudre.

Il faut donc renoncer définitivement à cette lacune chronologique qu'on a voulu introduire entre les deux âges de la pierre. Sans doute les systèmes de cette nature ont un grand avantage, celui de servir de cadres pour grouper les objets comme les idées et de mettre quelque ordre dans des matières par elles-mêmes très confuses ; mais il faut savoir y renoncer dès qu'ils ne sont plus en harmonie avec les faits.

Les hypothèses servent la science tant qu'elles sont considérées comme telles et que celui qui les adopte est prêt à en faire le sacrifice. Elles stimulent le zèle des savants et les guident dans leurs recherches. Mais elles deviennent nuisibles du moment où, passées à l'état de dogmes, elles entraînent les explorateurs dans une fausse voie et souvent empêchent la vérité de se faire jour. C'est là pourtant ce qui arrive presque toujours pour les sciences qui débutent et nous croyons que l'archéologie préhistorique n'a point fait exception à cette sorte de loi.

L'empiètement de l'âge paléolithique sur le suivant n'est point, au reste, du nombre des faits qui peuvent surprendre. Il est d'accord avec l'enseignement actuel de la géologie qui nous montre, ou prétend nous montrer, les diverses périodes de l'histoire du globe se succédant universellement sans interruption apparente de la vie animale ou végétale. Il est d'accord aussi avec les données scientifiques que nous possédons sur les origines de la civilisation néolithique. Les progrès qui la caractérisent, l'introduction des animaux domestiques, la culture des céréales, la céramique sont, nous dit-on, le fruit d'une importation orientale.

Rien n'empêche assurément que les tribus de provenance asiatique, qui valurent à nos contrées ce développement agricole et industriel, n'y aient rencontré des populations barbares déjà en possession du sol. Rien n'empêche non plus que ces anciennes populations n'aient continué d'y vivre, au moins dans les parties les plus reculées et les moins facilement accessibles du territoire. L'histoire est là pour nous instruire à cet égard. Lorsque les Anglais et les Saxons envahirent la Grande-Bretagne aux ve et vi^e siècles de notre ère, ils n'en expulsèrent pas complètement la population celtique qui l'habitait avant eux et qui a continué d'y vivre jusqu'à nos jours.

Est-il besoin de rappeler, d'autre part, que ni les Gaulois, ni les Francs, ni aucun des autres peuples qui, à une époque historique, se sont successivement implantés sur notre territoire, n'en ont totalement banni l'élément antérieur ?

La question étant ainsi comprise, tout s'explique, ce semble. L'on conçoit le mélange ci-dessus signalé de la pierre polie et de la pierre taillée, des animaux domestiques et des espèces éteintes, sans que pour cela il y ait lieu de confondre les deux époques en une seule. Ce n'est pas nier leur distinction que d'attribuer au premier de ces âges quelques rares outils en pierre polie ou quelques débris de poterie grossière. L'idée d'ôter à la hache en pierre ses aspérités par le polissage ou de façonner un vase d'argile pour y mettre des liquides, nous paraît assez simple et naturelle pour que, le besoin aidant, elle se soit dès l'origine présentée à l'esprit de l'homme.

L'on objectera peut-être qu'il est, aujourd'hui encore, des peuplades qui en sont à ce degré de barbarie (1) ; mais il est facile de répondre que chez ces peuplades l'industrie est, par ailleurs, assez rudimentaire pour qu'une telle lacune ait à peine lieu de surprendre. Il en était autrement de l'homme de la pierre taillée. Il savait donner à ses armes, à ses flèches entre autres, une perfection et un fini qu'on aurait peine aujourd'hui à égaler. Il consacrait ses loisirs à représenter par la sculpture et la gravure, avec une vérité frappante et un talent d'artiste, des scènes empruntées au monde sauvage qui l'entourait. Il n'est guère probable qu'étant en possession d'une industrie relativement avancée, il ait ignoré un art aussi rudimentaire que celui du potier.

Le mélange des faunes se comprend également. Lorsqu'arriva le peuple introducteur de la nouvelle civilisation, les anciennes espèces, quoique déjà tombées en partie sous les coups

(1) Tels sont ou tels étaient, au dire de Lubbock, les Fuégiens ou habitants de la Terre de Feu, les Patagons, les Australiens, les Nouveaux-Zélandais, les Taïtiens et les sauvages des îles Andamans. Ces assertions mériteraient d'être contrôlées.

des chasseurs quaternaires, n'avaient pas encore totalement disparu. Les nouveaux venus purent donc en poursuivre quelques-unes, se nourrir de leur chair et mêler leurs os à ceux des animaux domestiques qu'ils avaient amenés avec eux. Le renne, l'ours des cavernes, l'éléphant lui-même paraissent être du nombre de ces espèces dites quaternaires qui traversèrent, au moins en partie, la période néolithique.

Il n'est pas douteux que le renne n'ait vécu du temps de César dans les forêts voisines du Rhin (1). Il habitait encore l'Ecosse au XIIe siècle de notre ère, et les découvertes archéologiques nous le montrent vivant en Poméranie et dans la Nouvelle-Marche, alors que le fer était entré dans l'outillage journalier (2).

L'ours des cavernes, jadis considéré comme caractéristique des terrains quaternaires les plus anciens, ne peut plus servir de base à une classification chronologique depuis qu'on l'a trouvé dans des dépôts relativement récents. On a du reste émis des doutes sur la possibilité de le distinguer des grandes espèces d'ours qui,

---

(1) On peut en voir la description dans César, *de Bello gallico*, VI, 26.

(2) *Matériaux*, t. VI, pp. 309, 319-321; — *Revue des Quest. scientif.* VIII, p. 438.

en plein moyen âge, habitèrent certaines régions montagneuses ou boisées de notre territoire (1).

Il n'est pas jusqu'à l'éléphant qui n'ait, suivant toute probabilité, survécu à la période paléolithique dans un petit nombre de localités basses ou marécageuses qui convenaient davantage à ses mœurs en même temps qu'elles contribuaient à le préserver d'une destruction totale. On l'a trouvé au pied du Mont-Dol (Ille-et-Vilaine), parmi les hôtes d'une antique forêt qui a disparu sous les eaux de la mer dans les premiers siècles de notre ère. Sans doute il a pu s'éteindre antérieurement à la submersion définitive de cette forêt ; mais au moins doit-on reconnaître qu'il appartenait à la faune dont les derniers représentants furent alors engloutis. L'état de conservation de ses ossements, ainsi que les conditions de gisement, ne permettent pas, du reste, de le reporter à une très haute antiquité.

Un savant belge, M. Dupont, a signalé un fait plus significatif encore. Dans les cavernes situées sur les bords de la Lesse (Belgique), notamment dans les trous dits du Frontal et des Nutons, il a trouvé l'éléphant et le renne

---

(1) Lubbock, *l'Homme préhistorique*, p. 226. — Voir aussi nos *Études critiques d'archéologie*, p. 185.

en compagnie du chien, du bœuf, de la chèvre, de la brebis et du porc. Chronologiquement, ce gisement est, sans aucun doute, néolithique. La présence certaine d'une seule espèce domestique suffirait à l'établir, puisque ces animaux sont le résultat d'une importation orientale qui inaugura le second âge de la pierre. Avec ces ossements l'on a du reste trouvé de la poterie, ce qui est un nouvel indice d'une industrie en progrès. La rencontre du mammouth et du renne en de pareilles conditions prouvent tout simplement que ces deux espèces n'avaient point encore totalement disparu de la contrée lors de la venue du peuple néolithique.

Il n'est point démontré, toutefois, que les hommes qui poursuivaient de la sorte les derniers représentants de la faune quaternaire et mêlaient leurs débris à leurs propres ossements aient appartenu à la nouvelle race. Dans plus d'un cas, sans doute, l'ancienne population dut emprunter à la nouvelle quelques-uns des produits de son industrie, absolument comme de nos jours les sauvages des deux mondes et les tribus nomades de l'Afrique doivent aux colons européens qui se sont établis près d'eux une partie des objets qui composent leur mobilier

Il est donc difficile de dire à laquelle des deux races appartiennent ces gisements mixtes qui forment comme le trait d'union entre l'une et l'autre période.

On n'a guère interrogé l'histoire sur cette succession d'événements lointains dont les couches superficielles du globe nous retracent les principales phases ; peut-être cependant pourrait-on le faire avec quelque profit. Les archéologues de la nouvelle école sont si convaincus de l'extrême antiquité de ces faits qu'il ne leur vient pas même à la pensée qu'on puisse faire appel aux documents historiques en pareille matière. Nous pensons qu'ils ont raison en ce qui concerne la période primitive ou paléolithique.

Comment se fit à l'origine le peuplement de nos contrées ? L'on est réduit à cet égard à des conjectures qu'appuient plus ou moins les données de la science.

Il est à croire que les premières populations qui s'implantèrent sur notre sol y vinrent par groupes isolés et non en masse. Peut-être y furent-elles jetées accidentellement à la suite de naufrages. L'on sait en effet que, dès les temps les plus reculés la Méditerranée, fut parcourue par les peuples orientaux déjà en possession d'une industrie avancée. C'est ainsi qu'aux époques les plus lointaines de l'histoire, les Phéniciens allaient jusqu'en Cornouailles chercher l'étain nécessaire à la fabrication du bronze. Il n'est pas possible que, dans le cours des temps, quelques-uns de ces hardis navigateurs, qui n'avaient même pas la boussole pour se guider dans leurs courses aventureuses, n'aient pas été jetés sur les rivages déserts de la mer intérieure.

Tels durent être les débuts de l'humanité en Occident, débuts misérables sans doute, car l'homme, isolé dans ces régions nouvelles, n'avait pas seulement à pourvoir à sa nourriture de chaque jour ; il lui fallait encore conquérir le territoire sur les bêtes fauves qui lui en disputaient l'empire. Il vainquit néanmoins, car, à défaut des ressources matérielles, il avait celles de son génie ; mais son génie ne le conduisit pas jusqu'à reconquérir la civilisation de ses pères. De cette civilisation il ne lui resta qu'un souvenir qu'il légua à ses enfants sous le nom d'*âge d'or*.

Nous ne connaissons ces populations primitives que par les rares débris de leurs squelettes et les grossiers produits de leur industrie naissante. Nous étudierons bientôt ces derniers.

Quant aux ossements qui paraissent remonter à cette haute antiquité, ils sont de nature si diverse, malgré leur petit nombre, qu'il est difficile d'en rien déduire, si ce n'est peut-être un argument à l'appui de la conjecture émise ci-dessus, à savoir que l'Europe occidentale a été peuplée à l'origine, non par des hommes de même race qui en auraient envahi tout le territoire, mais par des groupes isolés se rattachant à des rameaux distincts de l'humanité.

Nos meilleurs anthropologistes, M. de Quatrefages entre autres, croient retrouver quelques-uns de ces types primitifs dans les populations actuelles, ce qui est la négation d'une prétendue lacune entre les deux périodes de la pierre. Les Basques seraient les derniers représentants de ces races, au milieu de nous. Leur conformation crânienne, a-t-on dit, attesterait cette origine. Cet argument a perdu de sa valeur depuis que de nouvelles mensurations, dues à Broca et à ses disciples, ont montré que les deux types brachycéphale et dolicocéphale se rencontrent dans la population basque des Pyrénées, toutefois avec prédominance du dernier sur le versant espagnol (1). La langue, les

(1) Les Basques espagnols ont en moyenne pour indice céphalique, 77,62, et les Basques français, 80,25 ; les pre-

mœurs et l'histoire de ce petit peuple ont plus d'importance à nos yeux pour établir son antiquité, car elles lui donnent une place à part au milieu des peuples occidentaux.

Non-seulement la langue basque n'appartient pas à la grande famille des langues aryennes parlées dans l'Europe presque toute entière et dans une partie de l'Asie, mais elle n'est même pas du nombre de ces langues à flexion qui représentent, dans les nouvelles théories linguistiques, le langage parvenu à son plus complet développement. Le basque est une langue agglutinante comme le turc et le finnois, comme les langues des Mongols, des Nègres d'Afrique et des Australiens. C'était sans doute aussi celle des Ibères, les ancêtres des Basques, au dire de la plupart des ethnologues.

Nous avons nommé les Ibères. Qu'on nous permette d'en faire l'aveu, au risque de froisser bien des préjugés : nous sommes tenté de voir dans ce peuple celui de la période paléolithique. Loin de s'opposer à cette identification, l'histoire, aidée de l'archéologie classique et de l'érudition moderne, lui donne au

---

miers seraient sous-dolichocéphales et les autres sous-brachycéphales. Pour la signification de ces mots, voir ci-dessus Liv. II, chap. IV.

contraire l'appui de ses plus solides inductions. Elle entrevoit dans les Ibères les plus anciens habitants des Gaules. Elle les fait antérieurs aux Celtes et de race différente, touranienne ou mongole. La science préhistorique ne nous dit pas autre chose des hommes de la pierre taillée.

L'une et l'autre science ajoutent que, refoulés par un peuple venu d'Orient et probablement du plateau central de l'Asie (1), les premiers possesseurs du sol durent gagner les régions montagneuses de l'ouest où ils conservèrent longtemps — quelques-uns, les Basques, jusqu'à nos jours — quelque chose de leur genre de vie primitif.

L'archéologie préhistorique ne nous dit pas quelle fut cette race conquérante. Plus explicite, parce qu'elle repose sur des données moins vagues, l'histoire reconnaît en elle la race aryenne ou indo-germanique, représentée sans doute par les Celtes. Elle nous montre en outre les deux peuples, l'ancien et le nouveau, se confondant, par endroits, l'un dans l'autre, de façon à donner naissance à la population celtibère.

---

(1) C'est là, en effet, que prirent naissance les animaux domestiques, au dire de M. de Mortillet, parce que là seulement on trouve réunis tous leurs types sauvages.

La jeune science dont nous contrôlons ici les assertions n'a rien à objecter à ces vues. Rien n'empêche que les hommes de l'âge paléolithique qui ont laissé, spécialement dans le sud-ouest de la France, tant de traces de leur grossière industrie, ne soient les mêmes que les Ibères semi-historiques, dont l'origine se perd dans la nuit des temps. Les deux populations ont au moins, suivant toute probabilité, ce trait commun, de se rattacher à une race autre que celle qui domine aujourd'hui en Europe.

Au contraire, il semble certain que le peuple introducteur de la civilisation néolithique était aryen d'origine. Il venait, nous dit M. de Mortillet, de l'Asie centrale, c'est-à-dire précisément de cette région qui fut le berceau des Aryas. Il est difficile toutefois de le désigner d'une façon plus explicite, car plusieurs flots de populations se rattachant à cette même famille humaine, semblent s'être successivement implantés en notre pays, à partir d'une époque qui ne peut être antérieure au douzième siècle avant Jésus-Christ. Les Ligures, par exemple, qu'il ne faut décidément pas confondre avec les Ibères dont il vient d'être question (1), appartiendraient à la race aryenne et

(1) Les travaux de M. d'Arbois de Jubainville, de M. Des-

auraient pénétré en occident avant les Celtes.

Il pourrait donc se faire qu'ils fussent les introducteurs de l'industrie néolithique; il faut reconnaître pourtant qu'une grande incertitude règne à cet égard. Le seul fait qu'on puisse considérer comme éminemment probable, c'est l'origine aryenne de cette industrie.

A cette théorie il est cependant une objection. Les travaux linguistiques de Pictet nous ont appris que les métaux furent connus de la famille aryenne avant sa dispersion, alors qu'elle habitait encore la région asiatique qui la vit se former (1). Leurs noms se retrouvent en effet à peu près les mêmes chez tous les peuples qui en sont issus. Si la population nouvelle qui s'implanta en nos contrées au début des temps néolithiques appartenait à cette race, elle dut, ce semble, y introduire avec elle les métaux dont elle faisait usage avant qu'elle eût quitté le lieu de son berceau. Com-

---

jardins et d'autres érudits semblent avoir démontré la différence d'origine de ces deux peuples que l'on confondait avant eux.

1) L'origine asiatique de la famille aryenne ou indoeuropéenne n'est plus guère contestée que par de rares amateurs de paradoxes comme Mme Clémence Royer. Il est certain que les idiomes aryens sont d'autant plus voisins du type primitif que l'on se rapproche davantage de l'Asie. Les traditions sont plus affirmatives encore.

ment donc se fait-il que l'emploi exclusif de la pierre caractérise l'âge néolithique?

Cette difficulté n'est point insoluble. L'on pourrait se demander d'abord si les nouveaux venus ignorèrent aussi complètement l'usage des métaux qu'on l'a prétendu; car enfin il ne faut pas oublier que le métal se conserve moins longtemps que la pierre. Son absence, à moins qu'elle ne soit un fait général et constant, ne saurait donc servir de base à une théorie sérieuse. L'on doit se rappeler, d'autre part, que le nombre des découvertes d'objets en bronze va sans cesse croissant, si bien que l'âge du bronze, d'abord contesté, tend aujourd'hui à supplanter celui de la pierre polie. Il était d'usage, par exemple, de rattacher à ce dernier âge nos monuments mégalithiques de l'ouest; or voilà que les fouilles opérées sous les dolmens et au pied des menhirs par les explorateurs bretons, par M. du Chatellier entre autres, amènent partout la découverte d'objets en métal. Bientôt l'on pourra se demander quels sont les monuments qui décidément méritent d'être attribués à l'âge de la pierre polie.

Pour le moment il reste, on l'a vu, comme indice de cette phase industrielle, quelques stations lacustres et un certain nombre de gisements épars sur notre territoire; aussi ne voulons-nous pas contester sérieusement ses droits à figurer dans la classification des temps préhistoriques. Il faut reconnaître toutefois qu'elle ne fut pas de longue durée; l'extrême ressemblance que présentent dans leurs caractères zoologiques les palafittes des deux âges de la pierre et du bronze en est la preuve à nos yeux. Or, est-il donc impossible qu'une décadence industrielle se produise, au moins momentanément, chez un peuple, dans le cours d'une longue migration? L'extraction et l'emploi des métaux exigent un outillage assez compliqué, qui ne se transporte guère, et des procédés plus compliqués encore, dont la connaissance se perd vite s'ils ne sont fréquemment mis en œuvre.

Ces procédés, rien ne prouve que les Aryens primitifs les aient eux-mêmes connus; car se servir des métaux, une fois fabriqués, ce n'est pas être métallurgiste. Il se peut donc que ce peuple ait emprunté, à l'origine, le fer et le bronze dont il faisait usage à une race voisine, peut-être à celle de Cham qui, d'après les données bibliques, s'adonna spécialement à ce genre d'industrie. La métallurgie, en effet, semble avoir été entourée de mystère dans les temps antiques ; elle était comme le monopole d'une caste ou d'une race. Qu'un peuple vînt, pour une cause quelconque, à s'isoler au point de n'avoir plus de relations avec le clan des métallurgistes, et il se trouvait condamné à l'industrie du bois et de la pierre, comme il arriva sous Saül au peuple hébreu qui, privé de ses forgerons par les Philistins, ne trouva ni lance ni épée pour combattre à Bethaven (1).

Tel fut, pensons-nous, le sort du peuple aryen introducteur de la civilisation néolithique en occident jusqu'au jour où l'arrivée de nouvelles colonies, et sans doute aussi des rapports fréquents avec les étrangers qui hantaient ses rivages et même traversaient la Gaule pour aller chercher l'étain de la Grande-Bretagne (2), le mirent de nouveau en possession de ce métal qu'avaient utilisé ses ancêtres.

Deux mots suffisent pour résumer ce long chapitre et le précédent.

L'occident a connu un âge de pierre véritable. A l'origine, l'on se contenta de tailler le

(1) Livre premier des *Rois*, ch. XIII, v. 19-23.
(2) *Diodore de Sicile*, L. *V. 38.*

silex sans songer à le polir; ou, si on le fit, ce ne fut qu'exceptionnellement. Mais voilà qu'un nouveau peuple, aryen d'origine, arrive de l'orient, amenant avec lui les animaux domestiques. Sans abandonner totalement l'outillage antérieur, il y ajoute l'usage habituel de la poterie et de la hache en pierre polie. Il défriche le sol, cultive les céréales et bientôt délivre le pays des bêtes fauves qui l'infestaient encore à son arrivée. De là deux périodes : l'une dite paléolithique ou de la pierre taillée; l'autre, néolithique ou de la pierre polie.

Telles sont en ce moment les conclusions de la science.

Il nous reste à étudier, au moins sommairement, les mœurs de ces populations préhistoriques dont nous n'avons fait jusqu'ici qu'établir l'existence et la succession dans le temps, afin de montrer combien sont vaines les objections qu'on prétend tirer de leur barbarie contre l'enseignement catholique sur l'origine de l'homme.

CHAPITRE VIII

LE MOBILIER DE L'HOMME QUATERNAIRE.

Pas de subdivisions chronologiques dans l'âge de la pierre taillée. — L'ignorance des métaux n'est point incompatible avec une certaine civilisation. — Variété de formes et perfection de taille des silex quaternaires. — Ces silex sont loin de constituer tout l'outillage de l'époque. — La hache de Saint-Acheul. — En aucun temps elle n'a été seule utilisée.

ES partisans du système évolutionniste veulent que l'homme primitif ait vécu dans un état voisin de la bestialité. C'est pour eux chose si incontestable, que le plus souvent ils se dispensent d'en fournir la preuve. Toute autre doctrine suppose un intervention divine, c'est-à-dire, à leurs yeux, un

miracle, et le miracle est impossible. Inutile donc de chercher ailleurs la vérité.

Quelques-uns néanmoins veulent bien condescendre à demander aux faits la sanction de leur système, et c'est à l'archéologie préhistorique qu'ils s'adressent. Tout ce qui reste, nous disent-ils, de l'homme quaternaire, son squelette et son industrie attestent un état d'abjection qui vient à l'appui de l'origine animale attribuée à notre espèce.

Nous avons déjà répondu en partie à ce double argument. Nous avons montré que du squelette on ne pouvait rien déduire, sinon que la capacité crânienne était alors supérieure en moyenne à celle que l'on constate de nos jours ; aussi M. de Quatrefages, qui a plus que personne étudié l'homme fossile, est-il le premier à y reconnaître notre égal au point de vue intellectuel.

Nous avons ajouté que l'homme préhistorique de nos contrées n'était point, à proprement parler, l'homme primitif, qu'il fallait chercher ce dernier en Asie et que les fouilles pratiquées dans cette région, au lieu de nous le montrer perfectionnant sans cesse son outillage, accusaient le plus souvent, au contraire, une marche rétrograde. Il nous reste à voir si, en Occident du moins, les faits justifient complètement la théorie.

Ici, il est vrai, nous nous trouvons en face d'une industrie caractérisée par l'usage exclusif de la pierre. Il y eut même une époque, nous en avons fait l'aveu, où l'homme, nouveau venu en Gaule, utilisa le silex sans le polir, faute de temps peut-être pour donner à ses outils un perfectionnement relatif. Dans ce premier âge de la pierre, qu'un caractère tout négatif, l'absence des animaux domestiques, détermine mieux encore que le polissage du silex, M. de Mortillet a cru devoir établir des subdivisions. Se fondant sur de prétendues modifications survenues dans l'outillage de l'homme durant le cours des temps paléolithiques, ce savant n'a pas hésité à partager cette époque en quatre phases successives que représenteraient les gisements de Saint-Acheul (Somme) (1), du Moustier (Dordogne), de Solutré (Saône-et-Loire) et de la Madeleine (Dordogne).

Nous ne pouvons, sans sortir du cadre que nous nous sommes tracé, examiner ici cette nouvelle théorie : cette étude trouvera sa

---

(1) M. de Mortillet a depuis peu remplacé ce gisement dans sa classification par celui de Chelles (Seine-et-Marne) où la forme en amande est moins mélangée.

place dans notre travail sur la question chronologique (1). Pour le moment, il nous suffira d'observer par avance que si quelques faits paraissent appuyer la classification de M. de Mortillet, un plus grand nombre la contredisent. La plupart des archéologues n'hésitent pas à le reconnaître. Si beaucoup ont paru l'accepter, c'est qu'elle offre une base utile au classement des collections en fournissant des types industriels nettement caractérisés ; mais il en est peu qui lui reconnaissent une valeur chronologique. L'on ne trouvera donc pas mauvais que nous négligions d'en tenir compte et que, plaçant sur le même pied, au point de vue des temps, la hache de Saint-Acheul et le grattoir du Moustier, la pointe de Solutré et la lame de la Madeleine, nous considérions *à priori*, sinon comme absolument contemporains, au moins comme se rapportant à des dates inconnues d'une même période, les divers gisements de l'âge paléolithique.

Observons néanmoins, dès le début, que

---

(1) Déjà nous l'avons tentée dans un Mémoire qu'a publié la Société Française d'Archéologie (compte-rendu du congrès du Mans, 1878) et qui a pour titre : *Examen de la classificaton préhistorique de M. de Mortillet*.

s'il est un indice qui permette de vieillir davantage quelques-uns de ces gisements, ce n'est point à la méthode industrielle qu'il faut le demander, mais bien à la paléontologie, nous voulons dire à la nature des animaux dont les restes sont associés à ceux de l'homme ou aux produits de son industrie. C'est ainsi que, parmi les espèces quaternaires, l'hippopotame, le lion, l'éléphant et le rhinocéros paraissent caractériser une époque relativement reculée, ces animaux n'existant plus sans doute qu'en très petit nombre sur la fin des temps géologiques, alors que le renne au contraire avait atteint son plus grand développement. En l'absence de données plus certaines, que fournit parfois la stratigraphie ou l'ordre de superposition des couches, le caractère zoologique peut donc mettre sur la voie de l'ancienneté relative d'un gisement. Ce critérium est trop incertain toutefois et d'une application trop rarement possible, pour qu'on puisse en faire la base d'une subdivision à introduire dans les temps paléolithiques. Il nous faut donc, sous peine de courir au-devant de l'erreur, renoncer à établir dans cette période une distinction chronologique et envisager du même coup d'œil l'industrie qui la représente.

Avant d'examiner isolément chacun des objets qui constituent ce mobilier, une question se pose d'elle-même. Le seul fait que les premiers habitants des Gaules ignorèrent absolument les métaux, ne justifie-t-il point les accusations d'extrême barbarie et d'abjection profonde portées contre eux par certains savants contemporains?

Si l'on se contente d'observer superficiellement ce qui se passe autour de nous et qu'on raisonne par analogie, l'on arrive presque forcément à cette conclusion. Le fait est que de nos jours l'usage de la pierre est le lot à peu près exclusif de populations très misérables occupant le dernier degré de l'échelle sociale. A cette règle il y a pourtant d'assez nombreuses exceptions, et ce serait s'exposer à de graves erreurs que de juger du degré de culture d'un peuple par la nature de son industrie. Nos missionnaires nous informent que les tribus les plus mal outillées ne sont pas toujours intellectuellement et moralement les plus dégradées. Tels sont, nous dit le R. P. Petitot (1), les Déné-Dindjié. tribu indienne de l'Amérique arctique, par rapport aux Es-

---

(1) *Missions catholiques*, 1879, p. 541.

quimaux qui, possesseurs d'une industrie plus développée, n'en sont pas moins, à d'autres points de vue, fort inférieurs à leurs voisins.

Il y a mieux, au dire du même observateur. Il paraît que parfois l'on trouve représentés, chez deux tribus voisines, les deux mobiliers des époques paléolithique et néolithique. L'une polit la pierre tandis que l'autre se contente de la tailler comme on le faisait en nos contrées à l'époque quaternaire (1). L'on comprend, par suite, combien il est difficile de déduire de la nature d'une industrie, non pas seulement sa date, mais même l'état social des hommes qui en furent les auteurs.

Pour nous convaincre que l'usage de la pierre n'est point incompatible avec une certaine civilisation, il suffit du reste d'observer les indigènes de la Nouvelle-Calédonie. Il est vrai qu'en France on a l'habitude de représenter sous les couleurs les plus sombres les barbares habitants de notre colonie. C'est là une injustice, au dire des étrangers. Les ethnographes reconnaissent que, malgré ce que leur outillage peut avoir de primitif, les Néo-Calédoniens n'en sont pas moins au point de vue

---

(1) *Ibid.*, p. 531.

social bien au-dessus de leurs voisins les nègres australiens (1).

Si la nature du mobilier n'est point de nos jours un indice certain du degré de culture d'un peuple, à plus forte raison serait-il imprudent de baser sur une pareille donnée notre opinion sur l'état social des premiers habitants des Gaules. Grâce aux modifications survenues dans les conditions d'existence par suite de la facilité des communications et de l'extrême diffusion des métaux qui en a été le résultat, l'usage de la pierre a disparu presque complètement des sociétés civilisées. Pour le retrouver, il faut pénétrer jusque chez les tribus isolées du continent américain ou chez les sauvages insulaires de l'Océan Pacifique, où il est le compagnon habituel d'une barbarie réelle et profonde. Mais il n'en fut pas toujours ainsi. L'histoire et l'archéologie elle-même nous apprennent qu'il coexista dans l'antiquité classique avec des civilisations développées. On l'a vu précédemment pour l'Egypte. Le silex fut d'un emploi journalier sur les bords du Nil, notamment pour l'extraction des minerais de cuivre, longtemps après

(1) *Matériaux*, 1880, p. 567.

la construction des grandes pyramides et sous les dynasties les plus prospères.

Nous savons, d'autre part, que les Ethiopiens qui faisaient partie de l'armée de Xerxès étaient munis de flèches en pierre fixées à un roseau. Pourtant ce n'était point, à proprement parler, des sauvages, car Hérodote nous informe qu'ils étaient dans l'usage de graver leurs cachets sur ces mêmes pierres. (1)

N'ayant pas les mêmes facilités que nous de se procurer le métal, les anciens continuèrent naturellement de lui associer la pierre dans leur outillage. Il ne faut pas oublier du reste que longtemps ils ne connurent guère que le bronze, métal d'une dureté insuffisante pour l'exécution de certains travaux et, à cet égard, bien inférieur au simple silex. Pour juger de leur état social, ce n'est donc pas la nature des substances employées dans leur industrie qu'il faut envisager, mais plutôt l'usage qu'ils surent en faire. Or, étudiée à ce point de vue, l'industrie quaternaire est loin de dénoter un état de sauvagerie absolue.

Rien de plus varié dans les formes et parfois de plus fini comme travail que cette an-

---

(1) *Hérodote*, L. VII, c. 69.

cienne industrie. Tous ceux qui ont visité les musées préhistoriques de Copenhague ou de Saint-Germain-en-Laye, ceux mêmes qui ont parcouru l'ouvrage de John Evans, *les Ages de la pierre* (1), savent à quoi s'en tenir à ce sujet. Evidemment les peuplades qui savaient donner au silex ces formes variées et souvent gracieuses, qui taillaient avec une perfection inimitable ces pointes de lances et de flèches qu'on admire à Solutré, qui gravaient ou sculptaient sur os ou sur ivoire, avec une fidélité difficile à surpasser, des scènes empruntées au monde animal de ces temps reculés, ces peuplades, disons-nous, n'étaient point aussi sauvages qu'on l'a prétendu et nous n'avons point à rougir d'en être les fils.

L'on se tromperait du reste étrangement si l'on s'imaginait que nous possédons au complet leur mobilier. Il convient de se rappeler que, de toutes les substances employées pour la confection des outils, la pierre seule se conserve indéfiniment. On pouvait donc

---

(1) Les 476 figures que contient ce volume donnent une idée fort exacte de l'industrie préhistorique. Nous devrions signaler également le récent ouvrage de M. de Mortillet, *le Musée préhistorique*, si les idées systématiques de l'auteur ne s'y reflétaient par trop, dans le choix des figures comme dans le texte.

s'attendre à ne rencontrer qu'elle dans nos gisements quaternaires ; mais l'on ne doit pas conclure de là qu'à aucune époque elle fut seule employée.

Sans doute il y eut un temps où le métal fit défaut, nous n'hésitons pas à le reconnaître. Son extraction du minerai nécessite des procédés assez complexes qui, une fois perdus, ne se retrouvent que difficilement ; mais est-il vraisemblable que d'autres substances fort communes, le bois et l'os, par exemple, n'aient pas été utilisées dès l'origine ?

Il semble même que le bois ait dû précéder la pierre. Etant beaucoup plus facile à travailler, il est tout naturel qu'il ait été employé le premier ; aussi le retrouve-t-on presque seul dans l'outillage des tribus australiennes qui viennent au dernier rang dans l'échelle de la civilisation. L'usage de la pierre, qu'on nous représente comme un indice non douteux d'extrême barbarie, correspond au contraire à une industrie déjà en progrès et, par suite, il est absolument faux de dire avec Carl Vogt (1) que l'homme quater-

---

(1) *Revue des Cours scientifiques*, t. VI, p. 815.

naire « ressemblait à ces sauvages que nous regardons aujourd'hui comme les plus infimes. » Mieux vaudrait reconnaître que, parmi les populations réduites à l'usage de la pierre qu'a signalées l'histoire, il n'en est aucune qui ait fait preuve d'un talent plus véritablement artistique que les hommes qui habitaient le Périgord à l'époque quaternaire.

Mais il est temps d'en venir à l'énumération des objets qui composent ce mobilier primitif. Naturellement, dans ce rapide examen, nous concentrerons exclusivement notre attention sur les objets qui appartiennent aux temps paléolithiques ou quaternaires, puisque seuls ils concernent véritablement les premiers habitants des Gaules et non plus seulement l'homme préhistorique.

Hache. — C'est une chose assez étrange que la hache, qui joue un si grand rôle dans l'industrie actuelle et qui fut si commune à l'époque de la pierre polie, sous les noms de coin, celt ou celtæ, paraît avoir été très rare à l'époque qui nous occupe. Il faudrait même la bannir complètement du mobilier de ces temps reculés si, avec M. de Mortillet, l'on refusait de la reconnaître dans l'objet en silex de forme amygdaloïde (en amande), qui a porté jusqu'à nos jours le nom de hache de Saint-Acheul.

L'on conçoit, en effet que des doutes viennent à l'esprit vu la petitesse ordinaire de l'outil, et la difficulté de l'emmancher. Boucher de Perthes, qui en fut l'inventeur, paraît avoir partagé à cet égard les hésitations des archéologues modernes, car dans le même volume où il décrit et figure (1) les divers modes d'emmanchement de ses silex, il a représenté quelques-uns de ces derniers tenus à la main (2) pour couper et scier, absolument comme vient de le faire M. de Mortillet dans son *Musée préhistorique*.

Nous ne pouvons admettre toutefois, avec le conservateur adjoint du musée de Saint-Germain, que la prétendue hache de Saint-Acheul mérite tous les noms, excepté celui qu'elle porte ; qu'elle représente tout l'outillage de son époque, et que l'homme primitif, « suivant en cela l'exemple du singe (3), » ne connut d'autres armes que le casse-tête

---

(1) *Antiquités celtiques et antédiluviennes*, p. 73 et pl. 1.
(2) *Ibid.*, pl. vi.
3) De Mortillet, article : *Armes*, dans le *Dictionnaire des sciences anthropologiques*. — Il est à peine besoin

388   L'AGE DE LA PIERRE

en bois et la simple pierre qu'il lançait à la main (1).

Silex taillé du type de Saint-Acheul

En attribuant au silex de Saint-Acheul cette multiplicité d'usages, M. de Mortillet n'est que fidèle à son système. Aux yeux de cet archéologue, l'outil en amande réunit en lui seul tout le mobilier d'une époque ; il faut donc qu'il ait pu servir à tous les besoins de l'homme. Mais, nous l'avons dit, le système de M. de

d'observer que le singe, à l'état sauvage, ne fait usage d'aucun outil, pas même du casse-tête.

(1) *Musée préhistorique*, texte de la planche VI.

Mortillet n'est pas le nôtre. Nous ne voyons aucun motif sérieux de croire que l'époque de Saint-Acheul soit distincte de celles du Moustier, de Solutré et de la Madeleine. Il nous répugne d'admettre que le mobilier humain se soit modifié dans la mesure où on le prétend ; que chaque époque ait eu son outil, non seulement spécial, mais presque unique ; qu'à l'origine le type amygdaloïde ait seul existé ; que plus tard il ait été totalement supplanté par la pointe et le racloir ; que ceux-ci à leur tour aient cédé la place à des pointes de lance et de flèche délicatement taillées, et qu'enfin, toutes ces industries disparaissant, l'homme ait eu l'idée un peu tardive d'utiliser les ossements des animaux pour en faire des aiguilles, des poinçons, des harpons, etc. Nous sommes convaincu que ces outils, réputés successifs, ont existé simultanément. Il se peut que l'un ou l'autre ait prédominé à certaines époques ou en certaines localités, mais ils sont trop indispensables à l'homme pour qu'il ait pu négliger d'en faire usage et surtout pour que, une fois connus, ils aient pu tomber dans l'oubli. Si parfois, ce qui est rare, deux gisements voisins ont fourni un mobilier totalement différent, c'est sans doute que ces gisements représentent autant d'ateliers distincts qui avaient chacun leur spécialité dans la taille du silex.

Cette explication nous paraît préférable à celle qui repose sur la succession des industries ; car, outre que cette dernière a contre elle la plupart des faits, qui nous montrent le mélange le plus complet des types, il nous paraît inadmissible que l'homme, muni du seul outil de Saint-Acheul, ait pu subvenir aux diverses nécessités de son existence et triompher, dans la *lutte pour la vie*, des obstacles sans nombre qui s'accumulèrent à l'origine autour de lui.

Il faut se rappeler en effet que la faune sauvage ne fut jamais plus nombreuse en nos contrées qu'à cette époque. Si, comme on le prétend, notre ancêtre quaternaire, dépourvu de toute arme, n'avait eu à sa disposition que le maigre mobilier qu'on lui attribue lorsqu'il s'implanta sur notre sol, nul doute qu'il n'eût pas tardé à succomber sous les attaques des bêtes féroces dont il venait disputer l'empire. S'il a survécu, ou plutôt s'il est parvenu à expulser lui-même ses dangereux ennemis, c'est qu'il avait au service de son intelligence des moyens de défense, des engins de chasse et de guerre autres que le casse-tête en bois et que la simple pierre, et l'on peut croire que la hache de Saint-Acheul fut du nombre (1). En en faisant une arme nous ne supprimons pas du même coup tout l'outillage de l'époque, comme le ferait M. de Mortillet, puisque, contrairement à cet archéologue, nous considérons comme se rattachant à des temps non moins reculés la plupart des instruments trouvés dans les autres stations quaternaires.

Cette utilisation probable du silex taillé en amande n'empêche pas du reste qu'il ait pu servir à d'autres usages. L'on peut croire, par exemple, avec Boucher de Perthes, que l'homme qui habitait les bords de la Somme l'utilisait pour fendre le bois et déterrer les racines, ou, avec Lubbock, qu'il servait à abattre des arbres, creuser des canots, tuer et dépecer des animaux, pratiquer en hiver des traces dans la glace et bâtir des cabanes, ou encore avec d'autres qu'on en faisait parfois une arme

---

(1) L'on a cru reconnaître sur quelques débris d'animaux quaternaires la trace des coups de haches qui leur ont donné la mort. On a trouvé en Angleterre, dans le Comté de Cambridge, un crâne d'ours des cavernes fendu par une hache et, en Irlande, un cerf à grandes cornes (*C. megaceros*), portant encore dans sa tête le marteau

de jet, peut-être une pierre de fronde (1). Rien de tout cela n'est impossible ; mais ce qui nous paraît moins douteux c'est que dans quelques-uns de ces objets, dans les plus gros principalement, il faille voir des haches, car il n'est pas vraisemblable que l'homme ait traversé toute la période quaternaire sans connaître cet indispensable auxiliaire de son industrie. Si Saint-Acheul ne nous l'offrait pas il faudrait dire, ou qu'elle a échappé jusqu'ici aux investigations des chercheurs, ce qui paraît impossible, ou que certaines haches polies appartiennent à cet âge, ce que les adeptes de l'archéologie préhistorique admettront plus difficilement encore.

Quel que soit du reste le nom qu'il mérite de porter, l'outil de Saint-Acheul, tout grossier qu'il est, témoigne en faveur de l'intelligence et de l'habileté de l'homme quaternaire. Sa forme régulière et constante montre que l'ouvrier qui le fabriqua avait un but et

---

de pierre qui l'avait assommé. M. Lartet a remarqué également des traces de coups de haches sur des ossements de mammouth et de rhinocéros à narines cloisonnées. Si ces faits sont bien constatés, il faut en conclure que l'homme quaternaire connaissait la hache et qu'il s'en servait pour la chasse.

(1) Evans, *les Ages de la pierre*, p. 634.

qu'il eût pu faire mieux, si telle avait été sa volonté ; mais une taille plus achevée n'eût point rendu l'instrument plus utile, et voilà pourquoi sans doute il se contenta de l'ébaucher.

Cette remarque a son importance, car le type que nous venons d'examiner paraît remonter plus incontestablement que tout autre au début du séjour de l'homme en nos contrées. Les stations des bords de la Somme qui l'ont principalement fourni sont en effet universellement considérées comme les plus anciens gisements quaternaires que l'on connaisse. Au point de vue de l'ancienneté de l'homme, les recherches des archéologues qui ont suivi Boucher de Perthes n'ont rien ajouté aux résultats acquis dès l'origine par le fondateur de la science préhistorique. S'il nous répugne d'admettre que le type de Saint-Acheul ait précédé tous les autres de façon à constituer à lui seul tout l'outillage primitif, au moins faut-il reconnaître qu'il n'en est pas de plus ancien. L'on voit s'il est vrai de dire, avec les évolutionnistes, que les premiers produits de l'industrie humaine sont d'une telle grossièreté qu'ils se distinguent à peine de la pierre brute!

CHAPITRE IX

LE MOBILIER DE L'HOMME QUATERNAIRE.

(Suite)

La lame, la flèche et le javelot étaient connus de l'homme quaternaire, ce qui le met au-dessus d'un bon nombre de peuplade contemporaines. — Pointe du Moustier et de Solutré. — Extrême délicatesse de travail de ces dernières. — Couteaux, grattoirs, scies et autres outils en pierre. — Objets en os en usage dès l'origine. — Aiguilles, poinçons, flèches barbelées, etc. — Vêtement, broderies, fil, poterie en usage à l'époque quaternaire.

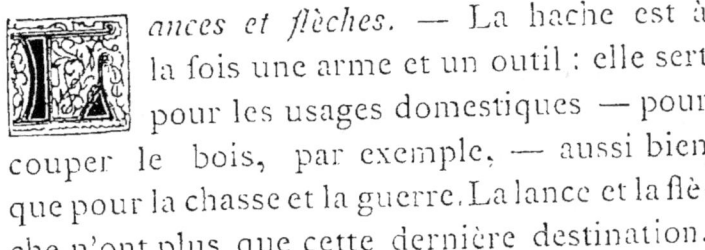ances et flèches. — La hache est à la fois une arme et un outil : elle sert pour les usages domestiques — pour couper le bois, par exemple, — aussi bien que pour la chasse et la guerre. La lance et la flèche n'ont plus que cette dernière destination.

M. de Mortillet, qui fait de l'homme primitif un être essentiellement pacifique, — aussi pacifique qu'il était misérable, à ses yeux, — lui refuserait volontiers toute espèce d'armes. Il oublie qu'il avait à se défendre et à se nourrir, deux choses qui impliquent la lutte et par suite la nécessité de s'armer. En supposant qu'il fût en paix avec ses semblables encore clairsemés, il avait à conquérir son domaine et à pourvoir à sa subsistance, c'est-à-dire à chasser, et pour chasser il faut des armes.

Sans doute la hache dut être utilisée dans ce but; mais si elle suffisait, avec la lance, pour combattre de près, il fallait autre chose pour atteindre le gibier à distance, et de ce besoin naquit l'arme de trait : la flèche et le javelot.

Que la flèche ait existé dès les temps quaternaires, c'est chose à peu près incontestable. S'il en était autrement, l'on se demanderait à quel usage auraient pu servir ces fines pointes de Solutré dont l'extrême petitesse interdit, ce semble, tout autre emploi. L'opinion commune y voit des têtes de flèche dont la hampe, sans doute en bois, a disparu, et il est à croire que telle est la vérité. Ce qui le confirme c'est que, dans la même station préhistorique de

Solutré, l'on a trouvé des traces nombreuses d'oiseaux appartenant pour la plupart à l'ordre des rapaces. Comment, à défaut de l'arc, les populations primitives auraient-elles pu atteindre ces sauvages et défiants volatiles ?

M. l'abbé Ducrost, aujourd'hui curé de Solutré et l'un des explorateurs du célèbre gisement de ce nom, pense avoir découvert les arcs eux-mêmes dans des côtes d'éléphants polies et dans des fragments de bois de rennes portant des rainures très régulières (1). Hâtons-nous de dire qu'il n'émet cette conjecture qu'avec la timidité qui convient à une hypothèse.

Il y a mieux, du reste. On a trouvé sur certains animaux quaternaires la trace certaine du trait qui les avait tués. C'est ainsi que M. Joly a découvert dans la grotte de Nabrigas (Lozère) un crâne d'ours des cavernes (*Ursus spelæus*) offrant un trou circulaire qui, d'après ce savant, n'a pu être produit qu'à l'aide d'un projectile aigu (2).

Il est même arrivé que l'on a trouvé la flèche encore en place dans la blessure. MM. Lartet

---

(1) *Revue des Questions scientifiques*, janvier 1882, p. 92.
(2) Joly, *l'Homme avant les métaux*, p. 73.

et Christy ont signalé un fait de cette nature dans leur intéressant travail sur le Périgord : il s'agit d'une vertèbre de jeune renne dans laquelle une flèche en pierre se trouve encore implantée ; or, on sait que le renne, aux yeux de l'école préhistorique, est caractéristique de l'époque quaternaire et des temps paléolithiques (1).

Plusieurs autres faits analogues ont été signalés, mais il est au moins douteux qu'ils se rapportent à ces temps reculés et nous préférons n'en pas faire mention.

Ce ne sont pas seulement les pointes si délicatement taillées de Solutré et des stations de même type qui doivent être considérées en partie comme des pointes de flèche ; il est à croire que plusieurs des pointes beaucoup plus grossières dites du Moustier, que beaucoup d'éclats qui ne présentent même pas de traces certaines de l'action de l'homme ont dû avoir la même destination. Il est assez naturel que le chasseur quaternaire se soit contenté d'ébaucher une arme qui le

---

(1) Il paraîtrait qu'à Solutré également l'on aurait trouvé une pointe de silex encore fixée dans une vertèbre de cheval quaternaire. — V. la *Revue des Questions scientifiques*, janvier 1882, p. 88.

398 L'AGE DE LA PIERRE

plus souvent ne devait lui servir qu'une fois.

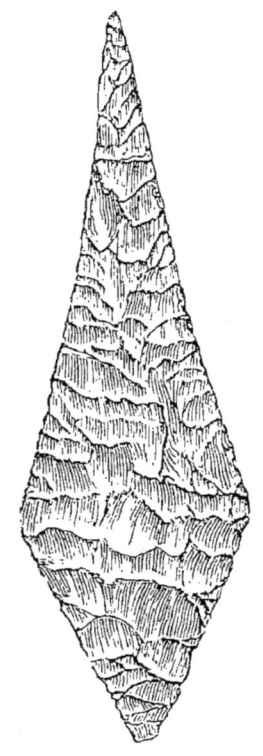

Pointe en silex du type de Solutré.

Si grossière que fût cette arme, son possesseur n'en était pas moins supérieur à ce point de vue à beaucoup de sauvages modernes. S'il faut en croire Lubbock (1), l'arc, en effet,

(1) *L'Homme préhistorique*, V. le tableau de la page 505.

eût été ou serait encore inconnu à plusieurs populations des moins élevées dans l'échelle sociale, telles que les Australiens, les Néo-Zélandais, les habitants de l'île de Pâques et même certaines tribus d'Esquimaux.

La flèche n'avait pas, il est vrai, à l'époque quaternaire la forme perfectionnée qu'elle a acquise plus tard et que représente la figure ci-contre ; mais si elle ne présenta pas dès

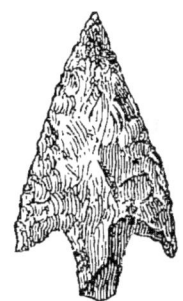

Pointe de flèche néolithique avec pédoncule et ailerons.

lors l'échancrure et les barbelures ou ailerons qui caractérisent l'âge néolithique et même le commencement de l'âge des métaux, déjà pourtant l'on remarque sur quelques-unes des pointes en silex de cette époque lointaine le pédoncule destiné à la fixer à la hampe ou au bois.

A côté des pointes de flèche, il convient de placer les pointes de lance qui ne diffèrent des premières que par leurs dimensions plus considérables. Elles aussi consistent soit en simples éclats grossièrement triangulaires et retaillés sur une seule face, comme au Moustier et dans les gisements de même type, soit en pointes délicates dites en feuille de laurier ou en feuille de saule, parce qu'elles reproduisent principalement ces deux formes.

L'on comprend que dans ce mobilier, ou plutôt dans cet arsenal primitif, il n'est pas toujours facile de distinguer les flèches des lances; mais cette difficulté, qui du reste se rencontre également chez les sauvages modernes, notamment chez les Esquimaux, ne saurait autoriser M. de Mortillet à voir dans ces objets de simples outils se maniant à la main. Sans doute il en est dont l'emmanchement n'a pas dû être facile, vu l'épaisseur et l'irrégularité de la base ; mais aussi comment croire qu'on ait utilisé à la main des pointes qui mesurent à peine deux ou trois centimètres de longueur ?

Avec la majorité des archéologues et nous fondant sur les usages des sauvages modernes, nous préférons admettre que ces pointes, quelles que soient du reste leurs dimensions, ont été pour la plupart fixées à une hampe et qu'elles ont servi de la sorte à la poursuite du gibier quaternaire à titre de lances, de dards, de javelots ou de flèches. L'on a vu des peuplades barbares utiliser récemment pour la chasse ou la guerre des pointes en pierre non moins grossières. C'est avec de telles armes, par exemple, que les Hottentots chassaient au siècle dernier l'éléphant, le rhinocéros et le lion lui-même (1).

Dans les silex de Solutré, M. de Mortillet, dont l'opinion fait loi pour son école, veut bien reconnaître des poignards, mais non des javelots, des flèches ni des lances. C'est de l'arbitraire ; car si l'homme quaternaire fut chasseur, — et il faut bien l'admettre — il dut être armé en conséquence ; or, la lance est un des engins de chasse et de guerre les plus indispensables. Si l'on connaît des peuplades assez barbares pour ignorer l'arme de jet, l'arc par exemple, il n'en est pas qui n'aient au moins la lance à leur usage.

Quelle qu'ait pu être, du reste, la véritable destination des pointes de Solutré, personne ne conteste la perfection de leur taille, et c'est ce qu'il nous importe avant tout de constater.

(1) Lubbock, op. cit., p. 391.

Il a fallu un soin et un art extrêmes pour tailler ainsi à petits coups sans les briser, et sur un modèle à peu près uniforme, ces pointes délicates qui atteignent parfois jusqu'à 30 et 40 centimètres de longueur. L'homme qui, dans la vallée de la Loire comme sur les bords de la Vézère, savait donner au silex cette finesse de taille et cette élégance de forme, devait avoir une intelligence, un goût artistique et des loisirs incompatibles avec l'état de sauvagerie bestiale dans lequel on se plaît à plonger notre sauvage ancêtre.

Parmi les autres engins de chasse et de guerre il conviendrait de mentionner la fronde qui figure dans l'armement de la plupart des sauvages contemporains ; l'on ne possède pourtant aucune preuve matérielle que l'Européen quaternaire en ait fait usage. L'on a dit, il est vrai, que quelques-uns des silex amygdaloïdes de Saint-Acheul avaient été utilisés de la sorte ; mais c'est là une pure conjecture à laquelle la forme même de ces silex semble peu se prêter. La meilleure pierre de fronde étant du reste le simple galet, il est à croire que ce n'est pas parmi la pierre taillée qu'il faut l'aller chercher. Sur ce point, comme sur beaucoup d'autres, il faut se résigner à une ignorance qui malheureusement n'a guère de chance d'être dissipée.

Instruments de pierre. — Nous insisterons d'autant moins sur l'outillage proprement dit des temps paléolithiques que lui aussi est loin, assurément, d'être connu au complet ni même susceptible de l'être, la plupart des matériaux qui le constituaient n'étant sans doute guère moins destructibles que ceux que nous utilisons actuellement dans le même but. Des couteaux consistant généralement en simples lames de silex, des grattoirs analogues à ceux qu'emploient aujourd'hui encore les Esquimaux pour préparer les peaux, des scies parfois finement dentelées, quelques perçoirs ou burins, simples éclats terminés en pointe ayant servi, croit-on, à graver et à sculpter : voilà à peu près tout ce qui en reste. Encore, s'il fallait en croire une certaine école, ces quelques outils auraient-ils été utilisés successivement, les grattoirs d'abord, aux prétendues époques du Moustier et de Solutré, le couteau ensuite à l'époque dite de la Madeleine. Mais il n'y a point lieu de s'arrêter à ces exigences toutes gratuites, non de la science, mais de certains savants, amis du système.

La plupart des outils désignés sous le nom

de grattoirs, et plus encore sous celui de racloirs, sont de grossiers éclats si informes qu'il est permis de révoquer parfois en doute leur origine artificielle ; pourtant il n'en est pas ainsi de tous. Le *Musée préhistorique* de M. de Mortillet nous en montre (planche XIX) qui sont taillés avec le plus grand soin, quelquefois sur les deux côtés ou aux deux extrémités, de façon qu'on pût les utiliser successivement. Les grattoirs employés de notre temps par les Esquimaux n'atteignent pas cette perfection (1).

Avec les outils en silex qui précèdent, l'on a trouvé, dans plusieurs stations du Périgord, des cailloux en granit ou en grès présentant à leur centre une dépression régulière dans laquelle il est permis de voir un petit mortier. Ils étaient parfois accompagnés de pierres arrondies, de la dimension des cupules, qui auraient pu servir de pilons. La première idée qui s'est présentée à l'esprit des archéologues c'est que ces cupules avaient servi à broyer des grains ; mais si cette attribution était fondée il en résulterait que l'agriculture était alors connue, et l'école préhistorique se refuse à

(1) On peut en voir des spécimens figurés dans l'ouvrage de Lubbock, *L'Homme préhistorique*, p. 88.

l'admettre. Aussi l'opinion de M. de Mortillet est-elle que ces mortiers ont servi à triturer des matières colorantes, peut-être la *sanguine*, pierre rouge dont plusieurs fragments, portant encore les traces du silex qui les avait grattés, ont été recueillis dans quelques cavernes primitivement habitées par l'homme (1).

Libre à chacun de choisir entre ces deux opinions, comme aussi d'en adopter une troisième, d'admettre, par exemple, avec quelques auteurs, que ces cupules ont été utilisées pour faire du feu en imprimant à un morceau de bois sec un rapide mouvement de rotation à l'aide des mains ou d'une espèce d'archet, procédé encore en usage chez les sauvages modernes (2).

En pareille matière, il est beaucoup plus facile d'émettre une conjecture que de fournir à l'appui des preuves convaincantes.

Objets en os. — Quoi qu'en pense M. de Mortillet, le grand législateur de l'archéologie préhistorique, il est à croire que l'os a été utilisé dès l'origine. L'idée d'en faire des

---

(1) De Mortillet, *Musée préhistorique*, pl. XXII.
(2) Notamment chez les Esquimaux. — V. *les Missions catholiques*, année 1879, p. 539.

poinçons, des aiguilles ou des flèches est trop simple pour ne s'être pas présentée tout d'abord à l'esprit de l'homme. Si les outils de cette nature font défaut dans la plupart des stations à l'air libre, c'est sans doute que, ne présentant pas la résistance du silex, ils ont été détruits à la longue par les agents atmosphériques auxquels ils étaient exposés.

En revanche, on les rencontre abondamment dans les cavernes, dans celles surtout que M. de Mortillet rattache à son âge *magdalénien*, le quatrième et le dernier des temps quaternaires ou paléolithiques.

Ce qui domine dans cet outillage ce sont les poinçons et les aiguilles, preuve indiscutable que l'homme de ces temps reculés avait des vêtements, probablement de simples peaux préparées à l'aide des grattoirs dont il a été question ci-dessus. Il est telle de ces aiguilles qui excite l'admiration de M. de Mortillet lui-même, si peu disposé qu'il soit à exagérer les mérites de l'industrie primitive. « L'antiquité classique, dit-il, et même le moyen âge ne nous a rien montré d'aussi parfait (1). »

L'on s'est demandé comment on avait pu,

---

(1) *Musée préhistorique*, pl. XXIV.

sans le secours de pointes en métal, percer les chas parfaitement réguliers que présentent plusieurs de ces aiguilles dont la finesse rivalise avec celle de nos aiguilles en acier. Les expériences de Lartet ont bien démontré que ce travail était réalisable, à la rigueur, à l'aide d'un simple silex ; mais elles n'ont pu dissiper tous les doutes.

Les flèches barbelées et les harpons en os méritent encore une mention particulière. La distinction n'est pas toujours facile entre ces deux séries d'objets. Broca rangeait *à priori*

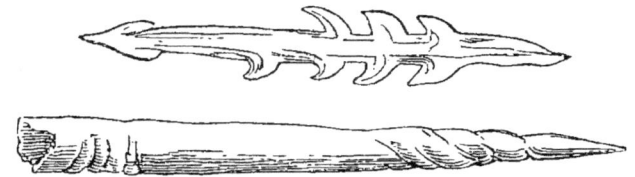

Poinçon et flèche barbelée en os.

dans la catégorie des harpons tous ceux qui ne sont barbelés que d'un seul côté. Une flèche qui n'aurait qu'un seul rang de barbes, dit-il, serait une flèche détestable, car elle serait nécessairement déviée par la résistance de l'air. Au contraire, dans le harpon cette particularité serait d'une utilité réelle en contribuant à rectifier le tir. L'on sait en effet que tout objet placé dans l'eau et vu obliquement n'est pas, en réalité, là où il parait être. Au dire de Broca, la déviation imprimée à la flèche par la barbelure unilatérale aurait pour résultat de corriger cet effet bien connu de la réfraction (1).

Cette observation est très ingénieuse sans doute, mais l'on peut en contester l'exactitude. Elle suppose chez l'homme primitif trop de sagacité pour avoir chance d'être prise au sérieux par la nouvelle école d'archéologie. Il paraît du reste que les Esquimaux, dont les mœurs rappellent le mieux, ce semble, celles de nos barbares ancêtres, font actuellement usage de flèches barbelées d'un seul côté (2) ; ce qui prouve que ce système n'a point l'inconvénient supposé. En réalité, c'est donc plutôt par ses dimensions que par sa forme que le harpon se distingue de la flèche.

Nous aurons donné une idée à peu près complète du mobilier primitif en os et en bois de renne, tel qu'il est parvenu jusqu'à nous, si, aux objets précédemment signalés, nous ajoutons : quelques poignards à manche

---

(1) *Les Troglodytes de la Vézère* ; appendice de *l'Homme préhistorique* de Lubbock, p. 585.

(2) Voir les figures publiées par le R. P. Petitot dans les *Missions catholiques*, année 1879, p. 538.

plus ou moins sculpté ; des pièces trouées portant, à tort ou à raison, le nom de « bâtons de commandement » et sur lesquelles nous aurons à revenir ; de prétendues cuillers destinées, dit Broca (1), à retirer la moelle des os ; des rondelles ornées parfois de figures gravées au trait ; des coquilles et des dents habilement percées, sortes de pendeloques dans lesquelles, observe M. de Mortillet (2), les personnes « imprégnées de religiosité » ont voulu voir des amulettes ; des ossements entaillés qu'on a pris pour des marques de numération analogues aux bâtons à encoches des boulangers, enfin un petit nombre de sifflets constitués par une phalange de renne percée d'un trou.

Tels sont, en résumé, les quelques vestiges que nous possédons de l'industrie quaternaire. L'on trouvera sans doute qu'ils se réduisent à un bien petit nombre ; mais il ne faut pas oublier que nous avons scrupuleusement laissé de côté dans cette rapide étude tout ce qui est rapporté, à tort ou à raison, à la dernière partie de l'âge de la pierre, à

---

(1) *Op. cit.*, p. 587. — (2) *Musée préhistorique*, pl. XXIII, texte.

l'ère néolithique. Il faut se rappeler aussi que les armes et outils ci-dessus mentionnés ne représentent sans doute qu'une très faible partie du mobilier primitif, le reste n'ayant pu échapper à la destruction qui atteint aujourd'hui encore presque tous les produits de notre industrie contemporaine.

Tel qu'il est, néanmoins, cet outillage ne donne pas une trop mauvaise idée de la condition des premiers habitants des Gaules. A plusieurs points de vue ils étaient supérieurs à la plupart des sauvages contemporains. L'on a vu qu'ils possédaient l'arc, aujourd'hui inconnu de plusieurs peuplades barbares, qu'ils taillaient la pierre avec une habileté de main difficile à surpasser, qu'ils fabriquaient des aiguilles en os d'une finesse bien supérieure, au dire, peu suspect, d'Edouard Lartet, à tout ce qui a été fait depuis dans ce genre.

Ces aiguilles, qu'on trouve en si grande abondance dans les cavernes du Périgord, sont pour nous une source précieuse d'informations. Elles nous apprennent que les Troglodytes qui vivaient dans ces lieux connaissaient l'usage du vêtement. « La couture prouve le vêtement, a dit avec raison l'anthropologiste Broca (1), et non pas seulement ce vêtement primitif consistant en une peau de bête jetée sur les épaules, mais un vêtement plus complet formé par l'assemblage de plusieurs peaux. »

L'extrême abondance des grattoirs dans les gisements et ateliers préhistoriques vient confirmer cet usage général des peaux ; mais il y a mieux encore. Il est des aiguilles longues et grêles qui, d'après Lartet, ont dû servir à des travaux plus délicats que la couture des peaux. Il est « difficile, observe ce savant, d'accepter qu'elles aient pu servir, sans se casser, à un mode de couture exigeant une pression assez forte pour percer à la fois deux peaux d'animaux destinées à être rejointes par leurs bords » (2). Il conclut qu'elles ont dû être utilisées pour la confection des broderies.

Mais quel était le fil employé dans ces sortes d'ouvrages ?

L'absence complète de fragments de fuseau ou de pesons ayant servi au même usage tend à établir que, contrairement à leurs successeurs des temps néolithiques, les Troglodytes

(1) *Les Troglodytes de la Vézère*, loc. cit., p. 589.
(2) *Matériaux pour l'histoire de l'homme*, t. vi, p. 359.

quaternaires ignoraient l'art d'utiliser les plantes textiles pour confectionner des tissus. Il faut donc admettre que, pour remplacer le fil proprement dit, ils utilisaient, à la façon de plusieurs sauvages modernes, des Esquimaux entre autres, les tendons du renne et jusqu'aux intestins des animaux qui les entouraient. Une observation due à Edouard Lartet vient à l'appui de cette conjecture. Plusieurs fois ce naturaliste a signalé sur les ossements fossilisés du renne des marques particulières indiquant, selon lui, que les tendons de cet animal avaient été utilisés pour un usage quelconque. Son avis est qu'on en a fait non-seulement du fil pour assembler les peaux, mais même des broderies, comme le faisaient encore au siècle dernier certains habitants des îles Aléoutiennes.

Ainsi, non seulement les populations quaternaires auraient fait usage du vêtement, mais elles n'auraient même pas été étrangères à un certain luxe, ce qui les met immédiatement au-dessus d'un bon nombre de sauvages modernes. Il y a plus; quoi qu'en pense une certaine école d'archéologie qui compte à sa tête MM. Cartailhac et de Mortillet, tout prouve qu'elles connaissaient la poterie. Nous avons signalé précédemment (chap. VII), rien qu'en France, jusqu'à quinze localités où des débris d'une céramique primitive ont été trouvés intimement associés à des ossements d'espèces quaternaires. Il nous semble que c'est plus qu'il n'en faut pour renverser la théorie contraire ; car en pareille matière un seul fait bien constaté doit l'emporter sur tous les arguments négatifs.

La rareté relative de la poterie dans les gisements paléolithiques ne saurait surprendre ; elle a sa cause dans la facilité avec laquelle elle se détruit. Pas plus que l'os, elle ne résiste à l'action continue des agents atmosphériques, surtout quand elle est peu cuite et grossière, comme le fut la poterie primitive.

Ici donc surtout il serait téméraire de limiter l'industrie préhistorique. Si l'on sait *ce qu'elle fut*, l'on ignore et l'on ignorera toujours *ce qu'elle ne fut pas*. L'on peut tracer avec certitude quelques-uns des traits qui la caractérisent, mais il en est qui resteront fatalement dans l'ombre et tout ce qu'on pourra en dire se bornera à des conjectures plus ou moins plausibles qu'on a le tort, trop souvent, de présenter comme des vérités scientifiques.

Quoi qu'il en soit des révélations que l'avenir nous réserve à cet égard, l'on peut dire dès ce jour que l'industrie paléolithique, si grossière qu'elle paraisse au premier abord, n'en accuse pas moins, chez l'homme qui en fut l'auteur, une intelligence, une habileté et une vie sociale supérieures à ce que nous a appris l'ethnographie de la plupart des sauvages modernes.

Ainsi tombe l'un des arguments les plus fréquemment invoqués pour établir l'état de sauvagerie bestiale que la théorie évolutionniste attribue arbitrairement à l'humanité primitive. Ce qui nous reste à dire des arts, mœurs et coutumes de notre ancêtre quaternaire, convaincra plus encore de l'inanité de cette accusation.

CHAPITRE X

LES ARTS A L'ÉPOQUE QUATERNAIRE.

L'homme quaternaire sculpteur et graveur — Bâtons de commandement. — Figures humaines. — Représentations animales: renne, ours, éléphant, etc.— Leur nombre et leur fidélité. — Elles décèlent un art véritable. — Condamnation du système évolutionniste.

'HOMME qui vivait en nos contrées à l'époque quaternaire avait d'autres et de plus nobles préoccupations que celles de pourvoir à sa subsistance de chaque jour et de protéger son existence sans cesse menacée par les féroces animaux dont il était venu disputer l'empire.

Déjà l'amour du beau, qui constitue l'un des traits distinctifs de notre espèce, se révélait par des créations artistiques qui attestent la supériorité de notre ancêtre sur la plupart des sauvages, nos contemporains, auxquels on se plaît à l'assimiler.

Nous avons parlé de ses armes et des instruments dont il faisait usage. Nous avons dit quelle variété de formes et quelle délicatesse de taille il savait donner à ces objets. Il nous reste à dire un mot de son habileté comme sculpteur et graveur.

Le prétendu troglodyte quaternaire aimait en effet à figurer sur la pierre, sur l'os ou sur l'ivoire, les sauvages mammifères qui l'entouraient. Ces représentations d'êtres animés sont pour nous doublement précieuses : elles nous font connaître et le talent de l'artiste et le milieu dans lequel il vivait.

Sans doute il y a beaucoup de naïveté dans ces premières manifestations artistiques. « C'est l'enfance de l'art, observe M. de Mortillet, mais enfin c'est incontestablement de l'art, de l'art bien réel. Il y a loin, bien loin de là aux ébauches informes que font nos enfants et surtout aux ridicules caricatures produites par certains faussaires (1). »

Parmi les objets que nos barbares ancêtres

---

(1) *Revue scientifique*, t. IV, p. 702.

ET L'HOMME PRIMITIF 417

se plurent à orner de représentations diverses, il faut signaler tout d'abord ceux qu'Edouard Lartet, l'un des premiers et des plus savants adeptes de la science préhistorique, a appelés du nom un peu fantaisiste de *bâtons de commandement*.

L'on désigne ainsi d'assez grandes pièces en bois de renne percées d'un ou de plusieurs trous, qui ont été trouvées sur divers points de notre territoire, mais principalement dans la grotte de la Madeleine, sur les bords de la

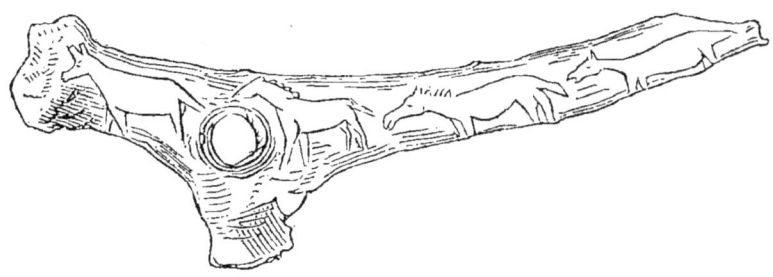

Vézère (Dordogne). Celui que représente la figure ci-dessus provient de cette localité. Bien qu'il ne soit percé que d'un seul trou, il donne une bonne idée de la forme ordinaire de ces sortes d'objets. Quatre chevaux sont représentés sur la face visible dans la gravure et trois du côté opposé.

Cette ornementation montre qu'on a affaire

à un objet de luxe. Rien n'empêche même qu'on n'y voie un sceptre ou un insigne de commandement. Ce serait toutefois pousser un peu loin la conjecture que de prétendre, avec Lartet et Broca (1), que le nombre des trous est en rapport avec le degré d'autorité du chef auquel appartenait ce mystérieux engin. Il est bien vrai que ces trous ont été percés après l'exécution des dessins, qu'ils détruisent parfois en partie; mais il ne suit pas nécessairement de là qu'ils aient été pratiqués à des dates diverses, à mesure que l'heureux propriétaire de cet insigne franchissait un nouveau degré hiérarchique. Une pareille hypothèse suppose une organisation sociale fort avancée que les archéologues de la nouvelle école attribuent moins que tout autre aux populations quaternaires.

D'autres conjectures ont été émises au sujet des prétendus « bâtons de commandement ». L'on a voulu y voir de simples massues analogues au *pogamagan* ou casse-tête dont font usage les indiens du Canada ; mais si la forme est dans certains cas presque la même, l'absence des trous, dans l'une de ces catégories

(1) Conférence sur *les Troglodytes de la Vézère*.

d'objets, constitue à elle seule une différence considérable. Les engins quaternaires sont généralement, du reste, d'une telle fragilité, qu'on ne saurait y reconnaître des armes.

On les a comparés en outre aux fragments de mors en bois de cerf dont les habitants de la Sardaigne font encore usage de nos jours (1). L'analogie que présentent ces deux sortes d'objets n'est pas si frappante toutefois qu'on doive conclure à une identité d'usages. Admettre cette hypothèse c'est confesser, du reste, que l'homme quaternaire avait des animaux domestiques, et l'école préhistorique se refuse à le reconnaître.

Le « bâton de commandement », quelle qu'ait pu être sa destination réelle, fut, avant tout, un objet de luxe. Qu'on y voie une arme ou un sceptre, un mors ou l'insigne d'une dignité, toujours est-il qu'il atteste le goût artistique et l'habileté de main de ceux qui l'exécutèrent. Il y a plus ; sa présence sur les points les plus éloignés du territoire gaulois, en Belgique et dans les Pyrénées, en Suisse et dans la Charente, paraît témoigner en faveur de relations commerciales à l'époque qu'il caractérise.

(1) Pigorini, *Matériaux*, t. xii, p. 53.

Ajoutons qu'on l'a rencontré jusque dans une station lacustre, à Locras, sur le lac de Bienne (Suisse), à côté de nombreux objets en pierre polie, dont quelques haches en néphrite et en jadéite. Il est assurément étrange qu'un objet en apparence aussi caractéristique des temps quaternaires et qui accompagne ailleurs la pierre taillée et la faune éteinte, se trouve ici avec les espèces actuelles et une industrie relativement avancée ; mais pour être embarrassant le fait n'en est pas moins réel. Il est de ceux qui tendent à faire croire que les civilisations les plus diverses ont pu coexister anciennement comme aujourd'hui et souvent à de très faibles distances les unes des autres.

Parmi les nombreuses sculptures et gravures que nous a léguées l'époque quaternaire se rencontrent quelques représentations de l'homme lui-même. L'on aimerait à juger par elles de la constitution physique de ces anciennes populations ; malheureusement ces figures sont si rares et si négligemment exécutées qu'il est difficile d'en rien déduire à cet égard.

Les plus authentiques proviennent des bords de la Vézère (Dordogne) et sont en bois de renne, circonstance qui vient à l'appui de leur haute antiquité. L'homme y est représenté nu, mais ce fait ne prouve point qu'il fut en réalité dépourvu de vêtements ; autrement il faudrait dire qu'il en fut de même des Grecs que la sculpture classique a figurés dans le même état. Le grand nombre d'aiguilles en os trouvées dans les dépôts quaternaires atteste d'ailleurs l'usage du vêtement chez les premières populations européennes. « Comme les artistes de nos jours, observe justement M. de Mortillet, les artistes des premiers temps préféraient dessiner et sculpter l'académie. C'était une simple affaire de goût (1). »

Deux de ces figures humaines présentent des hachures dans lesquelles on a voulu voir des poils. M. de Quatrefages rejette cette interprétation d'où il résulterait que l'homme quaternaire était remarquablement velu. « Les hachures horizontales, dit-il, placées en travers des jambes et du corps, ne me paraissent pas pouvoir être prises pour des poils, car elles croisent à angle droit la direction qu'auraient eue ces derniers (2). » Il préfère y voir des indices de tatouage.

(1) *Dictionnaire des sciences anthropologiques* (en cours de publication); article *Art*, p. 121.
(2) *L'Espèce humaine*, p. 241.

Il semble difficile, du reste, de rien déduire de précis, concernant les traits de l'homme primitif, de quatre ou cinq figures si grossières qu'il est permis de se demander, avec M. de Quatrefages, si la représentation de la forme humaine n'aurait point été interdite par les lois religieuses de l'époque. Quoi qu'il en soit, il est certain que le contraste est frappant, au point de vue du nombre et de l'exécution, entre ces dessins rudimentaires et les fidèles images de plantes ou d'animaux dues aux mêmes artistes.

Malgré leur imperfection, ces dessins n'en donnent pas moins quelques indications précieuses sur le genre de vie des hommes quaternaires, qu'ils nous montrent le plus souvent à la poursuite du gibier. L'un d'eux, qui nous retrace une scène de pêche, mérite d'être spécialement signalé. L'homme est figuré lançant le harpon sur un animal aquatique, beaucoup plus gros que lui, dont la queue et le dos rappellent la forme d'un cétacé. Il y a tout lieu de croire qu'il s'agit de la baleine. Un pareil genre de pêche ne donne pas une médiocre idée de la condition de l'homme primitif, car, suivant l'observation de Broca, qui a peine à croire au fait, tant il l'étonne, il faut être bon navigateur pour aller harponner la baleine sur l'Océan (1).

Le chasseur paléolithique était plus habile, nous l'avons dit, à représenter les animaux qu'à se représenter lui-même. C'est là, en effet, qu'éclate vraiment son talent. « Un souffle artistique l'anime, nous dit M. de Nadaillac, et on est confondu de la variété des dessins qu'il parvenait, avec les misérables outils dont il disposait, à graver ou à sculpter sur la pierre, sur l'ivoire ou sur l'os. Tous ceux qui ont examiné ces œuvres, qui ont manié ces fragments, souvent informes, partagent notre étonnement de la fidélité du dessin, de l'expression donnée par l'artiste à l'animal qu'il voulait représenter. Nous sommes en présence d'une véritable révélation sur ces antiques pionniers de la civilisation, évidemment très supérieurs aux races encore barbares de nos jours, qui ne sauraient le plus souvent rien exécuter de semblable (2). »

Les types qui reviennent le plus fréquemment sont le renne et le cheval. C'étaient évidemment, — leurs nombreux débris le prou-

(1) *Les Troglodytes de la Vézère*; appendice à l'ouvrage de Lubbock, *l'Homme préhistorique*, p. 597.
(2) *Les Premiers hommes*, t. I, p. 124.

vent, — les animaux les plus répandus et surtout les plus connus de l'époque. Il convient de signaler ensuite l'aurochs, l'urus ou le *Bos primigenius*, l'ours des cavernes, le mammouth lui-même et la plupart des représentants de la faune actuelle, y compris des poissons, quelques reptiles et de rares oiseaux.

C'est aussi dans cet ordre que sont représentées les espèces quaternaires dans les cavernes du midi de la France, dans celle de Gourdan (Haute-Garonne), par exemple, où M. Piette dit avoir rencontré jusqu'à 3,000 mâchoires de rennes.

La fig. ci-contre (p. 425) représente un animal de cette espèce. C'est la reproduction fidèle d'un dessin, gravé sur bois de renne, qu'on a trouvé en 1874, à Thaïngen, non loin de Schaffhouse, en Suisse. Il serait difficile assurément d'atteindre une plus grande exactitude. Comme l'a fait remarquer avec raison M. Alexandre Bertrand (1), les dessins qui figurent dans les ouvrages des zoologistes modernes ne surpassent pas celui-ci en perfection.

Le même animal est sculpté en relief ou gravé en creux, seul ou en groupe, sur plusieurs objets trouvés dans le midi de la France. Si-

(1) *Archéologie celtique et gauloise*, p. 66.

gnalons entre autres deux manches de poignard, en ivoire, qui représentent un renne accroupi, la tête allongée, les jambes et les bois repliés, de façon à ne pas gêner la main. « Le naturel des attitudes, dit M. de Quatrefages, l'exactitude des proportions sont tels, que, de nos jours encore, un sculpteur ornementiste, traitant le même sujet, n'aurait guère rien de mieux à faire que de copier son antique prédécesseur (1). »

Il est d'autres représentations animales plus intéressantes encore que les précédentes : nous voulons parler de celles qui nous ont conservé l'image d'espèces disparues, non plus seulement de nos contrées, comme le renne et l'aurochs, mais de la faune actuelle tout entière. Tels sont les deux dessins qui suivent.

(1) *Op. cit.*, p. 239. — Ces deux pièces remarquables,

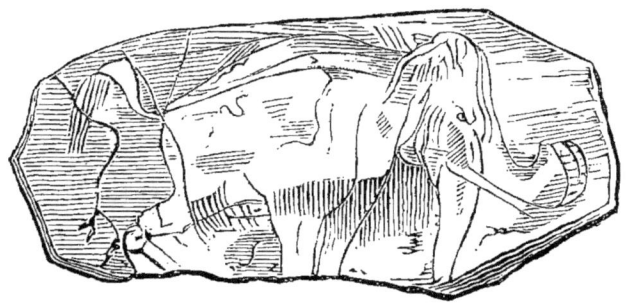

L'un d'eux, représentant un ours, a été trouvé dans la grotte de Massat (Ariège), sur un caillou roulé de roche cristalline. Le front bombé indique nettement le grand ours des cavernes (*ursus spelœus*), animal dont on avait fait d'abord le type caractéristique des temps quaternaires les plus reculés et qui, en réalité, paraît avoir vécu jusqu'à des temps fort rapprochés des nôtres.

La seconde figure représente l'*Elephas primigenius*, ou mammouth. On l'a trouvée sur une grande plaque d'ivoire, découverte en 1864 dans la grotte de la Madeleine (Dordogne). Les défenses recourbées, la longue crinière, la tête bombée permettent de reconnaître l'espèce quaternaire. C'est bien le même animal que celui qui a été trouvé à la fin du

---

trouvées dans les abris sous roche de Bruniquel (Tarn-et-Garonne) sont la propriété de M. Peccadeau de l'Isle, à Lorient.

siècle dernier, revêtu encore de sa chair et de ses poils, dans les glaces de la Sibérie.

Evidemment, le graveur a eu sous les yeux l'énorme pachyderme dont il reproduit l'image. « Son dessin est même plus exact, suivant l'observation piquante de M. Joly, que celui de l'artiste moderne, simple commerçant, il est vrai, qui a représenté, d'après nature, l'éléphant trouvé en 1806 avec sa peau, sa chair et ses os, près de l'embouchure de la Léna, près de la mer Glaciale. En comparant les deux dessins, reproduits l'un et l'autre dans le *Bulletin de l'Académie impériale de Saint-Pétersbourg*, et en lisant la juste critique que le professeur Brandt a faite de ce dernier, on pourra facilement se convaincre de la supériorité de l'artiste de l'âge de la pierre sur le commerçant russe contemporain (1). »

Il existe à notre connaissance trois ou même quatre autres représentations du mammouth, dont deux gravures sur os provenant d'une localité inconnue du Périgord (2), et deux sculptures sur bois de renne, trouvées, l'une

---

(1) Joly, *l'Homme avant les métaux*, p. 266.
(2) *Matériaux*, 1874, p. 34.—Ces deux figures se voient sur les deux faces d'une même plaque en os, qui fait partie de la collection d'Édouard Lartet.

à Laugerie-Basse (Dordogne), et l'autre sous les rochers de Bruniquel (Tarn-et-Garonne) (1). En face de pareils témoignages, il est difficile assurément de persister à nier, comme on l'a fait, la coexistence de l'homme avec les espèces quaternaires.

Nous n'en finirions pas s'il nous fallait nous arrêter sur les autres sculptures et gravures communément attribuées aux temps quaternaires. M. de Mortillet nous apprend, en effet (2), que le musée de Saint-Germain contient à lui seul jusqu'à 116 objets d'art, originaux ou moulages, se rapportant, selon lui, à l'époque dite de la Madeleine, c'est-à-dire tout à fait à la fin des âges géologiques. Sans doute, tous ces objets ne représentent pas des êtres organisés. Il en est qui ne portent que de simples lignes d'ornementation formant des hachures, des zigzags, des chevrons, des festons, des sinuosités; ils n'en contribuent pas moins à donner une idée avantageuse du talent artistique de l'homme quaternaire. Mais force nous est de nous borner et d'inviter le lecteur à juger du reste par les quelques spécimens qui précèdent.

(1) *Musée préhistorique*, p. 5, XXVIII, n° 211.
(2) *Dictionnaires des sciences anthropologiques*, article *Art*.

A diverses reprises, nous avons qualifié d'*artiste* l'auteur de ces dessins. Quelques-uns trouveront peut-être qu'il y a là de l'exagération ; et pourtant les adeptes de l'archéologie préhistorique sont unanimes à voir des œuvres d'art dans ces représentations, si rudimentaires qu'elles puissent paraître.

Nous avons déjà dit ce qu'en pensait M. de Mortillet, le chef de l'école. Broca n'est pas moins affirmatif. Les troglodytes de la Vézère, nous dit-il, « ont montré dans l'art du dessin une habileté bien faite pour nous surprendre. Ils ont mal figuré l'homme ; je ne sais quel motif les a empêchés de s'y appliquer ; mais ils ont étudié avec soin les formes et les allures des animaux, et ils les ont quelquefois reproduites avec une exactitude, une élégance et un entrain qui dénotent un véritable sentiment artistique (1). »

Un autre partisan des systèmes préhistoriques va plus loin. « Il n'y eut pas seulement alors un art véritable, nous dit-il ; il y eut deux écoles de gravure. Ce mot *école*, dût-il faire sourire les sceptiques, est parfaitement vrai. Il y eut l'école du Périgord et celle des

(1) *Conférence*, etc. ; Appendice à l'*Homme préhistorique* de Lubbock, p. 598.

Pyrénées. Elles diffèrent par la manière, par le soin du travail, par l'ampleur de l'idée. Les sauvages du Périgord incisaient profondément le bois de renne ; la gravure qu'ils faisaient était presque du bas-relief. Plus soucieux de rendre l'ensemble et l'allure de l'animal que de dessiner toutes ses parties avec une rigoureuse exactitude, ils négligeaient les détails... L'artiste des Pyrénées, au contraire, a un trait d'une finesse et d'une sûreté extraordinaires. Il fait de la gravure véritable. Sans négliger ni l'allure ni l'ensemble de l'animal, il s'attache aux plus petits détails et les rend avec une exactitude remarquable. Il ne néglige pas même les poils. Ses œuvres sont de véritables portraits. Plusieurs d'entre elles ne seraient pas déplacées dans les illustrations de nos ouvrages d'histoire naturelle (1). »

Tous les archéologues qui ont étudié les œuvres de l'homme quaternaire ont poussé un même cri d'admiration en face de ces lointaines productions du génie artistique inné en notre espèce. Il faut bien reconnaître, en effet, en dépit des théories évolutionnistes, que l'être primitif qu'ils appellent dédaigneusement du

---

(1) Piette, *la Grotte de Jourdan pendant l'âge du renne;* dans les *Matériaux*, t. IX, p. 53.

nom de *troglodyte* fut supérieur, à ce point de vue, à celui qui inaugura l'ère actuelle. L'art paraît avoir subi à l'époque néolithique ou de la pierre polie une véritable décadence. C'est à peine si, dans les grottes artificielles de la Marne et sur les dalles des dolmens de la Bretagne, il existe quelques grossiers dessins figurant, ici une forme humaine, là des hachettes emmanchées. L'outillage a pris des formes plus élégantes avec le polissage de la pierre, mais l'art du sculpteur et du graveur a subi une réelle éclipse : preuve nouvelle que le progrès ne s'est point effectué d'une façon continue dans l'humanité.

Une conséquence importante découle des pages qui précèdent. L'homme qui taillait le silex avec la perfection qu'on a vue, qui consacrait ses loisirs à représenter par la sculpture et la gravure, avec une fidélité difficile à surpasser, les sauvages animaux au milieu desquels il avait élu domicile, cet homme n'était point l'être abject et simien dont on veut à tout prix nous faire descendre.

Et qu'on ne dise pas que l'artiste quaternaire dont il vient d'être question n'est point, à proprement parler, l'homme primitif, qu'il a lui-même, dans l'homme de Saint-Acheul, un ancêtre sauvage dont l'outillage, incomparablement plus grossier, précéda le sien. Nous l'avons déjà dit, nous ne pensons pas que l'école préhistorique puisse faire la preuve de ce qu'elle avance lorsqu'elle affirme l'antériorité des gisements dits chelléens sur ceux de Solutré et des bords de la Vézère. Il n'est aucun motif sérieux de croire que le nord de la France ait été habité avant le midi. Le contraire serait plus vraisemblable. La Méditerranée était un chemin tout naturel pour introduire des colons sur nos côtes méridionales. Ajoutons que, s'il est un fait probable en archéologie préhistorique, c'est assurément l'existence d'un climat plus rigoureux que le nôtre à l'époque quaternaire ; or, il n'est guère possible que dans ces conditions notre espèce, sans doute originaire d'une région à climat tempéré, ait préféré habiter tout d'abord les parties les plus froides de notre territoire.

Nous ne contestons pas que la faune, dont les débris accompagnent ceux de l'homme, n'est pas exactement la même au nord et au midi de la France. L'éléphant et le rhinocéros dominent dans les vallées de la Somme et de la Seine ; le renne et l'ours des cavernes, dans le Périgord et au pied des Pyrénées ; mais la différence des lieux n'entraîne-t-elle pas forcément cette conséquence ? Aujourd'hui encore la faune des pays plats et des larges vallées est-elle donc celle des régions montagneuses et des gorges étroites ? A quelle époque a-t-on vu l'éléphant chercher un refuge dans les grottes des rochers, et l'ours affectionner spécialement les plaines ?

La différence des outillages ne fournit pas une base plus solide à la distinction chronologique qu'on voudrait nous imposer. L'on conçoit qu'à une même époque des tribus voisines aient travaillé de différentes façons l'os ou la pierre. Des milieux divers commandaient des usages divers. Le silex n'était pas partout également abondant ni également facile à tailler. En outre, les engins de chasse et de pêche devaient varier avec les animaux poursuivis. L'on n'attaquait pas de la même façon le renne et l'éléphant, le cheval et le lion, l'ours et le bœuf sauvage. Chaque pays, par suite, devait avoir son genre d'industrie, des armes et des outils spéciaux.

Le présent nous dit à cet égard ce que fut le passé. Le R.P. Petitot, missionnaire chez les Indiens de l'Amérique du Nord, a signalé naguère les divergences profondes que présente l'outillage de tribus voisines. Il y a tout lieu de croire qu'il en fut de même en nos contrées, alors qu'y vivaient le renne et le mammouth. Il est probable aussi que la même tribu avait, comme aujourd'hui, des ateliers divers pour des industries diverses. Il est difficile d'expliquer autrement la différence des procédés et des produits industriels, à une même époque, dans des localités aussi rapprochées que le sont, par exemple, en Bretagne le Mont-Dol (Ille-et-Vilaine) et le Bois du Rocher (Côtes-du-Nord). Dans ces deux gisements la pierre employée et la forme des outils sont très-différentes : au Mont-Dol, le silex seul est employé et le type est celui du Moustier; au Bois du Rocher, l'on ne trouve guère que du quartzite taillé dans la forme en amande dite de Saint-Acheul ou de Chelles. Pourtant plusieurs indices, entre autres la présence dans l'une des localités de quelques outils évidemment empruntés à l'autre, ne laissent pas de doutes sur le synchronisme de deux stations.

L'industrie relativement avancée du centre et du midi de la France peut donc, du moment où elle est quaternaire, être considérée comme tout aussi primitive que celle, plus rudimentaire, que nous fournit la région du nord.

C'est dire que dès le début de son séjour en nos contrées l'homme se montra supérieur, non seulement à l'être simien qu'une théorie à la mode nous assigne pour ancêtre, mais encore à la plupart des sauvages modernes.

CHAPITRE XI

LES MŒURS A L'ÉPOQUE QUATERNAIRE

L'homme primitif connaissait le feu. — Comment il se le procurait. — Il n'habitait point exclusivement les cavernes. — Ses relations commerciales. — Sa prétendue ignorance de toute céramique. — Il n'est point prouvé qu'il ait été anthropophage dès l'origine. — Opinion de M. de Mortillet. — A quoi se réduisent les arguments invoqués à l'appui de l'anthropophagie primitive.

L resterait à résoudre plusieurs questions intéressantes concernant l'état social de l'homme primitif, sa vie privée, ses mœurs, ses croyances religieuses, en supposant qu'il en eût ; malheureusement les données indispensables pour arriver à une solution satisfaisante de ces mystérieux problèmes font à peu près complètement défaut.

Cette insuffisance de documents n'a pas empêché quelques-uns des archéologues et des anthropologistes de la nouvelle école d'affirmer hautement leurs vues, nous devrions dire les vues de leur imagination, sur ces deux points. Ils ont enseigné, par exemple, — et trop souvent on les a crus sur parole — que l'homme primitif ignorait l'art d'allumer le feu; qu'il vivait confiné dans des creux de rocher, sans autres habitations que celles que la nature lui fournissait ; qu'il n'avait pas de poterie ; qu'il se nourrissait de la chair de ses semblables ; qu'il dédaignait d'enterrer ses morts ; qu'il n'avait pas l'ombre de croyances religieuses, etc..... Autant d'assertions gratuites que nous demandons la permission de contrôler rapidement, en laissant aux faits le soin de répondre (1).

(1) Le but de ce travail, but tout apologétique, nous interdit de traiter à fond la question des mœurs de l'homme primitif. Par suite, nous laissons volontairement de côté quelques points, du reste en petit nombre, qui sont sans rapport avec la cause religieuse, ou qui n'intéressent d'aucune façon notre ancêtre quaternaire. Telle est la question de la trépanation préhistorique qui est étrangère aux temps antérieurs à l'ère actuelle et ne concerne que l'homme de la pierre polie. Telle est encore celle du tatouage, bien qu'ici il s'agisse d'un usage beaucoup plus ancien. De nombreuses découvertes autorisent, en effet, à penser

Et d'abord, l'homme primitif connaissait-il le feu ?

A cette question il n'est personne qui puisse aujourd'hui répondre négativement. Ceux-là mêmes qui font remonter notre espèce jusqu'aux temps tertiaires reconnaissent assez unanimement que dès cette époque elle faisait cuire ses aliments.

Parmi les prétendus outils de pierre qu'il a retirés des marnes miocènes de Thenay, M. l'abbé Bourgeois a rencontré, en effet, des silex craquelés et jusqu'à des traces de charbon. Cette découverte constituait même l'un des plus sérieux arguments qu'il eût à invoquer à l'appui de sa théorie de l'homme tertiaire.

Il est à peine besoin d'observer que ces traces de feu, fussent-elles plus évidentes encore, peuvent avoir une cause naturelle. La foudre, un choc accidentel et surtout des actions chimiques, faciles à concevoir au sein de couches calcaires, ont pu produire les effets signa-

---

que l'homme quaternaire se peignait le corps. En diverses localités l'on a trouvé, à côté de ses restes ou des produits de son industrie naissante, de la sanguine, de l'ocre et d'autres matières colorantes qu'on suppose avoir servi à cet usage. Il ne faut pas s'en étonner outre mesure, car César nous apprend que cette coutume existait encore de son temps chez les Bretons (*De Bell. Gall.*, v., 14).

lés. Néanmoins, si l'on admet que l'homme a vécu dès ces temps reculés, il paraît plus rationnel de lui en attribuer l'origine.

A l'époque quaternaire, l'action du feu, et d'un feu allumé par l'homme, devient absolument certaine. Non seulement le charbon et les cendres abondent ; mais on a trouvé en divers lieux du bois carbonisé, des os à demi consumés et jusqu'à des foyers, comme dans le célèbre gisement de Solutré. Il serait très inutile de relever en détail chacune de ces découvertes dont la portée n'est plus contestée par personne.

La connaissance du feu chez les populations quaternaires n'est donc pas douteuse. L'on peut même se demander si cette connaissance n'est pas absolument indispensable à l'homme pour assurer son existence. Ce qui semble certain, c'est qu'elle se retrouve chez tous les sauvages modernes. L'on a dit, il est vrai, que les Tasmaniens et aussi quelques tribus australiennes (1) ignoraient le moyen de rallumer le feu une fois éteint ; au moins en connaissent-ils l'usage et veillent-ils soigneusement à sa conservation.

(1) Lubbock, *l'Homme préhistorique*, p. 404 et 409 ; — Joly, *l'Homme avant les métaux*, p. 139.

L'homme quaternaire était plus habile. Pour se procurer le feu, il avait recours à la percussion ou au frottement, double procédé encore en usage chez les peuplades barbares. L'on a trouvé en diverses localités, notamment en Belgique, des rognons de pyrites de fer, parfois échancrés, qui ont servi, croit-on, à battre le briquet à l'aide des éclats de silex, prétendus grattoirs qui, le plus souvent, les accompagnent.

Le second procédé, qui consiste à imprimer à un morceau de bois sec un rapide mouvement de rotation, paraît avoir été employé principalement dans le Périgord aux âges préhistoriques; car, dans les grottes à ossements de ce pays, MM. Lartet et Christy ont trouvé des blocs pourvus d'une cavité qu'ils supposent avoir été affectée à cet usage. L'on peut se demander toutefois si dans ces cupules il ne faut pas voir de préférence des mortiers destinés à écraser des graines ou d'autres substances telles que des matières colorantes. Heureusement ces doutes sur une question secondaire n'ôtent rien à la certitude scientifique que nous avons de la connaissance et de l'utilisation du feu à l'époque de la pierre taillée.

Que dire maintenant des habitations de notre

ancêtre quaternaire ? Sans doute les grottes naturelles et les abris sous roche lui ont fréquemment servi de refuge. Il en a été ainsi de tout temps. Les historiens de l'antiquité nous parlent des cavernes dans lesquelles s'abritaient Germains, Gaulois et Aquitains. Cet usage se continua pendant le moyen âge. Pépin le Bref dut s'emparer de cavernes habitées. Plus tard, au XIIe siècle, il y avait à Clermont tout un quartier de grottes également habitées et nous savons que l'évêque Etienne II en fit creuser de nouvelles pour loger les familles qui avaient fui devant les Normands (1). De nos jours encore cette coutume n'a pas absolument disparu. A plus forte raison dut-elle exister dans les temps préhistoriques, alors surtout que l'homme, nouvellement fixé sur notre territoire, avait à pourvoir à des nécessités plus pressantes.

Il n'est pas probable néanmoins qu'à aucune époque les habitants de nos contrées aient tous mérité le nom de troglodytes. Quoique fort abondamment répandues à la surface de notre territoire, les cavernes ne s'y trouvent pas en nombre assez considérable pour avoir suffi à loger toute la population. Si elles abondent

(1) Ténougi, *Rapport sur l'état des études concernant les temps préhistoriques.*

dans les régions calcaires et montagneuses, dans les Pyrénées, par exemple, elles sont fort rares dans le nord, c'est-à-dire précisément dans la partie qui, au dire de M. de Mortillet et de son école, eût été la première habitée. Il n'est pas à croire pourtant que l'homme y vécut exposé aux rigueurs de l'air, alors plus froid et plus humide encore que de nos jours. L'on se demande pourquoi il ne se fût pas construit une cabane quelconque, à l'aide de branchages empruntés aux forêts au sein desquelles il vivait. Sans doute il n'en reste aucune trace ; mais les huttes circulaires que bâtissaient les Gaulois, nos ancêtres plus rapprochés, ont-elles laissé des vestiges beaucoup plus certains ? Les constructions en pierre seules présentent assez de résistance pour braver l'action du temps et l'on sait que ces constructions ne remontent pas à une haute antiquité. Il n'y a pas longtemps surtout qu'on en a fait en nos régions des habitations privées (1).

Sans nier absolument le troglodytisme quaternaire, il y a lieu de se demander pourtant

(1) « Du fond de l'Europe jusqu'aux extrémités de la Bretagne et de la Gaule, on n'a pas reconnu, antérieurement à l'ère chrétienne, une seule construction en maçonnerie qu'on puisse affirmer être l'œuvre des races indigènes. » Bulliot et Roidot, *La Cité Gauloise*, p. 26.

si le séjour dans les cavernes fut alors aussi général et aussi habituel qu'on l'a prétendu. L'on peut même croire que l'homme ne s'y établit point d'une façon permanente. Peut-être ne faisait-il qu'y camper ou tout au plus qu'y passer certaines saisons. Ce qui est certain c'est qu'il n'y vivait point confiné, sans communication aucune avec le voisinage. Les débris de ses repas et les vestiges de son mobilier attestent qu'il avait quelques relations commerciales. Plusieurs gisements ont livré à leurs explorateurs des objets qui ne pouvaient provenir que de localités éloignées. C'est ainsi que sur les bords de la Vézère, c'est-à-dire en plein Périgord, l'on a trouvé des coquilles, telles que la *Cyprœa pyrum* et la *Cyprœa lurida*, qui ont dû être recueillies sur le rivage de la Méditerranée. Par contre, l'on a signalé sur le versant de la Méditerranée, à Bize, par exemple, dans l'Hérault, à Solutré, près de Mâcon, et à Menton, non loin de Nice, la présence de coquilles qui ne vivent que dans l'Océan.

M. de Mortillet déduit de ces faits l'existence nomade des populations qui nous ont laissé ces débris : au moins faut-il en conclure, qu'à l'imitation de certaines peuplades barbares de notre temps, elles se livraient à un commerce d'échange.

Il en est d'autres preuves. La simple présence d'outils en silex dans des contrées qui, comme la Bretagne, ne possèdent pas naturellement cette substance, suffit pour établir l'existence de relations commerciales aux âges préhistoriques. Le silex n'avait pas seul le privilège de l'exportation. Dans un bon nombre de gisements, notamment dans ceux du Périgord et des bords de l'Erve (Mayenne), l'on a trouvé du quartz hyalin, minéral qui n'existe guère à l'état naturel que dans les Pyrénées et le Valais. Ailleurs, en Belgique, l'on a recueilli, avec des silex et des coquilles apportés de la Champagne, des objets en calcédoine qui ne peuvent provenir que du midi de la France.

Des rapports commerciaux aussi étendus sont incompatibles avec un troglodytisme complet et à peine indignes d'un peuple civilisé. Les Gaulois, tels que les écrivains classiques nous les dépeignent au début de notre histoire, ne faisaient pas beaucoup mieux, bien que, nomades avant tout, eux aussi aient eu en horreur la vie sédentaire.

Nous ne reviendrons pas sur le reproche, assurément très gratuit, qu'on a fait à nos aïeux quaternaires d'avoir ignoré les procédés les plus élémentaires de la céramique. Nous avons observé ailleurs que la poterie est loin de faire absolument défaut dans les gisements de cet âge, puisque dans quinze localités au moins on l'a trouvée associée aux débris d'espèces animales disparues (1). Faut-il s'étonner, du reste, de sa rareté relative dans des stations qui remontent, suivant toute apparence, à une si haute antiquité? La poterie, surtout la poterie grossière des temps barbares, ne résiste pas indéfiniment, comme le silex, à l'action dissolvante des agents atmosphériques. L'humidité, le contact de l'air, le tassement des terres, des pressions accidentelles, le piétinement des animaux, les remaniements opérés par l'homme : voilà autant de causes qui ont dû le plus souvent amener sa destruction. Encore une fois, il ne faut pas s'imaginer que nous possédions au complet le mobilier des populations quaternaires. Il est incontestable, par exemple, que le bois a dû entrer dans l'outillage de l'âge paléolithique, et pourtant il ne nous en est pas parvenu une parcelle. Pourquoi d'autres substances n'auraient-elles pas subi le même sort?

(1) Voir le Tableau de la page 356.

L'absence totale de la poterie à l'époque quaternaire ne prouverait point du reste que l'homme de ces temps reculés fût plongé dans un état de profonde abjection. L'ethnographie a signalé dans toutes les parties du monde des peuplades qui n'avaient ou n'ont encore aucune connaissance de la céramique, et sur le nombre il en est, les Taïtiens par exemple, qui sont loin d'occuper le dernier rang dans l'échelle de la civilisation.

La question de l'anthropophagie préhistorique mérite de nous retenir un peu plus longtemps.

Il ne nous en coûterait nullement de reconnaître que les premiers habitants des Gaules tombèrent dans ce crime de lèse-humanité, si telle était ou telle paraissait être la vérité, car l'anthropophagie n'exclut point une certaine civilisation matérielle. Pour s'en convaincre, il suffit, pour ainsi dire, de regarder autour de soi. Les habitants des îles Fidji et les Battas de Sumatra, chez qui existe cette coutume barbare, sont remarquables pour la douceur de leurs mœurs et même pour leur industrie relativement avancée.

C'est que le cannibalisme a d'autres causes que le besoin de nourriture. Parfois, c'est par superstition que l'homme dévore son semblable. En agissant de la sorte il s'imagine absorber, en même temps que sa chair, les qualités, le courage et la force physique de ce dernier. Ailleurs, c'est l'esprit de vengeance ou je ne sais quel raffinement de gourmandise qui préside à ces horribles festins.

Nous n'irons point toutefois jusqu'à prétendre, avec M. Carl Vogt, M. de Mortillet et une portion considérable de l'école évolutionniste, que pour être anthropophage il faille un certain degré de civilisation. Nous abandonnons aux amateurs de paradoxes ces théories insoutenables dont l'observation la plus superficielle suffit à faire justice. S'il est des tribus cannibales qui, à d'autres points de vue, méritent d'occuper une place relativement élevée dans l'échelle sociale, il en est d'autres aussi, et en plus grand nombre, dont l'existence misérable n'est que trop en harmonie avec les goûts révoltants. L'on avait, sur le dire de Stanley, placé à tort parmi les premières plusieurs peuplades africaines que le célèbre explorateur avait rencontrées sur les bords du fleuve Livingstone, au milieu, disait-il, de pays fertiles où les bestiaux abondaient. Le docteur belge Vandenheuvel a rapporté de ses récents voyages dans la même région une impression toute contraire. Il a constaté que les mangeurs de chair humaine étaient «d'un développement cérébral inférieur » aux autres peuplades, et il y a tout lieu de s'en rapporter à son témoignage non moins autorisé que motivé.

Quoi qu'il en soit de cette théorie par trop risquée, il paraît certain que l'Europe a eu dans le passé ses anthropophages, comme, sans doute, la plupart des autres contrées du globe; mais c'est l'histoire qui nous l'apprend bien plutôt que l'archéologie.

Hérodote raconte que certaines peuplades voisines de la Scythie, qui vraisemblablement habitaient la Russie centrale actuelle, se nourrissaient de chair humaine (1). Aristote fait la même observation au sujet de peuples situés sur les bords du Pont-Euxin (2). Pline, à son tour, signale cette affreuse coutume chez les premiers habitants de l'Italie (3).

Non moins précises ni moins nombreuses sont les preuves historiques concernant nos contrées occidentales. L'Irlande et l'Angle-

(1) *Hist.*, l. IV, § 18, 26, etc.
(2) *Polit.*, l. VIII, c. 2. *Cfr.* Strabon, IV, 4.
(3) *Hist. nat.*, l. VII, c. 2.

terre proprement dite ont eu le triste privilège d'attirer à cet égard l'attention des écrivains de l'antiquité ; mais il paraît que la Gaule eut aussi ses anthropophages. « Les peuplades qui habitent au nord sont très sauvages, rapporte Diodore. Il y en a, dit-on, qui mangent des hommes, comme font aussi les Bretons qui habitent l'Irlande (1). » Strabon dit aussi de cette île : « Ses habitants sont encore plus sauvages que ceux de la Bretagne, car ils sont anthropophages et croient bien faire en mangeant les corps de leurs pères (2). »

De son côté, Pline félicite les Romains d'avoir banni l'anthropophagie de la Grande-Bretagne. Il semble pourtant qu'elle n'y fut point complètement abolie par eux. S. Jérôme nous dit en effet avoir vu en Gaule, dans sa jeunesse, une tribu bretonne, les Attacotes, se nourrir de chair humaine, alors qu'elle avait en abondance à sa disposition des troupeaux de porcs, de bœufs et de moutons (3). — L'on croit que les Attacotes habitaient les bords de la Clyde, en Ecosse.

---

(1) Lib. V, § 32.
(2) *Géogr.*, l. IV, § 4.
(3) *Adv. Jovinianum*, lib. II. — M. de Nadaillac donne ce texte (*Op. cit.*, t. II. p. 212).

Le Danemarck paraît avoir été, à une époque plus récente encore, le théâtre de ces horribles scènes. Adam de Brême, qui prêchait le christianisme à la cour du roi Swen Ulfson, au XIᵉ siècle, nous représente les Danois de son temps comme des barbares « vêtus de peaux de bêtes, chassant l'auroch et l'élan, ne sachant qu'imiter les cris des animaux et *dévorant leurs semblables* (1). »

Sans doute ces témoignages épars ne prouvent point que l'anthropophagie ait jamais été un usage général dans nos contrées occidentales; ils attestent tout simplement que cette triste coutume n'y fut point inconnue, et c'en est assez pour nous donner l'explication de quelques faits que l'archéologie prétend constater, sans qu'on soit obligé pour cela de sortir des limites de l'histoire.

Il faut le dire, du reste; ces faits ne sont point de nature à déterminer une conviction, et le nombre des savants, anthropologistes ou archéologues, qui se refusent à admettre l'anthropophagie préhistorique, tend sans cesse à s'accroître.

Les variations de l'opinion à cet égard se-

---

(1) De Nadaillac, *ibid.*

raient curieuses à étudier, d'autant qu'elles ont pour causes, non des découvertes nouvelles, mais des préjugés philosophiques et un changement de tactique chez nos adversaires.

Il n'y a que peu d'années, il était de mode d'affirmer le cannibalisme de l'homme primitif. En agissant de la sorte, il semblait qu'on donnât des gages et qu'on fournît des armes à la thèse évolutionniste. Aujourd'hui le mot d'ordre est différent. L'homme quaternaire, nous disent les chefs de l'école préhistorique, n'a pu être anthropophage, car à l'origine il n'était pas même carnivore. L'étude de sa dentition et de son système digestif nous montre qu'il était destiné à se nourrir essentiellement de fruits. Le besoin seul put le pousser à un autre genre d'alimentation ; mais s'il en vint dès l'époque quaternaire à se nourrir de chair il ne dut pas pour cela dévorer son semblable. Les nombreux animaux qui l'entouraient alors suffisaient et au delà à toutes les exigences de son appétit.

Il est vrai, ajoute M. de Mortillet, que l'anthropophagie peut avoir d'autres causes que le besoin de nourriture ; elle peut être la conséquence d'aberrations religieuses ; mais les idées religieuses, prétend notre auteur, étaient inconnues dans les temps quaternaires ; elles n'ont apparu qu'avec l'ère actuelle inaugurée par l'usage de la pierre polie. Encore étions-nous « trop peu fervents », même alors, pour être anthropophages (1).

Si bizarres et futiles que soient les motifs sur lesquels repose cette conclusion, il faut bien reconnaître qu'elle est, en tant que négation de l'anthropophagie primitive, parfaitement d'accord avec les données actuelles de la science. Il n'est pas une observation qui puisse faire supposer que l'homme quaternaire se soit jamais nourri de la chair de son semblable. Pour faire remonter cet usage jusqu'à ces temps reculés l'on n'a jamais eu à invoquer, pour tout motif, que de prétendues vraisemblances et des considérations théoriques. Toutes les découvertes qu'on a fait valoir dans ce but se rapportent à une époque plus récente que les temps paléolithiques.

Ces découvertes ont-elles du moins la portée qu'on leur attribue en ce qui concerne l'ère actuelle ou l'époque néolithique ?

M. de Mortillet ne le pense pas et nous estimons qu'il a raison. Il n'est pas un seul des

(1) *Dictionnaire des sciences anthropologiques*, art. Anthropophagie.

arguments invoqués par les partisans de l'anthropophagie préhistorique qui puisse être considéré comme absolument convaincant.

Il est arrivé, par exemple, que dans un certain nombre de gisements très anciens, notamment dans la grotte de Chauvaux, en Belgique, dans celle de Bruniquel (Tarn-et-Garonne), à Villeneuve-Saint-Georges, près de Paris, l'on a trouvé des ossements humains plus ou moins calcinés, fendus ou cassés transversalement, présentant des stries à leur surface et souvent confondus avec ceux des animaux dans le désordre le plus complet. L'homme seul, s'est-on hâté de conclure, a pu laisser ces traces de feu, résultat de la cuisson, produire ces cassures, en retirant la moelle, ces stries, en enlevant les chairs, ce désordre, en rejetant pêle-mêle autour de lui, à la façon des sauvages modernes, les débris de ses repas.

Il n'est pas nécessaire de réfléchir bien longtemps pour se convaincre que toutes ces circonstances sont susceptibles de recevoir une autre explication. Les traces de feu sont peut-être l'argument le plus sérieux ; c'est du moins le plus fréquemment invoqué. Or, n'est-il pas naturel d'y voir le résultat de la crémation, mode de sépulture qui fut peut-être le plus usité dans l'antiquité, et non pas seulement chez les Grecs et les Romains qui l'importèrent dans les contrées voisines, mais aussi chez les populations barbares qui habitaient nos contrées à l'origine de l'histoire ?

Les Gaulois faisaient plus que de brûler leurs morts. Ils jetaient avec eux dans le bûcher les objets et les animaux qui avaient été chers aux défunts. Il y eut même un temps, nous dit César (1) où les clients et les esclaves étaient sacrifiés de la sorte. Ce rite funéraire explique le mélange d'ossements d'hommes et d'animaux et leurs degrés divers de calcination, sans qu'il soit nullement nécessaire d'y voir les débris d'un repas. Il explique aussi comment certaines parties du squelette ont totalement disparu, alors que les autres sont restées intactes. La combustion, le plus souvent très incomplète, était loin d'atteindre également toutes les portions du corps.

Les partisans de l'anthropophagie préhistorique ont trop insisté sur cette absence de certains os humains. D'aucune façon ils ne sauraient s'autoriser de cette circonstance, qui est purement accidentelle, si elle n'est pas le

(1) *De bello gallico*, l. vi, § 19.

résultat d'une incinération incomplète et inégale. Ce n'est pas seulement, en effet, dans les sépultures préhistoriques qu'on a constaté cette absence de certaines portions du squelette, mais aussi dans les tombes isolées et protégées des âges plus récents, dans celles mêmes des époques romaine et mérovingienne. « Rien n'est plus difficile, observe M. de Mortillet, que d'avoir un squelette complet de Gaulois, de Romain ou de Mérovingien. Je ne sais même pas s'il en existe. »

La cassure des os humains ne suppose point non plus nécessairement l'action de l'homme. Chez les animaux eux-mêmes cette cassure est le plus souvent naturelle. En se desséchant, et pour peu qu'ils soient soumis à un choc ou à une pression quelconque, les os se brisent tantôt transversalement, tantôt longitudinalement ; de sorte qu'il est impossible de rien déduire de cette circonstance. Quant à ceux de l'homme, ils renferment si peu de moelle que l'on peut se demander dans quel but nos barbares aïeux les eussent ouverts. On a pu constater, du reste, que, dans le petit nombre de localités où l'on s'est trouvé en face de ce mode de cassure réputée artificielle, il n'y avait guère de brisés que les os qui se trouvaient dans des lieux de passage, c'est-à-dire dans des conditions à pouvoir être foulés aux pieds des hommes ou des animaux. C'est ainsi qu'à Chauvaux l'on a trouvé parfaitement intacts ceux qui étaient abrités par les parois du rocher et recouverts par une couche de stalagmite.

L'on avait dit que, dans la même grotte, les os appartenaient plus spécialement à des enfants, à des femmes et à des adolescents, ce qui paraissait être le résultat d'un choix. Il semblait que, par suite d'un véritable raffinement gastronomique, on eût préféré les sujets les plus tendres. Une étude postérieure et plus attentive du gisement, entreprise par M. Soreil, en 1872, est venue démontrer l'inexactitude de cette observation. Le nouvel explorateur a constaté que les squelettes d'hommes adultes et de vieillards étaient plus nombreux peut-être que ceux des jeunes gens.

Mais les os humains, nous dit-on, ne sont pas seulement cassés d'une façon qui paraît intentionnelle : il en est qui portent encore la trace des dents de l'homme, ou tout au moins des outils de silex qui ont servi à enlever les chairs. « Effet d'imagination, répond M. de Mortillet ; l'examen attentif de ces stries et rayures fait toujours reconnaître la double strie laissée par les dents des rongeurs. »

Reste le mélange avec les ossements d'animaux. C'est assurément le moindre des arguments qu'on ait mis en avant; aussi nous semble-t-il inutile de nous y arrêter. L'on conçoit que la même grotte, qui a fourni à l'homme sa dernière demeure, ait également servi d'asile aux bêtes sauvages; que celles-ci, à leur tour, y aient laissé leurs os, ou encore que les populations qui, à diverses époques, cherchèrent un refuge dans ces cavernes, y aient déposé les restes de leurs repas. La dent des hyènes et l'action postérieure de l'homme ont dû faire le reste (1). Le mélange qu'on nous signale comme une preuve d'anthropophagie est l'état normal des hypogées anciens, et il serait imprudent d'en rien déduire par rapport aux mœurs de l'homme primitif.

(1) Il faut tenir compte aussi des festins funéraires et des sacrifices d'animaux qu'on avait jadis coutume d'accomplir sur les tombeaux. Ce double usage paraît s'être maintenu longtemps pendant l'ère chrétienne, en dépit des prohibitions dont l'Église frappa ces rites païens. Au VIII⁰ siècle, nous voyons le pape Zacharie, dans une lettre à saint Boniface, se plaindre de ce qu'on immolait encore sur les tombeaux des taureaux et des boucs à certaines époques, et tout dernièrement l'on rapportait qu'un usage analogue existait encore, il y a quelque quarante ans,

L'on peut faire mieux que de contester la portée des preuves invoquées à l'appui de l'anthropophagie préhistorique ; il est quelques considérations qui vont à l'encontre de cette théorie. L'on a remarqué, par exemple — et c'est encore à M. de Mortillet que nous empruntons cette observation, — que la plupart des grottes, où se seraient passées les scènes de cannibalisme supposées, sont situées dans des conditions qui en rendent l'accès ou le séjour à peu près impossible. Parfois l'ouverture donne sur la paroi verticale d'une haute falaise. Ailleurs, à Chauvaux, le gisement occupe une fente de rocher assez étroite pour qu'on ne puisse songer à y voir un lieu de réunion. L'on conçoit, au contraire, que l'on ait choisi de tels emplacements pour en faire des tombeaux ; la difficulté même de l'accès était une garantie contre les profanations ultérieures.

C'est donc sans nul motif et contre toute pro-

---

dans une commune de la Bretagne. « Des vieilles femmes, raconte M. le comte de L'Estourbeillon, allaient, certains jours de l'année, immoler des poules noires sur une pierre énorme, » qui peut-être rappelle une ancienne sépulture. (*Légendes bretonnes du pays d'Avessac*, p. 10 ; — Extrait du *Bulletin de la Société archéologique de Nantes*, t. XXI.

babilité qu'aux autres griefs formulés, à tort ou à raison, contre l'homme primitif, l'on a voulu joindre le crime d'anthropophagie. Les chefs de l'école préhistorique, MM. de Mortillet et Cartailhac, sont ici les premiers à reconnaître que l'accusation porte à faux. Si les populations européennes sont jamais tombées dans ce vice affreux, — et les témoignages historiques produits ci-dessus ne permettent guère d'en douter, — ç'a été, ce semble, à une époque relativement récente, et non au début de leur séjour en nos contrées.

C'est une nouvelle preuve qu'au lieu du progrès continu rêvé par les théoriciens, il y a eu parfois, dans la vie sociale d'un peuple, des phases rétrogrades ; car, quoi qu'en pense Carl Vogt, il nous répugne d'admettre que le cannibalisme puisse être considéré comme l'indice d'un progrès accompli par l'humanité. Laver l'homme primitif de cette accusation qui pèse sur sa mémoire, est et sera toujours, à nos yeux, travailler à sa réhabilitation morale.

CHAPITRE XII

LES CROYANCES RELIGIEUSES A L'ÉPOQUE QUATERNAIRE

La religiosité est-elle un attribut distinctif de l'humanité ? — Rien n'autorise à refuser le sentiment religieux aux premiers habitants de nos contrées. — Les sépultures quaternaires prouvent son existence dès cette époque. — Authenticité des sépultures de Solutré. — Opinion des explorateurs. — Sépultures d'Aurignac (Haute-Garonne), du Trou-du-Frontal (Belgique), de Cro-Magnon (Dordogne), de Bruniquel (Tarn-et-Garonne), de Sordes (Basses-Pyrénées), de Menton (Alpes-Maritimes). — Les premiers habitants des Gaules croyaient à une seconde vie et sans doute avaient une religion. — Conclusion.

ous avons dit précédemment que M. de Mortillet refusait à l'homme quaternaire toute notion religieuse. Telle est en effet l'opinion *actuelle* de ce savant et des autres partisans de l'évolution à tout prix. La loi du progrès, nous disent-ils,

exige que la religion, produit de l'imagination humaine et indice d'un certain développement intellectuel, n'ait fait son apparition qu'à une époque avancée de la vie de l'humanité, à l'âge néolithique tout au plus.

Cette proposition n'est point si évidente, on en conviendra, qu'on puisse se dispenser de l'appuyer sur quelques faits, et ses auteurs n'ont garde d'en produire. Toute leur argumentation se borne à invoquer l'absence de sépultures régulières, d'amulettes ou d'autres indices d'un culte quelconque dans les gisements quaternaires. L'on verra tout à l'heure ce qu'il faut penser de ces prétendus arguments. En attendant, il est bien permis d'observer que les probabilités et les vraisemblances ne viennent point à l'appui du nouveau système. La croyance à un être supérieur invisible aux sens, sinon à un Dieu bien défini, est en effet si universelle de nos jours qu'on peut y voir un des attributs caractéristiques de notre espèce.

Disons-le, pourtant; nous n'attribuons pas à ce caractère la même importance que M. de Quatrefages qui en a fait, sous le nom de *religiosité*, l'un de ses deux attributs distinctifs du *règne humain*. Sans doute, quoi qu'en puissent penser certains darwinistes, l'on ne trouvera nulle part chez l'animal le moindre indice d'une idée religieuse. L'homme seul, parce qu'il est doué de raison, peut s'élever à la conception d'un être supérieur que ni ses sens ni les facultés qu'il a en commun avec les animaux ne peuvent lui faire saisir; mais ce n'est pas à dire que tous les groupes humains, à plus forte raison que tous les individus soient parvenus à la possession de cette vérité.

Existe-t-il en réalité des populations athées? Le fait est contesté et très contestable; mais, fût-il exact, la distinction entre l'homme et la brute n'en serait pas moins tranchée. La raison, principe de toute religion et de toute morale, parce qu'elle est le principe de toute abstraction, est, au fond, la vraie note distinctive de notre espèce. Attribuer ce rôle aux facultés secondaires qui en dépendent, sans en découler nécessairement, c'est, selon nous, confondre l'effet avec la cause. L'idée religieuse n'est pas chez nous une idée innée; ce qui est inné c'est la faculté d'où elle émane. Pour l'acquérir il faut raisonner, il faut remonter de l'effet à la cause, du monde à son principe, à l'être qui en est l'auteur. L'on concevrait donc que certaines peuplades en fussent dépourvues. A certains égards, sans doute, elle est l'attribut distinctif de l'humanité puisqu'elle n'existe et ne saurait exister que chez elle; mais elle n'en est pas l'attribut nécessaire. Par suite, si, à sa présence, l'on reconnaîl'homme, l'on ne saurait, à son absence, recont naître l'animal.

Quoi qu'il en soit, c'est un fait incontestable que les races les plus civilisées sont aussi celles qui possèdent les systèmes de croyances les mieux déterminés, les seuls qui méritent vraiment d'être appelés religions. Il semble que le sentiment religieux aille de pair avec le développement social et soit une condition essentielle du progrès. Pour avoir quelque chance de rencontrer des populations athées il a fallu descendre jusqu'au dernier degré de l'échelle sociale, aux Fuégiens, par exemple, aux Hottentots et aux sauvages habitants de la Nouvelle-Hollande et des îles Andaman ; encore l'accusation portée contre ces misérables populations est-elle contredite par de nombreux témoignages.

L'on a prétendu, il est vrai, ranger dans la catégorie des peuples athées les innombrables habitants, depuis longtemps policés, de la Chine et du Japon ; mais si leur religion manque de précision dans ses dogmes, serait-il juste de taxer d'athéisme des hommes qui croient à la vie future et à la rémunération, qui ont un culte et des divinités qu'ils adorent, qui élèvent en leur honneur des temples nombreux ?

Si donc il était vrai que nos premiers aïeux furent totalement dépourvus de l'idée religieuse, il faudrait en conclure que, conformément au système préconisé par l'école matérialiste, ils végétèrent dans un état tellement misérable que nos sauvages actuels en donnent à peine une idée. C'est en effet une vérité presque banale qu'il n'y a point de vie sociale et, partant, de civilisation possible sans la foi à une divinité. L'on bâtirait une ville en l'air, a dit un sage de l'antiquité, plutôt qu'on ne fonderait une société sans religion. L'on conçoit donc que les partisans de l'origine simienne de notre espèce aient dirigé de ce côté les efforts de leur étrange et dégradante dialectique. Voyons jusqu'à quel point ils ont réussi.

Les vestiges matériels d'une religion se réduisent souvent à fort peu de chose. Les hommes n'ont pas toujours élevé des temples à leurs dieux. L'histoire signale des peuples, religieux entre tous, qui auraient cru manquer de respect envers leurs divinités en les renfermant dans l'étroite enceinte d'une construction quelconque. Ces constructions, le plus souvent en terre ou en bois, étaient incapables, du reste, de résister à l'action du temps et il faut désespérer d'en retrouver la moindre trace. Heureusement, à défaut des temples, nous avons les tombeaux qui témoignent à leur manière en faveur d'une religion primitive et, du même coup, élèvent l'homme qui les érigea à une hauteur incommensurable au-dessus de la brute.

Le culte des ancêtres fut sans doute une des formes les plus anciennes de la religion; l'histoire le constate aussi haut qu'elle peut remonter, et l'archéologie atteste plus éloquemment encore l'antiquité de cet usage. Or, il n'est guère douteux que l'idée d'entourer les morts d'honneurs funéraires n'ait eu sa source dans le sentiment religieux. Lorsque, surtout, à côté des restes mortels du défunt, l'on rencontre ses armes, ses ustensiles et jusqu'à des provisions alimentaires, il devient, ce semble, évident que l'espoir d'une autre vie a pu seul dicter aux survivants une pareille conduite;

car à quoi bon cette espèce de viatique si tout était fini avec la vie présente ?

Les adeptes les plus avancés du transformisme l'ont si bien compris de la sorte qu'ils n'hésitent pas, en se basant sur de semblales indices, à attribuer à l'homme des temps néolithiques quelque idée religieuse. Toute la question est donc de savoir si ces indices sont aussi absents qu'ils le prétendent des gisements antérieurs.

Sans doute l'on ne rencontre point à l'époque quaternaire de sépultures monumentales comme l'âge suivant en a vu ériger. Le temps n'est pas encore venu où la concentration de l'autorité en une seule main et le concours de multitudes considérables permettront d'élever des dolmens, des menhirs et des tumulus. Les familles sont trop isolées, les populations vivent trop éparses pour qu'il soit possible de recourir à ce mode gigantesque de sépulture ; mais déjà il s'en faut, quoi qu'on en dise, qu'on jette à la voirie, qu'on abandonne aux injures de l'air et à la dent des bêtes fauves les cadavres des morts. Pour attribuer aux populations quaternaires une incurie sacrilège qui ne se voit chez aucune peuplade actuelle, si misérable qu'elle soit, il faudrait d'autres motifs que la rencontre de quelques portions de squelettes éparses au sein de couches d'une antiquité souvent contestable où un accident quelconque, peut-être une inondation subite, a pu l'ensevelir ; car des faits de cette nature se rencontrent à tous les niveaux et se rattachent à tous les temps. Il faudrait tout au moins que nulle part l'on n'eût trouvé dans les dépôts quaternaires un corps en place dans des conditions qui garantissent son authenticité et autorisent à croire à une inhumation véritable ; or, tel n'est pas le cas.

Sans être communes, les sépultures quaternaires ne font point absolument défaut. On en a signalé tour à tour à Solutré, près de Mâcon, à Aurignac (Haute-Garonne), au lieu dit le Trou du Frontal, en Belgique, à Sordes (Landes), à Bruniquel (Tarn-et-Garonne), à Cro-Magnon (Dordogne), à Menton, près de Nice, etc. D'abord admise sans conteste par les adeptes les plus autorisés de la science préhistorique, à une époque où, il est vrai, l'école évolutionniste n'avait pas encore absolument imposé ses dogmes, l'authenticité de ces sépultures est aujourd'hui généralement contestée. Il ne sera donc pas sans intérêt de jeter sur chacune d'elles un rapide coup d'œil.

Le gisement de Solutré, l'un des plus importants qui aient été découverts, est assurément quaternaire : les os de renne et de mammouth y abondent avec ceux de cheval et les silex taillés. C'est au milieu de cet amas de débris de cuisine, associés aux produits d'une industrie primitive, que l'on a trouvé un certain nombre de sépultures. Pourtant toutes ces tombes ne sont pas contemporaines du gisement. Il en est de néolithiques, de gallo-romaines et de mérovingiennes : les objets qui en ont été exhumés ne laissent aucun doute à cet égard. Mais que penser des autres ?

S'il fallait en croire M. Cartailhac, aucune ne remonterait à l'époque quaternaire ; du moins devrait-on renoncer à tout jamais à les utiliser dans les statistiques anthropologiques, vu les doutes qui planent sur leur âge (1). Mais tel n'est pas l'avis des explorateurs auxquels il convient avant tout, ce semble, de s'en rapporter. MM. de Ferry, Arcelin, Lortet et Ducrost, qui ont, tour à tour ou conjointement, fouillé le célèbre gisement, sont unanimes, quoique en désaccord sur d'autres points, pour reconnaître que quelques-unes au moins de ces tombes doivent remonter au temps où le renne

(1) *Matériaux*, 1881, p. 226.

et le cheval vivaient si nombreux dans la localité. Un instant, M. Arcelin, ébranlé par les doutes de M. Cartailhac, a paru hésiter; « mais, dit-il, en relisant mes carnets de notes et les impressions que j'enregistrais sous la dictée des faits, je me trouve invinciblement ramené à ma première opinion, corroborée par tout un ensemble d'observations. Il y a un lien manifeste entre une catégorie de tombes et les foyers quaternaires au milieu desquels elles reposent. Si nous n'avons pas trouvé des squelettes *sous* les foyers, il en existait un assez grand nombre *dans* les foyers pour établir la relation des uns et des autres (1). » Il n'est pas possible, ajoute-t-il, d'admettre que ces squelettes proviennent d'inhumations postérieures, « attendu que jamais jusqu'à présent les sépultures sur foyer n'ont fourni des objets étrangers à l'âge du renne, ce qui serait bien étonnant si ces sépultures étaient contemporaines de celles des niveaux supérieurs où l'on trouve tant de témoins des industries plus récentes. »

Dès 1868, M. de Ferry, le premier fouilleur de Solutré, avait prévu et réfuté cette objec-

---

(1) *Revue des Questions scientifiques*, 1881, liv. de juillet, p. 253.

tion en s'appuyant à la fois sur des données anthropologiques et archéologiques. Tous les ossements de ces tombes, observe-t-il après le docteur Pruner-Bey, « appartiennent sans exception aux vieux types mongoloïdes de l'âge du renne (1). »

Mais il y a mieux que ces indices dont la signification est contestable; car qui pourrait dire actuellement quel fut au juste le type de l'âge du renne ? Près des squelettes humains se trouvaient des ossements de renne et des silex qui semblaient y avoir été déposés intentionnellement. Les uns et les autres débris présentaient les mêmes caractères de vétusté. Les os d'hommes et d'animaux avaient atteint le même degré de décomposition et étaient recouverts des mêmes incrustations calcaires.

Il est du reste une autre circonstance qui paraît de nature à entraîner la conviction, et sur laquelle M. Arcelin insiste à bon droit (2), c'est que, si l'on en excepte les tombes qui sont évidemment d'une époque récente, comme l'atteste leur contenu, tous les squelettes sont situés à la profondeur du foyer quaternaire et

---

(1) *Matériaux*, t. IV, p. 103.
(2) *Revue des Questions scientifiques*, avril 1878 et juillet 1881.

sur ce foyer même, quelle que soit l'épaisseur des terres qui les recouvrent. Il y a plus, il semble que l'étendue des foyers soit proportionnée à celle des corps. Les adultes et les vieillards reposent sur des amas considérables de cendre, d'ossements et de silex, alors que les enfants ne sont entourés que de quelques débris d'os brûlés. Ces circonstances ne sauraient être l'effet du hasard. L'on admettra difficilement aussi qu'à une époque récente, les hommes se soient fait une loi de creuser le sol, pour y enterrer leurs morts, jusqu'à la rencontre des foyers, c'est-à-dire à une profondeur qui varie depuis 0^{m}30 jusqu'à 2 mètres et davantage. Il est assurément plus rationnel de croire, avec M. Arcelin, que ces squelettes appartiennent aux populations de l'âge du renne et qu'ils ont été déposés sur des foyers mal éteints ou du moins encore chauds, comme semblent l'attester les traces de brûlures que présentent quelques os.

Il y eut un moment où ces considérations parurent triompher de tous les préjugés. M. de Mortillet, longtemps incrédule, déclara, dès 1868, à la suite d'une visite à Solutré, se rallier « pleinement » à l'avis de MM. de Ferry et Arcelin. « Les diverses sépultures, observait-il alors, me paraissent bien être contemporaines des débris de silex, de renne et de chevaux qui ne forment qu'un tout indivisible (1). »

Cinq ans plus tard, M. Cartailhac, plus incrédule encore, semblait lui-même faire sa soumission. Lors de la discussion qui eut lieu au Congrès scientifique de Lyon, en 1873, le lendemain d'une visite au gisement, il disait : « Qu'il y ait eu des glissements et des remaniements, peu importe. Mais ce qui est certain, c'est que plus de dix fois (2) un squelette humain s'est trouvé sur un foyer quaternaire et pas un fait ne vient s'opposer à ce qu'on admette la contemporanéité. Dans ces conditions, en effet, il n'y a pas de hasard qu'il soit possible d'invoquer (3). »

L'accord était donc complet à cette époque sur le fait de l'ensevelissement des Solutréens quaternaires, et le docteur Broca, résumant les débats dans une conférence publique, pouvait dire : « Il y a un fait qui n'est plus mis en doute, et dont la constatation a été faite

---

(1) *Matériaux*, t. IV, p. 324.
(2) Il faudrait dire plus de 40 fois. M. Arcelin nous parle, en effet, de 45 sépultures authentiques trouvées sur ou dans des foyers de l'âge du renne (*Revue des Questions scientifiques*, avril 1878, p. 384).
(3) *Matériaux*, 1873, p. 325.

une fois de plus, il y a deux jours, en la présence de la plupart d'entre nous, c'est qu'une partie des sépultures de Solutré remontent à l'âge du renne. Ce sont les sépultures dites sur foyer (1). »

Depuis que ces paroles ont été prononcées, aucun fait nouveau n'est venu, non seulement en démontrer l'erreur, mais même en laisser soupçonner l'inexactitude; et pourtant l'opinion des maîtres de la science préhistorique s'est totalement modifiée au sujet des sépultures de Solutré. MM. de Mortillet et Cartailhac qui en admettaient alors l'authenticité la contestent aujourd'hui. A quelle cause attribuer ce changement d'opinion, non moins gratuit que subit, si ce n'est au progrès du système évolutionniste qui voit dans l'usage des funérailles à l'époque quaternaire un fait en contradiction avec ses dogmes favoris?

Heureusement les explorateurs de Solutré ne sont pas à ce point victimes du préjugé. En dépit des exigences d'une école qui prétend imposer ses lois, ils persistent à affirmer, sous la dictée impérieuse des faits, que le chasseur quaternaire de Solutré n'abandonnait point ses morts à la dent des bêtes fauves et aux in-

(1) *Revue des Questions scientifiques*, ibid., p. 383.

jures des éléments. L'on a vu quelle était à cet égard l'opinion du savant archéologue de Mâcon, M. Arcelin; celle de M. Ducrost est plus explicite encore. Comme M. de Ferry, dont il avait poursuivi les fouilles (1), M. Ducrost voit dans les objets, — silex, coquilles et ossements d'animaux — qui accompagnent le plus souvent les squelettes, des offrandes funéraires et il ajoute : « Tout dans cette sépulture nous paraît attester la croyance à une autre vie : l'orientation du personnage, le soin qu'on a eu de mettre sous sa main ses armes et les objets qui lui étaient chers. Cette coquille du voyageur, ce renne dont on a brisé la tête, cet ensevelissement dans le foyer domestique, sont autant de preuves d'une disposition intentionnelle en vue d'une existence future. Le défunt est parti pour le monde des esprits pour y continuer sa vie aventureuse et retrouver ses habitudes d'ici-bas (2). »

L'on voit comment l'usage d'ensevelir les morts entraîne la croyance à la survivance de l'âme, c'est-à-dire à une religion primitive que

---

(1) H. de Ferry, *L'Homme préhistorique en Mâconnais*, 1868, p. 25.
(2) *L'Homme quaternaire à Solutré*, dans la *Revue des Quest. scientif.*, janvier 1882, p. 98.

les partisans de la loi du progrès s'obstinent vainement à rejeter.

Les sépultures quaternaires d'Aurignac (Haute-Garonne), bien qu'acceptées sans conteste à l'origine, ne sont peut-être pas entourées des mêmes garanties que celles de Solutré; il est permis néanmoins de se demander si les doutes qui planent aujourd'hui sur leur authenticité reposent sur des données suffisamment sérieuses.

Pendant plus de dix ans, c'est-à dire-depuis 1860, époque des fouilles d'Edouard Lartet, jusqu'en 1871, il a été admis par tous, que les corps antérieurement exhumés de la grotte d'Aurignac étaient contemporains des animaux d'espèces éteintes dont les débris jonchaient le sous-sol. L'on alla même, à la suite de l'explorateur, jusqu'à décrire minutieusement et dans le détail, les funérailles des êtres humains auxquels ces squelettes avaient appartenu. Personne alors n'émettait un doute. Mais voilà qu'un jour, — c'était en 1870 — M. Cartailhac, de passage à Aurignac, remarque sur les parois de la grotte en partie vidée une double coloration, indice, à ses yeux, de deux dépôts distincts, l'un blanchâtre, l'autre, plus profond, de couleur jaunâtre. Quelques fouilles rapides lui font retirer de la couche inférieure des os de renne, de rhinocéros, d'ours des cavernes et des silex taillés, tandis qu'à la surface il ne rencontre que de la poterie et des débris d'espèces animales qui vivent encore dans nos contrées. Armé de ces faibles indices, il se hâte de conclure que les squelettes humains depuis longtemps exhumés ne datent point de l'époque quaternaire, mais bien des temps néolithiques, et qu'il faut décidément renoncer « au festin des funérailles et à tout ce que l'on pourrait appeler la poésie d'Aurignac (1). »

Cette opinion formulée seulement en 1871, c'est-à-dire à une époque où Edouard Lartet n'était plus là pour en discuter la valeur, était trop d'accord avec les préjugés du jour pour rencontrer beaucoup d'opposition; aussi est-elle aujourd'hui presque universellement acceptée.

Et pourtant il nous semble que pour rejeter un témoignage aussi autorisé que celui de M. Lartet il faudrait d'autres motifs que ceux qu'on invoque. Il serait étrange que ce naturaliste expérimenté entre tous dans ces matières d'archéologie préhistorique, pour lequel la

(1) *Matériaux*, t. VII, p. 209.

science athée n'avait jadis pas assez d'éloges, qu'elle proclamait un chef d'école, et qu'elle eût voulu inscrire au catalogue des *saints de l'humanité* à la place de « cette collection de malheureux, la plupart frappés d'idiotie (1) » auxquels l'Eglise décerne ce titre, il serait étrange, disons-nous, qu'un pareil maître se fût laissé induire en erreur si la distinction des couches était aussi évidente que le suppose M. Cartailhac. Nous sommes loin de contester l'existence d'une double coloration dont l'empreinte se verrait encore sur les parois de la grotte ; mais qui ne sait qu'une couche caractéristique d'un même âge et vraiment une présente souvent cette dualité de couleur par suite des altérations que les agents atmosphériques ont fait subir à sa surface ?

Le même discrédit qui pèse sur les sépultu-

---

(1) Zaborowski, *de l'Ancienneté de l'homme : Résumé populaire de la Préhistoire*, 1874, t. 1, p. 127. — Il est vrai qu'à l'époque où l'auteur prodiguait ainsi les éloges à M. Lartet il avait foi dans les conclusions de ce savant. Il a depuis changé d'avis. Après avoir mis son imagination en frais pour célébrer « les orgies funéraires des mangeurs de rennes » et décrire les danses auxquelles ils se livraient « sous l'excitation des chairs saignantes, » voilà qu'il nie aujourd'hui que l'homme quaternaire ait jamais enterré ses morts (*L'homme préhistorique*, p. 106.) Cette dernière opinion vaut ce que valait la précédente.

res d'Aurignac a frappé les seize squelettes ou fragments de squelettes trouvés par M. Dupont dans la grotte dite du Frontal, à Furfooz (Belgique), sur les bords de la Lesse ; mais ici encore il est le fruit du préjugé plus que la conséquence du progrès de la science. Il est vrai qu'avec ces ossements l'on a trouvé de la poterie, — une urne faite à la main, — ce qui est une infraction de plus aux lois de l'école ; mais aussi comment rapporter à l'époque néolithique ou à l'ère actuelle un dépôt qui contient une quantité considérable d'outils en silex simplement taillé sans nul instrument en pierre polie, et surtout de nombreux débris d'animaux qui ne vivent plus dans la contrée, tels que le renne, l'ours et l'élan ?

M. de Quatrefages était assurément bien convaincu de l'authenticité de ces squelettes lorsqu'il en a fait les types de deux de ses races quaternaires.

Ici, comme à Aurignac, l'abondance des débris de repas — cendres, ossements incisés, coquilles et silex, — trouvés à l'entrée de la caverne, permet de croire qu'après l'ensevelissement des cadavres l'on donnait un festin funéraire devant la dalle même qui fermait l'entrée de la grotte sépulcrale. Nous savons, du reste, que cet usage s'est perpétué longtemps en Europe. Un édit de Charlemagne interdit de boire et de manger sur les tombeaux des morts, et saint Boniface, qui évangélisa l'Allemagne au VIII⁰ siècle, se plaint vivement de ce que les prêtres encouragent par leur exemple ces festins des funérailles (1).

L'on a découvert dans la même grotte du Frontal, intimement associés aux ossements humains, une foule d'objets qui semblent attester la croyance à une seconde vie ; ce sont en dehors de l'urne et des silex déjà mentionnés, des ornements en fluorine, des coquilles perforées, des plaques de grès portant quelques ébauches de dessin, etc.

« Il est évident, observe M. de Quatrefages, qu'ils avaient été déposés dans le caveau mortuaire avec la pensée qu'ils serviraient aux besoins des défunts dans la nouvelle existence qui commençait pour eux (2). »

La même remarque s'applique, de l'avis de l'éminent anthropologiste, à la sépulture également quaternaire de Cro-Magnon, car là aussi l'on a trouvé avec les squelettes, primitivement au nombre de sept, le même ensemble

(1) V. de Nadaillac, *Les premiers hommes*, t. II. p. 260
(2) *L'Espèce humaine*, p. 255.

de coquilles, d'ornement et d'outils en silex.

Cro-Magnon est situé, on le sait, sur les bords de la Vézère, à 580 mètres au nord-ouest du village des Eyzies (Dordogne) et non loin d'autres gisements célèbres dont l'étude occupe une place considérable dans la science préhistorique. Les squelettes, accidentellement découverts lors de la construction du chemin de fer de Limoges à Agen, étaient surmontés d'abondants détritus et accompagnés de débris d'animaux parmi lesquels figurent le renne, l'éléphant et l'ours des cavernes. La présence de ces animaux et l'absence de tout vestige considéré comme étranger à l'époque paléolithique, tels que la poterie et la pierre polie, ne permettent guère de douter de l'origine quaternaire de ce gisement.

M. Louis Lartet, qui fut chargé par le Ministère de l'Instruction publique d'en entreprendre l'exploration, reconnaît dans son Rapport « la haute antiquité de cette étrange sépulture. » La prédominance du cheval et l'absence de tout dessin ou sculpture, parmi les objets découverts, l'inclinent même à penser qu'il s'agit, non de la dernière partie des temps quaternaires, mais d'une époque antérieure à celle « qui vit naître dans ce pays les premiers essais de gravures et de sculptures », c'est-à-dire tout au moins de l'époque dite Solutréenne, considérée, comme l'avant-dernière de l'ère géologique (1).

Ces conclusions ont été adoptées par les deux anthropologistes français les plus autorisés de notre époque, nous voulons dire par MM. de Quatrefages et Broca. On a vu précédemment que le premier avait fait du type de Cro-Magnon l'une de ses races quaternaires; quant à Broca, il a décrit en détail, dans une conférence restée célèbre (2), en s'appuyant sur la découverte de Cro-Magnon, les funérailles des Troglodytes de la Vézère. Il fait plus que d'admettre l'authenticité des sépultures; il croit à l'existence d'idées religieuses, ou tout au moins superstitieuses, chez les peuplades qui inhumaient de la sorte leurs morts. Dans les dents et autres objets perforés qu'on a rencontrés en grand nombre dans les gisements du Périgord, il voit « des amulettes protectrices ou, plus probablement, des talismans de chasse. »

---

(1) *Une sépulture des Troglodytes du Périgord à Cro-Magnon; Matériaux*, t. V, p. 97.
(2) *Les Troglodytes de la Vézère;* — Appendice à *l'Homme préhistorique* de Lubbock.

Il semble difficile, en effet, d'assigner une autre destination à certains objets, par exemple à cette pièce en ivoire de forme ovale, percée de deux trous à l'une de ses extrémités, qu'on a retirée de la grotte de Cro-Magnon.

Il convient de signaler, à la suite du précédent, les gisements de Bruniquel (Tarn-et-Garonne) et de Sordes (Basses-Pyrénées), situés tous les deux sous des escarpements calcaires constituant ce qu'on appelle des *abris sous roche* plutôt que des grottes proprement dites.

Nul doute que le gisement de Bruniquel ne doive être rapporté à l'âge du renne, car cet animal s'y trouve abondamment représenté; son bois y a même servi à fabriquer des poinçons, des aiguilles, des bâtons de commandement et d'autres objets portant parfois en relief des figures d'animaux considérés comme plus anciens encore que le renne, tels que l'éléphant, le lion et l'ours. Or, « c'est là, nous dit M. de Mortillet, au milieu de la couche archéologique, dans la brèche même, que M. Brun a trouvé des squelettes humains (1). »

La réunion de ces squelettes, leur voisinage

---

(1) *Matériaux*, t. IV, p. 98.

d'objets ayant été à l'usage des défunts, la présence de nombreuses incisives percées à la racine d'un trou de suspension, les conditions de gisement, tout autorise à penser qu'on a vraiment affaire à une sépulture.

L'on a contesté, il est vrai, la coexistence des êtres humains et des espèces animales dont on retrouve les restes si intimement associés. L'on a parlé de remaniements qui auraient eu pour résultat de rapprocher des objets d'âge très divers. Sans doute le fait n'a rien d'impossible ; il faut dire pourtant qu'aucun indice sérieux ne vient appuyer cette conjecture. Non seulement les corps étaient en partie engagés sous une stalagmite ; — ce qui est déjà une garantie en faveur de leur antiquité ; — non seulement ils étaient entourés de débris d'espèces quaternaires et de très nombreux outils en silex simplement taillé ; mais l'absence complète dans le gisement d'outils en pierre polie et de tout autre objet indiquant une époque relativement récente, paraît attester qu'il n'y a point eu de mélange postérieurement à l'âge paléolithique.

Disons pourtant que non loin des squelettes l'on a trouvé un fragment de poterie. Pour beaucoup, cette seule découverte prouve qu'il y a eu remaniement; mais tel n'est pas notre avis. Nous avons signalé ailleurs un grand nombre de faits d'où il résulte que les contemporains du renne connurent une céramique grossière.

Des ossements humains plus nombreux encore ont été trouvés dans la grotte dite Duruthy à Sordes (Basses-Pyrénées); mais ici ils occupent deux niveaux très distincts.

A la base du gisement reposait un squelette isolé près duquel l'on trouva quarante canines d'ours et trois canines de lion, toutes perforées et ayant sans doute constitué un collier. La plupart de ces dents étaient ornées de dessins plus ou moins compliqués figurant, par exemple, des flèches barbelées et des poissons.

Le squelette qui gisait dans ces conditions était évidemment quaternaire; car, à l'exception peut-être de sa partie supérieure, tout le dépôt qui le surmonte appartient à cet âge. Il est malheureusement plus douteux que l'on ait affaire à une véritable sépulture. L'homme a pu périr, en effet, accidentellement dans cette grotte. Il a pu y être écrasé par la chute de quelque bloc détaché du rocher. Il se peut aussi que, victime d'un attentat, il ait été jeté mort ou mourant dans cette caverne. Pourtant la présence du collier est plutôt favorable à l'hypothèse d'une sépulture. Dans tout autre cas, l'on comprendrait difficilement que les survivants n'eussent pas dépouillé le défunt de ce bijou, trop précieux à leurs yeux pour être dédaigné.

A un niveau supérieur, l'on a trouvé amassés les restes de plus de trente cadavres. Ici l'enfouissement intentionnel paraît certain, mais ce qui est douteux c'est la date de cette inhumation. L'on a dit, en effet, que la partie supérieure du dépôt se rattachait à l'ère néolithique et cela parce qu'on y a trouvé, à défaut de pierre polie, quelques silex plus finement taillés que ne le sont habituellement ceux de l'époque quaternaire, entre autres une longue pointe de lance qui est peut-être tout ce que l'on connaît de plus admirable dans le genre (1). Il est permis de penser toutefois que cette seule donnée n'est pas suffisante pour fixer une date, surtout si l'on considère, d'une part, que les silex grossiers abondent là comme à la partie inférieure, et, de l'autre, que les ossements humains présentent exac-

(1) Voir : Louis Lartet et Chaplain-Duparc, *sur une sépulture des anciens Troglodytes des Pyrénées ; Matériaux*, t. IX, p. 101-167.

tement le même type à l'un et à l'autre niveau, celui qu'on a appelé le type de Cro-Magnon.

A cette même race de Cro-Magnon se rattacheraient, au dire des anthropologistes, les squelettes exhumés il y a quelques années des grottes de Baoussé-Roussé, près de Menton (Alpes-Maritimes).

Ici l'inhumation et l'authenticité, — et par ce mot nous entendons l'origine quaternaire des ossements, — paraissent également certaines.

La découverte du premier squelette date de 1872. Il gisait à 6 m. 55 de profondeur au-dessous du sol actuel d'une des grottes, couché sur le côté, dans l'attitude du repos. Tout autour se trouvaient des coquilles percées, des nérites principalement (*nassa neritea*), qui, à en juger par la position qu'elles occupaient, avaient dû former des colliers, bracelets et peut-être une sorte de résille enveloppant la tête. Quelques pierres, disposées le long du tronc et sous la base du crâne, paraissaient avoir eu pour but de soutenir le corps. De plus, toutes les pièces du squelette et surtout la tête présentaient une coloration rougeâtre qui, suivant l'explorateur, M. Rivière, devait constituer un rite funéraire et tenir à ce que le corps avait été recouvert de fer oligiste lors de l'inhumation (1).

Toutes ces circonstances témoignent en faveur d'une sépulture. Si l'on pouvait, à l'origine, avoir quelque doute à cet égard, alors qu'il ne s'agissait que d'un cas isolé, il n'en est pas de même aujourd'hui que quatre autres squelettes ont été trouvés par le même explorateur dans des grottes différentes, mais dans des conditions presque identiques. Cette position allongée, tantôt sur le dos tantôt sur le côté, ces milliers de coquilles perforées, cette coloration rougeâtre qui parfois s'étend jusqu'aux armes du mort, tout indique un acte intentionnel et une coutume funéraire.

Quant à l'âge des squelettes, il est clairement indiqué par celui des dépôts sous lesquels ils sont ensevelis. Dans ces dépôts, et à un

---

(1) L'on connaît d'autres exemples de coloration artificielle de squelettes empruntés aux temps préhistoriques. M. Pigorini en a signalé quelques cas en Italie. En France, l'on se bornait le plus souvent à déposer près du mort la matière colorante comme pour l'inviter à renouveler dans le monde des esprits le tatouage dont peut-être il aimait à s'orner en celui-ci. Des usages analogues se rencontrent encore de nos jours. Les Papous se plaisent à peindre en couleur, surtout en rouge, les crânes de leurs morts, et les habitants de la Nouvelle-Zélande n'enterrent dit-on, les leurs qu'après avoir dépouillé les cadavres de leur chair et orné les squelettes comme de leur vivant.

niveau supérieur à celui des ossements humains, l'on a rencontré les débris d'une faune nombreuse et, parmi eux, quelques phalanges de l'ours et du lion des cavernes et deux molaires de rhinocéros, toutes espèces caractéristiques des temps quaternaires. Si cette détermination est exacte, comme il y a tout lieu de le croire, l'antiquité relative des restes humains ne saurait faire l'objet d'un doute ; car rien n'autorise à invoquer un remaniement ou un enfouissement postérieur. Ni le mammouth ni le renne ne sont représentés, il est vrai, dans cette faune ; mais leur absence, celle surtout du dernier de ces animaux, peut tenir à la température élevée qui, dès cette époque, régnait à Menton.

L'immense quantité de silex simplement taillés qu'on rencontre dans les mêmes dépôts, à l'exclusion de la poterie et de la pierre polie, témoigne encore en faveur de l'âge paléolithique. Aussi l'authenticité des sépultures découvertes par M. Rivière a-t-elle été généralement reconnue par les adeptes de la science préhistorique. M. Cartailhac, qui fut longtemps au nombre des récalcitrants, écrivait lui-même en 1875, au sujet de ces squelettes : « Après un examen attentif et comparé, je suis aujourd'hui certain de leur contemporanéité avec les dépôts quaternaires qui les contenaient. Par suite, ils sont, avec ceux de Solutré et de la couche inférieure de Sordes, le point de départ de renseignements positifs sur les *rites funéraires* des populations antérieures à l'âge de la pierre polie (1). »

Parler des *rites funéraires* de Menton, de Sordes et de Solutré, c'est admettre que dans toutes ces localités l'on a vraiment affaire à des *sépultures* et à des sépultures « antérieures à l'âge de la pierre polie. » Or, aujourd'hui M. Cartailhac professe une opinion tout opposée ; il ne croit plus aux inhumations quaternaires. L'on aimerait à savoir quel motif l'a fait se dégager de la sorte.

Peut-être n'est-il pas inutile d'observer en passant que les ossements humains de Menton sont, en dépit de leur antiquité, remarquables par leurs belles proportions. Les crânes surtout rivalisent, comme forme et comme dimensions, avec les plus beaux de l'époque quaternaire. Il n'y a rien là, observe justement l'explorateur, qui puisse faire songer au singe.

La même remarque s'applique aux autres

(1) *Matériaux pour l'histoire de l'homme*, t. X, p. 382

squelettes que nous avons passés en revue. Presque tous, et parmi eux les plus authentiques, se rattachent à ce type de Cro-Magnon qui excitait l'admiration de Broca.

* * *

L'on nous dispensera d'étendre cette revue aux autres gisements préhistoriques dans lesquels, à tort ou à raison, quelques-uns ont vu des sépultures primitives. Les considérations qui précèdent nous paraissent suffire pour convaincre les plus incrédules de la réalité des inhumations quaternaires.

Non seulement les premiers habitants de nos contrées enterraient leurs morts, mais ils leur rendaient des honneurs funèbres ; ils déposaient près d'eux leurs armes et leurs outils ; ils se seraient fait un crime d'ôter à leurs cadavres les colliers et les bracelets dont ils étaient parés ; peut-être même ensevelissaient-ils avec eux des provisions alimentaires destinées à subvenir aux nécessités futures.

A peine est-il besoin de se demander, après cela, s'ils croyaient à une seconde vie. La réponse à cette question, dit M. de Quatrefages, ne peut être douteuse. Le soin donné aux sépultures atteste que les chasseurs de Menton, comme ceux de Solutré et de Cro-Magnon, pensaient que leurs morts auraient des besoins au-delà de la tombe. Ce que nous savons de tant de peuples sauvages de l'époque actuelle ne permet pas d'interpréter autrement l'ensevelissement avec le corps, des vivres, des armes, des objets de parure, placés à côté du défunt (1). »

De la croyance à une autre vie à l'existence d'une religion il n'y a qu'un pas et il est à croire que, ce pas, l'homme quaternaire l'a franchi. L'éminent anthropologiste que nous venons de citer en voit la preuve dans les innombrables amulettes qu'on rencontre fréquemment dans les gisements anciens. Il est difficile, observe-t-il, de voir autre chose « dans un grand nombre de petits objets, tous percés de manière à pouvoir être portés au cou. » Quoi qu'il en soit, rien n'autorise à accuser d'athéisme et d'irréligion absolue nos aïeux quaternaires et c'est tout ce que nous nous proposions de démontrer. Les vestiges de leur industrie et de leurs mœurs qui sont parvenus jusqu'à nous sont tout ce que l'on peut attendre d'une population à la fois barbare et religieuse.

(1) *L'Espèce humaine*, p. 244.

En somme, soit que l'on étudie les primitifs habitants des Gaules dans ce qu'ils nous ont laissé de leurs squelettes, soit qu'on juge de leur état intellectuel et moral par les produits de leur industrie, l'on acquiert la conviction que les facultés de l'esprit ne furent guère chez eux au-dessous des nôtres. A cet égard, il est difficile de constater un progrès dans l'histoire de l'humanité. Un transformiste bien connu d'Outre-Manche, R. Wallace, en fait hautement l'aveu. » Nous n'avons pas fait, dit-il, un seul pas appréciable vers la découverte d'une phase primitive dans le développement de l'homme..... Les crânes les plus anciens que l'on connaisse, — ceux des grottes d'Engis et de Cro-Magnon,— n'offrent rien qui indique des êtres dégradés (1). »

L'étude des produits industriels et artistiques de cette lointaine époque conduit à la même conclusion. Leur nombre, leur variété, le fini du travail, tout indique un véritable talent. « Ce sont là, observe loyalement notre auteur, des preuves d'un degré de civilisation bien supérieur à celui qu'on observe de nos jours chez

---

(1) *La Civilisation préhistorique*, discours prononcé au Congrès de Glasgow en 1876.—*Revue scientifique*, 2 décembre 1876.

les peuplades sauvages les moins avancées, car il correspond à un degré élevé de progrès intellectuel et nous porte à croire que les crânes d'Engis et de Cro-Magnon ne sont pas une exception, mais qu'ils donnent une idée assez juste des caractères de la race. Si nous nous rappelons, en outre, que ces peuples vivaient en Europe dans les conditions déplorables d'un climat hyperboréen, nous serons enclins à convenir qu'il eût été bien plus facile de fournir des preuves de décadence plutôt que de progrès, en établissant un parallèle entre les contemporains du mammouth et les dernières races préhistoriques de l'Europe ou les nations sauvages des temps modernes. »

L'on voit ce que deviennent, sous la plume même d'un anthropologiste de la nouvelle école, mais d'un anthropologiste de bonne foi, les théories de sauvagerie originelle et de progrès continu que nous avons précédemment exposées.

Heureusement, ce n'est pas seulement à l'étranger qu'on rencontre de ces protestations désintéressées contre les doctrines avilissantes qui ont cours à notre époque. Le représentant, sans doute le plus autorisé de la science de l'homme en France, M. de Quatrefages, dont nous avons si souvent cité le nom, a dit lui-même,—et nous nous plaisons à terminer notre étude par cette belle parole qui la résume : — « Les croyants à l'*homme pithécoïde* doivent se résigner à le chercher ailleurs que chez les seules races fossiles que nous connaissons et à recourir encore à l'inconnu. Il en est qui n'acceptent pas sans murmure cette nécessité et qui protestent au nom de la *philosophie*. Laissons-les dire, contents d'avoir pour nous l'expérience et l'observation (1). »

(1) *L'Espèce humaine,* p. 222.

FIN

TABLE DES MATIÈRES

L'AGE DE LA PIERRE ET L'HOMME PRIMITIF

Préface. v
Préliminaires. 1

L'archéologie préhistorique à l'Exposition de 1878. — Le langage de ses représentants. — Il est du devoir des catholiques de contrôler leurs assertions. — Objet de ce travail. — Triple objection qu'il a pour but de réfuter.

LIVRE PREMIER
Date géologique de l'apparition de l'homme

CHAPITRE I. — L'Homme, dernier être créé   12

L'homme est-il le dernier venu des habitants de la terre ? — L'apparition en nos contrées des espèces dites quaternaires peut être le résultat de simples migrations. — Il se peut aussi que ces animaux ne diffèrent pas spécifiquement de ceux de l'époque tertiaire. — En tous cas, la venue de l'homme a suivi celle des mammifères considérés comme classe d'animaux, et cela suffit pour qu'on puisse conclure à la véracité de l'écrivain sacré.

14...

CHAPITRE II. — L'Homme tertiaire........ 26

La première apparition de l'homme remonte à l'époque quaternaire et l'on peut dire qu'il a été créé après tous les autres êtres. — L'homme tertiaire et la découverte de l'abbé Bourgeois à Thenay. — Silex non travaillés. — Période pliocène contestable. — Inanité des théories émises pour concilier l'homme tertiaire avec la doctrine catholique. — Conclusion.

LIVRE SECOND

L'homme primitif d'après les transformistes et d'après la nature de son squelette.

CHAPITRE I. — L'Homme primitif et la science française........................ 51

Division de la matière : doctrines et faits. — Opinions des évolutionnistes français sur l'état primitif de l'homme. — Suivant M. de Mortillet, nous serions, non les fils, mais les cousins des singes actuels. — MM. Broca et Cartailhac se contentent d'affirmer l'état sauvage des premiers hommes. — Difficultés de ce système. — MM. Hovelacque et Zaborowski, partisans décidés de l'origine simienne. — Les énormités de Mlle Clémence Royer. — Science officielle non favorable au système transformiste appliqué à l'homme. — MM. Littré et Naudin. — Noble langage de ce dernier.

CHAPITRE II. — L'Homme primitif et la science anglaise................... 83

La science anglaise plus téméraire que la science française. — Théorie de la descendance de Darwin. — Système mitigé de Wallace. — Un mot malheureux de Huxley. — Faux raisonnement de Lyell en faveur du système évolutionniste. — Argument de Lubbock à l'appui de la même thèse.

TABLE DES MATIÈRES

CHAPITRE III. — L'Homme primitif et la science allemande.................. 103

Hæckel, transformiste outré. — Sa généalogie de l'espèce humaine. — Jugement qu'en a porté Carl Vogt. — Système de ce dernier. — Violence et impiété de son langage. — Schaafausen et ses principes de classification en craniologie. — Son spiritualisme.

CHAPITRE IV. — Le crane de Néanderthal et les races fossiles............... 123

L'homme fossile. — Ce qui nous en reste. — Crâne de Néanderthal. — Sa nature. — Races fossiles de M. de Quatrefages. — Réserves motivées à leur sujet. — Opinion de M. Joly. — Les premiers hommes furent-ils dolichocéphales ? — Antiquité contestable du crâne de Néanderthal. — Sa capacité. — Action réciproque du cerveau sur l'intelligence et de l'intelligence sur le cerveau.

CHAPITRE V. — Les races fossiles........ 124

Mâchoire de la Naulette. — Prétendus caractères simiens qu'elle présente. — Jugement de Pruner-Bey. — Crâne d'Engis réhabilité par Lubbock, Huxley et Lyell. — Antiquité du crâne de Canstadt contestée par Virchow. — Même incertitude à l'égard des crânes de Brux et d'Eguisheim. — Squelette nouvellement découvert à Bollwiller. — Squelettes de Stœngenœs (Suède) : leur âge et leur nature.

CHAPITRE VI. — Les races fossiles (suite). 162

Crâne de l'Olmo. — Est-il déformé ? — Crâne de Gibraltar. — Squelettes de Clichy et de Grenelle. — Ossements de Denise. — Date des dernières éruptions volcaniques en France. — Mâchoire d'Arcy-sur-Cure. — Coup d'œil sur les autres races. — Squelettes de Cro-Magnon. — Les deux races de Furfooz. — Races de Grenelle et de la Truchère. — Nulle infériorité physique dans l'ensemble des types les plus anciens. — Conclusion.

LIVRE III

La civilisation primitive.

CHAPITRE I. — Observations préliminaires. 189

Objection puisée dans la grossièreté de l'industrie primitive. — Ne pas confondre l'homme préhistorique ou quaternaire avec l'homme primitif. — Est-il vrai qu'un peuple ne rétrograde jamais ? — Exemples de décadence sociale. — Un peuple peut-il sortir par lui-même de l'état sauvage ? — L'âge d'or de la tradition. — La Bible ne nie point un certain progrès. — Etat primitif d'Adam. — Origine de la vie sauvage.

CHAPITRE II. — L'âge de la pierre dans l'Asie orientale................. 211

Prétendues traces d'un âge de la pierre dans l'extrême Orient. — Découvertes relatives au Japon. — Le culte des outils en pierre implique-t-il l'oubli de leur destination ? — Usage actuel de la pierre au Japon. — Les traditions chinoises. — Sauvagerie de certaines peuplades comtemporaines en Chine. — L'Indo-Chine. — Mélange de barbarie et de civilisation dans l'Inde. — Même observation pour la Babylonie.

CHAPITRE III. — L'âge de la pierre en Asie-Mineure.................. 234

Emplacement de l'ancienne Ilion. — Opinion de Strabon et de M. G. Perrot. — Fouilles de M. Schliemann à Hissarlik. — Cinq couches distinctes. — Laquelle correspond à la Troie d'Homère. — Objets exhumés de chacune d'elles. — La croix gammée. — Le trésor de Priam. — Décadence industrielle très marquée. — Objection de M. Chantre. — Réponse de M. Schliemann. — Conclusion.

TABLE DES MATIÈRES 501

CHAPITRE IV. — L'AGE DE LA PIERRE EN SYRIE............................. 260

L'état de barbarie par lequel on veut que l'humanité ait passé pourrait être l'effet de la chute originelle. — Découvertes d'outils en pierre sur les bords du Nahr-el-Kelb (Liban) et près de Tyr. — Gisement de Bethsaour, près de Bethléem. — Tombeau de Josué. — Origine des silex qu'y a trouvés M. l'abbé Richard. — Les Juifs ont-ils jamais pratiqué la circoncision à l'aide d'un silex ? — Tumulus et dolmens en Palestine. — Leur âge. — Conclusion.

CHAPITRE V. — L'AGE DE LA PIERRE EN EGYPTE............................ 293

Importance de la question. — Explorations et découvertes de MM. Arcelin, Lenormant, Hamy, Richard, etc., dans la vallée du Nil. — Origine naturelle de la plupart des éclats de silex. — Les Egyptiens firent usage de la pierre en pleine civilisation historique. — Outils en silex dans les tombeaux et dans les anciennes mines du Sinaï — Rareté du fer dans l'antiquité. — Age de la couche alluviale formée par le Nil. — Décadence continue de l'industrie égyptienne. — Conclusion : pas d'âge de pierre en Orient.

CHAPITRE VI. — L'AGE DE LA PIERRE EN OCCIDENT......................... 322

Contrairement à l'Orient, l'Occident a traversé à l'origine un âge de la pierre. — Preuves à l'appui de cette assertion. — La seule découverte d'outils en pierre, si nombreux qu'ils soient, est un faible argument, car longtemps la pierre a été utilisée communément avec le métal. — La superposition des métaux à la pierre prouve davantage. — Quelques cas de superposition de cette nature : 1° dans les cavernes ; 2° dans les alluvions des vallées. — Argument puisé dans la différence des industries que présentent les cités lacustres de la Suisse.

CHAPITRE VII. — LES DEUX AGES PALÉOLITHI-
QUE ET NÉOLITHIQUE.................. 345

> Deux âges de la pierre. — Superposition de la pierre polie à la pierre taillée en maintes localités. — Distinction des époques paléolithique et néolithique, confirmée par la faune, la flore et l'industrie. — *Homme fossile* non synonyme d'*homme antédiluvien*. — Empiètement de l'âge paléolithique sur le suivant au point de vue industriel et zoologique. — Disparition récente de certaines espèces quaternaires. — Comment se peuplèrent nos contrées. — Il est permis d'identifier avec les Ibères les populations primitives. — Les Basques en seraient un reste. — Les Aryens auraient apparu avec la civilisation néolithique. — Réponse à une objection puisée dans la linguistique. — Conclusion.

CHAPITRE VIII. — LE MOBILIER DE L'HOMME
QUATERNAIRE........................ 375

> Pas de subdivisions chronologiques dans l'âge de la pierre taillée. — L'ignorance des métaux n'est point incompatible avec une certaine civilisation. — Variété de formes et perfection de taille des silex quaternaires. — Ces silex sont loin de constituer tout l'outillage de l'époque. — La hache de Saint-Acheul. — En aucun temps elle n'a été seule utilisée.

CHAPITRE IX. — LE MOBILIER DE L'HOMME
QUATERNAIRE (suite).................. 394

> La lance, la flèche et le javelot étaient connus de l'homme quaternaire, ce qui le met au-dessus d'un bon nombre de peuplades comtemporaines. — Pointes du Moustier et de Solutré. — Extrême délicatesse de travail de ces dernières. — Couteaux, grattoirs, scies et autres outils en pierre. — Objets en os en usage dès l'origine. — Aiguilles, poinçons, flèches barbelées, etc. — Vêtement, broderies, fil, poterie en usage à l'époque quaternaire.

TABLE DES MATIÈRES 503

CHAPITRE X. — Les arts a l'époque quaternaire.................................. 415

L'homme quaternaire sculpteur et graveur — Bâtons de commandement. — Figures humaines. — Représentations animales : renne, ours, éléphant, etc. — Leur nombre et leur fidélité. — Elles décèlent un art véritable. — Condamnation du système évolutioniste.

CHAPITRE XI. — Les mœurs a l'époque quaternaire............................. 537

L'homme primitif connaissait le feu. — Comment il se le procurait. — Il n'habitait point exclusivement les cavernes. — Ses relations commerciales. — Sa prétendue ignorance de toute céramique — Il n'est point prouvé qu'il ait été anthropophage dès l'origine. — Opinion de M. de Mortillet. — A quoi se réduisent les arguments invoqués à l'appui de l'anthropophagie primitive.

CHAPITRE XII. — Les croyances religieuses a l'époque quaternaire............... 412

La religiosité est-elle un attribut distinctif de l'humanité ? — Rien n'autorise à refuser le sentiment religieux aux premiers habitants de nos contrées. — Les sépultures quaternaires prouvent son existence dès cette époque. — Authenticité des sépultures de Solutré. — Opinions des explorateurs. — Sépultures : d'Aurignac (Haute-Garonne); — du trou du Frontal (Belgique) ; — de Cro-Magnon (Dordogne); — de Bruniquel (Tarn-et-Garonne); — de Sordes (Basses-Pyrénées) ; — de Menton (Alpes-Maritimes). — Les premiers habitants des Gaules croyaient à une seconde vie et sans doute avaient une religion. — Conclusion.

3696.—Imp. A. Waltener et Cⁱᵉ, Lyon.

AUTRES PUBLICATIONS DU MÊME AUTEUR
En vente à Paris, chez HATON

LES

MONUMENTS MÉGALITHIQUES DE TOUS PAYS
LEUR AGE ET LEUR DESTINATION

Par James **FERGUSSON**

Ouvrage traduit de l'anglais par M. HAMARD, prêtre de l'Oratoire de Rennes, membre de la Société française d'archéologie, de la Société scientifique de Bruxelles, etc.

UN BEAU ET FORT VOLUME IN-8° RAISIN

Orné de 230 gravures, avec des notes du traducteur. — Prix : 10 fr

GÉOLOGIE & RÉVÉLATION
OU HISTOIRE ANCIENNE DE LA TERRE
CONSIDÉRÉE A LA LUMIÈRE DES FAITS GÉOLOGIQUES ET DE LA RELIGION RÉVÉLÉE

Par le R. GERALD MOLLOY, Docteur en Théologie

Traduit de l'anglais par M. **Hamard**
Prêtre de l'Oratoire de Rennes, membre de la Société géologique de France

4e ÉDITION FRANÇAISE, CONSIDÉRABLEMENT AUGMENTÉE

1 beau volume in-8° illustré de 43 gravures. — Prix : 6 fr.

ETUDES CRITIQUES D'ARCHÉOLOGIE PRÉHISTORIQUE A PROPOS DU GISEMENT DU MONT-DOL (Ille-et-Vilaine), par l'abbé HAMARD. — 1 vol. in-8° avec trois planches: 3 fr. 50

LES CARACTÈRES DISTINCTIFS DE L'ANIMALITÉ. (Extrait de la *Revue des Questions scientifiques*.) .... 1 fr. 75

LA PLACE DE L'HOMME DANS LA CRÉATION. (Extrait de la même Revue.) .... 1 fr. 75

L'HOMME TERTIAIRE. (Extrait de la même Revue.) .. 1 fr. 75

EXAMEN DE LA CLASSIFICATION PRÉHISTORIQUE DE M. DE MORTILLET. (Extrait des Comptes-rendus du Congrès tenu au Mans et à Laval par la Société française d'archéologie en mai 1878.)

FOUILLES FAITES A CARNAC EN 1874-1876. (Extrait des Mémoires de la Société archéologique du département d'Ille-et-Vilaine.)

9500 Imp. WALTENER ET Cie, rue Belle-Cordière, 14. — Lyon.

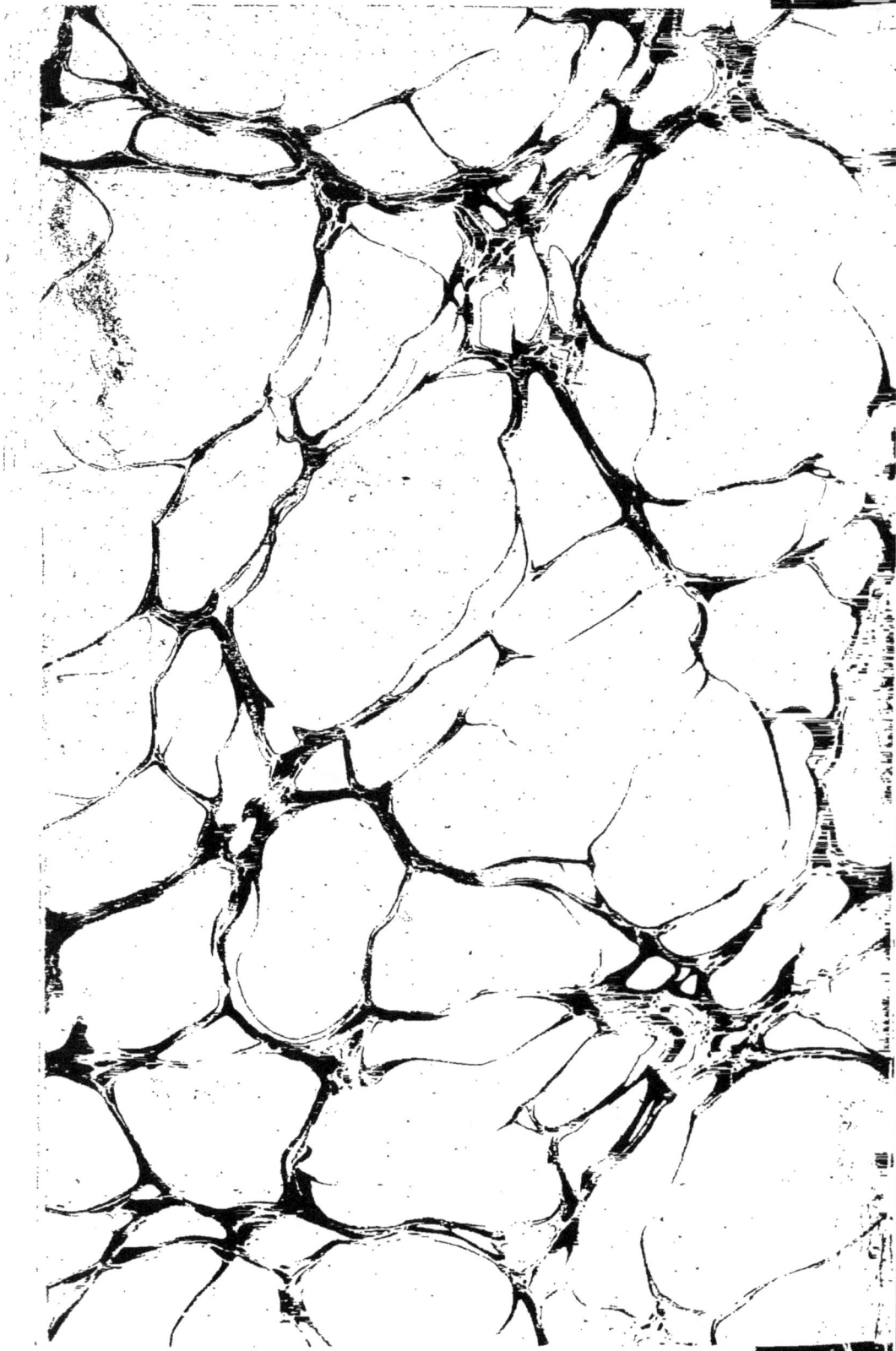

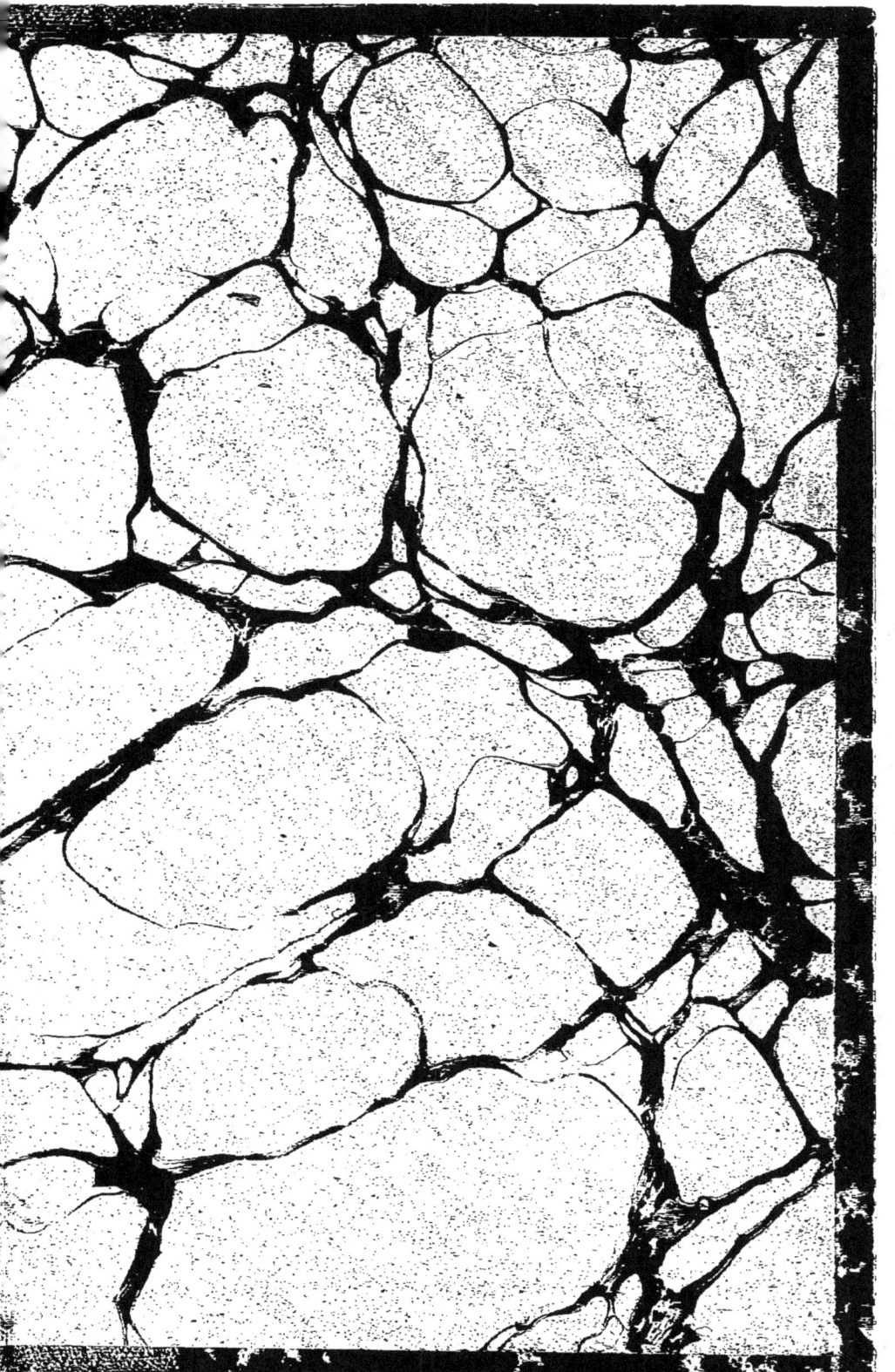

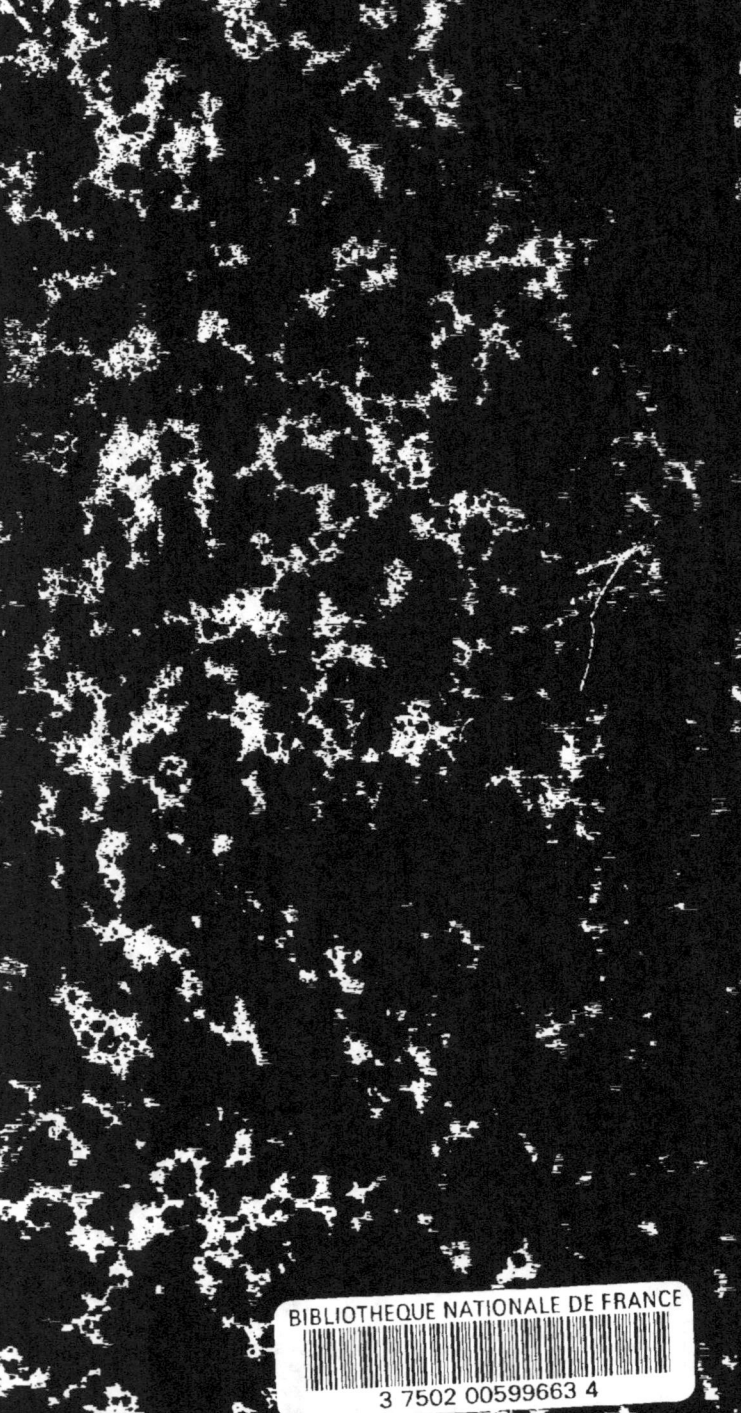

www.ingramcontent.com/pod-product-compliance
Lightning Source LLC
Chambersburg PA
CBHW051357230426
43669CB00011B/1670